三菱財閥の不動産経営

旗手 勲

日本経済評論社

はしがき

　本書は，旧著『日本における大農場の生成と展開―華族・政商の土地所有』（御茶の水書房，1963年）・『日本の財閥と三菱―財閥企業の日本的風土』（楽游書房，1978年）につづき，三菱の不動産経営について，日本の経済と社会の変動と関連づけながら，その創業から第2次世界大戦後の財閥解体までを，全体の企業活動と結びつけつつ，分析を試みたものである．さらに最後に付論として，研究を行った住友の不動産経営についても，江戸時代の創業から大正期ごろまでを付け加えておいた．

　なお本書の分析には，日本住宅総合センターから「日本における不動産業発達史に関する研究」（1991～95年，主査・橋本寿朗，他の共同研究者は蒲生紀生・橘川武郎・粕谷誠・長谷川淳一・中村青志・長谷川信・沼尻晃伸・森下清隆・山口由等，事務局は法政大学産業情報センター）の助成を受けた．そして私の分担分の報告書を，その後に公刊された文献を参考にしながら，全面的に補正したものを愛知大学経済学会の『経済論集』134・137・142・148～9号（1994年2月～99年3月）に発表した．なお以上の助成は1996年に中止されたが，その後，昭和期の三菱の不動産経営について分析したもの『同誌』に続刊したので，以上の諸論文に修正を加えて再構成しながら，本書にまとめたものである．

　さて本書の分析の主力は，三菱財閥の不動産経営についての調査判明分の研究である．

　まず第1章は明治期を対象にした．創業時に三菱は本拠を大阪から東京へ移し，海運業の拡大とともに事業用の土地建物を増やした．さらに海上保険などを通じた不動産担保の金融や燃料源の炭山稼行あるいは当時の有利な鉱

山業などに手を広げた．

　とくに政府御用によって三菱が海運業を独占しはじめた1877年以後には，営業用の不動産のほか，貸付用や保養用の土地家屋にまで拡大したのである．そして1881年に三菱が主業である海運業を日本郵船会社に譲ったあとは，本格的な「陸への転進」をはかった．とくに当時の企業勃興と土地所有の有利化に呼応し，三菱は丸の内軍用地の払い下げや新潟県蒲原平野の小作農地の集中などを頂点に，不動産の賃貸や開発・分譲などの事業にも力を注いだのである．

　第2章は，大正期（1912〜26年）を中心に，三菱の不動産経営の動きを整理した．この期の特徴として，米国式のコンクリート造り高層ビルディングの技術が導入され，明治期の英国式の煉瓦造り低層貸事務所に代わった．とくに第1次世界大戦期からの事務所需要の激増につれて，東京海上火災保険ビルや丸の内ビルに代表された大規模貸ビルが優勢となってきた．

　さらに1914年の東京駅開設と周辺道路などの整備につれて，丸の内地区がそれまでの兜町などの日本橋地区に代わり，日本のビジネスセンターに成長してきた．とくに23年9月の関東大震災の復興事業の進行などにより，日本の基幹的な大企業が集中しはじめ，丸の内地区の優位は確定したといえるのである．

　他方，東京への人口集中と資本集積にともない，大土地所有への批判が増大しはじめ，大正初期から華族や富豪などの所有地の中に高級住宅地の開設や，あるいは東京信託会社や田園都市会社・箱根土地会社などによる田園都市・文化住宅の建設が進んだ．とくに関東大震災後には，東京近郊の住宅開発が加速し，東京旧市街地の再整理がみられた．さらに大正デモクラシーの波や1921年の借地・借家法などに具体化した住宅問題の激化（賃借権の強化）などの動きは，不動産経営にも大きな圧迫を加えた．

　これらの動きのなかで，三菱は1917年から合資会社の各部を分系会社に独立させ，第1次世界大戦中・後の経済変動に対処しようとした．とくに不動産関係では，新潟県の小作農地を前社長岩崎久弥が主宰する東山農事会社

へ委譲し，また借地・借家人の伸長による地所管理の困難化に対応し，採算が悪化してきた貸地の処分を開始した．かくて 1920 年から向島や深川などの土地売却を進め，とくに関東大震災後には丸の内地区に特化してそれ以外の貸地を整理し，丸の内ビルなどからの増大する賃貸料を基盤に，三菱合資会社の地所部による「近代的」な不動産経営を充実してゆくのである．

第 3～7 章は，昭和前期の金融・昭和恐慌から軍需景気を経，日中・太平洋戦争期，さらに敗戦後の財閥解体に至る時期について，三菱の不動産業と企業活動の動きをまとめたものである．

時期を 2 分し，前半のうち主に昭和初期の恐慌期を第 3 章，軍需景気期と 1927～36 年の経営内容と企業活動を第 4 章で整理した．後半は，主に日中戦争期を第 5 章，太平洋戦争期と 1937～45 年の経営内容を第 6 章でまとめ，第 7 章では戦争期における三菱の企業活動と財閥解体までの過程から全体の総括を試みた．

この場合，三菱財閥の司令部である三菱合資会社（1937 年 12 月に三菱社，43 年 2 月に三菱本社に改組）の最後の事業部門で不動産業を分担した地所部（32 年 4 月から地所課，37 年 5 月から三菱地所株式会社に分立）の経営活動のほか，三菱合資自体の不動産経営や調査した三菱信託会社の不動産業を新しく加えた．このほか，研究があまり進んでいないと考える三菱合資 3 代社長岩崎久弥の大規模な不動産事業を，東山農事による朝鮮・台湾，東山栽培のスマトラ・アジャム園（オイルパーム），カーザ東山のブラジル開発事業などにも触れておいた．

とりわけ三菱合資と三菱地所を軸とした不動産経営を，他の直系などの三菱主要各社を含めた三菱全体の企業活動の中で占める位置を示そうとした．なお拙著『日本の財閥と三菱』では，1940 年をもって分析を終えていたので，その後の太平洋戦争期から敗戦後の財閥解体に至る三菱による企業活動の過程を加え，私にとっての研究対象期の延長を行ったのである．

最後の補論は，住友の不動産経営の分析である．

江戸時代初期に発足した住友は，本業の別子銅山のほか，両替・札差・掛屋・蔵元などの金融業を兼営し，その担保流れなどによる地所家屋の取得を基礎に，不動産経営を拡大した過程をまとめた．

　とくに幕府や諸藩などの御用には，保証として住友所有の地所家屋を「質」（担保）とする慣行があったため，不動産の保持が緊要となった．さらに江戸末期には，別子銅山の鉱夫むけの安値給与米を確保するために新田開発や耕地取得も増大し，この動きは明治以後に大阪北港地区や新居浜地区などの耕地の買収に及んだ．このほか江戸初期から，坑木や薪炭材など確保のため，山林の借用や所有と経営に意を注いだことも当然であった．

　しかし明治以降については，住友本社（1909年に住友総本店，1921年に住友合資会社へ改組）が管理していた不動産経営に関する史料類が公開されていないので，その詳しい内容（とくに市街地）を知ることができなかった．そこで公表された一部の資料や，それらに依拠された先学の多くの業績を参考にしながら，江戸期から大正期ごろにおける住友の不動産経営について整理を試みたものである．

目　次

はしがき

第1章　明治期三菱の不動産経営 …………………………………… 1

　はじめに　1

　1　創業から郵便汽船三菱会社時代　2
　　(1)　創業時（明治3～9年）　2
　　(2)　躍進時（明治10～18年）　3
　　(3)　三菱生成期の不動産所有　6

　2　三菱社と不動産（明治19～26年）　9
　　(1)　貸付用地などの拡大　10
　　(2)　農地の所有　11
　　(3)　丸の内の軍用跡地払い下げと開発　14
　　(4)　神田三崎町の市街地開発　17
　　(5)　土地家屋の増大と貸付収支　20

　3　三菱合資会社と不動産（明治27～45年）　23
　　(1)　宅地の動き　23
　　(2)　丸の内の発展　27
　　(3)　神田三崎町の充実　30
　　(4)　農地など　35
　　(5)　土地家屋の収益　38

　4　三菱の企業収益と不動産　40

第2章　大正期三菱の不動産経営 …… 45

　　はじめに　45
　　1　高層化事務所と丸の内　46
　　　(1)　事務所の高層化　46
　　　(2)　第1次大戦と丸の内　48
　　　(3)　兜町から丸の内へ　50
　　2　丸の内ビルとフラー社　52
　　　(1)　三菱地所部の米国視察　52
　　　(2)　東洋フラー社と丸の内ビル　54
　　　(3)　丸の内ビルの耐震補強と完成　56
　　3　関東大震災と三菱地所　58
　　　(1)　大震災と復旧事情　58
　　　(2)　復興景気と区画整理　59
　　　(3)　交通の整備と不動産　62
　　4　大正期の三菱と不動産　67
　　　(1)　三菱の財閥化と不動産　67
　　　(2)　東山農事会社の発足　70
　　　(3)　三菱合資の土地整理　73
　　5　三菱の不動産経営　78
　　　(1)　地所部の不動産収支　78
　　　(2)　賃貸料・人員など　85

第3章　昭和初期恐慌と三菱の不動産業 …… 91

　　はじめに　91
　　1　三菱合資の不動産投資と経済恐慌　92
　　　(1)　三菱合資の新築建物（昭和初期）　92
　　　(2)　貸ビルの増大と空室率　97

　　　　(3)　賃貸料の値下げ　100
　　2　三菱合資の土地整理と不況対策　　　　　　　　　　　　102
　　　　(1)　土地整理と丸の内貸地　102
　　　　(2)　社有土地の動き　105
　　　　(3)　社有建物と恐慌・社制改革　108
　　3　軍需景気と三菱の不動産業　　　　　　　　　　　　　　113
　　　　(1)　軍需景気と満洲進出　113
　　　　(2)　丸の内地区の再築と整備　117
　　　　(3)　不動産業界の組織化　121

第4章　昭和初期三菱の不動産経営と企業活動 ……………… 125

　　1　三菱の設計部門と海外投資など　　　　　　　　　　　　125
　　　　(1)　三菱地所部（課）の設計監理　125
　　　　(2)　三菱合資の中国土地投資　131
　　　　(3)　三菱合資の南洋土地投資　133
　　　　(4)　三菱信託の不動産事業　137
　　2　東山事業の海外投資　　　　　　　　　　　　　　　　　142
　　　　(1)　南米ブラジル　143
　　　　(2)　南　洋　事　業　146
　　　　(3)　台湾と朝鮮　149
　　　　(4)　東山農事会社の営業内容　151
　　3　三菱の不動産経営と企業活動　　　　　　　　　　　　　154
　　　　(1)　地所部（課）と三菱合資の損益　155
　　　　(2)　三菱合資と地所部（課）の資産負債　157
　　　　(3)　三菱各社の企業活動　159
　　　　(4)　三菱各社の資本収益率・配当・株主・従業員　165

第5章　日中戦争と三菱の不動産業 ………………………… 169

1　三菱地所会社の独立と三菱社　170
(1)　三菱地所株式会社の分立　170
(2)　三菱合資から株式会社三菱社へ　171

2　三菱地所の貸ビル・事務所建設と丸の内　173
(1)　新丸ビルの起工と中絶　173
(2)　木造貸事務所の建設　175
(3)　三菱地所の丸の内経営　179

3　三菱各社の不動産業　183
(1)　三菱地所の設計監理　183
(2)　三菱地所の土地取引　188
(3)　三菱社と三菱信託　190

第6章　太平洋戦争と三菱の不動産業 ………………………… 193

1　三菱地所の不動産経営と戦局　194
(1)　土地取引と貸事務所　194
(2)　戦局の激化と三菱地所　198
(3)　空襲と三菱地所　202

2　三菱各社の不動産業　205
(1)　三菱地所の設計監理　205
(2)　三菱社（三菱本社）と三菱養和会　209
(3)　三菱信託と東山事業　213

3　三菱地所の経営内容（戦争期）　219
(1)　三菱地所の業務体制と従業員　219
(2)　三菱地所の資産負債　224
(3)　三菱地所の営業収支　226

第7章 戦争期三菱の企業活動 …………………………………… 231

1 三菱社（三菱本社）と三菱地所 231
2 三菱主要会社の企業活動 234
(1) 営業純益 234
(2) 資本金・配当・株主 242
(3) 従業員数 246
3 三菱社（三菱本社）の統括と解体 251
(1) 三菱社（三菱本社）の統括状況 251
(2) 敗戦と三菱財閥の解体 255

付論 住友の不動産経営 …………………………………………… 259

はじめに 259

一 前史—江戸期 260
1 住友の事業と不動産 260
2 抱屋敷の動き 263
(1) 抱屋敷の取得状況 263
(2) 抱屋敷の経営 265
(3) 抱屋敷の管理 269
3 耕地と新田 270
(1) 大坂地方 270
(2) 新居浜地区 273
4 林業—銅山備林 274

二 明治期 276
1 住友の再生と不動産 277
(1) 別子銅山の存亡と多角化 277
(2) 大阪地方の不動産 278
2 新居浜地方の不動産 279

　　　　(1)　田畑の集中　279
　　　　(2)　別子銅山の備林拡大　283
　　　　(3)　薪炭林から用材林へ　285
　　3　住友企業の発展と不動産　286
　　　　(1)　本格的な多角化と土地所有　286
　　　　(2)　日露戦争と住友の不動産　288

三　大　正　期　290
　　1　大阪北港地区の土地開発　291
　　　　(1)　北港地区の開発計画と正蓮寺川沿地主組合　291
　　　　(2)　大阪北港株式会社への発展　293
　　　　(3)　大阪北港会社による開発と貸家　295
　　　　(4)　大阪北港会社の経営　296
　　2　住友の不動産と本社ビルディング　298
　　　　(1)　管理部門と不動産　298
　　　　(2)　住友ビルディング　299
　　　　(3)　山本新田の宅地化と新居浜地区　302
　　3　本格的林業への進出　304
　　　　(1)　本社直営林業の発足　304
　　　　(2)　林業地の拡大　305
　　　　(3)　朝鮮への進出　307
　　　　(4)　別子林業と本社林業　308

あ と が き　313

第1章　明治期三菱の不動産経営

　　はじめに

　第2次世界大戦前の日本経済を主導した総合財閥のなかで，江戸時代から発起した三井や住友と異なり，三菱は明治以後に創業した．そして三菱は，政府の海運業育成政策にもとづく手厚い保護を契機に，その後の開発型資本主義の波に乗り，飛躍的な発展をとげたという特徴をもっている．

　その三菱の企業活動のなかで，土地建物など不動産の運用は，日本経済の生成と三菱の投資目標の移動にともない，時期的にも変貌を重ねた．創業時には，本據の大阪から東京へ転じ，各地の支店を含めた海運業の拡大につれて，事業用の土地建物をはじめは借用し，やがて資本の蓄積に応じて不動産所有をふやした．さらに海上保険などを通じた不動産担保の金融や燃料源の炭山稼行，あるいは当時の有利な銅山業などに手をひろげた．

　とくに政府御用によって三菱が海運業を独占しはじめた明治10（1877）年以後には，営業用の不動産のほか，貸付用や保養用の土地家屋にまで手を伸ばすのである．そして明治18年に三菱が主業の海運業を日本郵船会社に譲ったあとは，本格的な「陸への転進」をはかった．とくに当時の企業勃興と土地所有の有利化に呼応し，三菱は丸の内軍用地の払い下げや新潟県蒲原平野の小作農地の集中などを頂点に，不動産の賃貸や開発・分譲などの経営にも力を入れるのである．

　本章は，以上の過程と特徴を三菱全体の企業活動と関連させながら，明治

期についてまとめたものである[1]．

　しかし初稿発表後に，三菱地所株式会社社史編纂室編『丸の内百年のあゆみ　三菱地所社史』3冊（同社，1993年3月）などが公刊された．そこでこれらの優れた文献を参考にしながら，初稿を全面的に補正した．

　なお本章では，年号については日本暦，土地家屋の面積は坪・町を基準にしている．

1　創業から郵便汽船三菱会社時代

(1)　創業時（明治3～9年）

　三菱の創業時における土地所有は，まず海運用地の取得から始まった．明治3（1870）年11月に東京の日本橋南茅場町（現在の兜町）で地所・家屋・土蔵を2000両で購入し，支店用地としたのが最初である．そして明治7年4月には，本店を大阪から東京に移し，同年の「征台の役」に便乗して軍需輸送を委託され，政府から13隻の船舶貸与をうけ，はじめて経営の安定をえた[2]．

　この動きとともに，海運用の荷扱所・倉庫・事務所などの利用地が拡大した．東京では，すでに明治5年10月に東京府から河岸地を借用して荷扱所とし，7年1月にも南茅場町の河岸地32坪の使用権をえている．また出身地で支店のある高知でも，明治5～7年にかけて屋敷地8畝29歩以上と家屋を入手したほか，大阪では明治7年に借用中の地所家屋を買収した．また支店用地として，横浜で明治5年に土地を借用し，神戸では明治6年に2反1畝余を購入している．

　このほか，収益の増大につれて，住宅用の土地も増加した．たとえば，東京では明治6年に湯島梅園町の宅地275坪余と家屋8棟を合計1758円で購入し，岩崎弥太郎の社長宅にあてている．さらに特徴的なのは，明治3年に高知県香美郡夜須村にある藩有の福林寺山地を銀1万6700貫で払い下げをうけ，製材と薪炭を産出しており，三菱の海運業がまだ安定していなかった

創業当初の経営一斑を知ることができる．

やがて明治8年5月に社名を三菱汽船会社と改称し，政府から委託中の新鋭汽船4隻でわが国最初の外国航路である横浜・上海の定期便を開設し，欧米の先進海運2会社との間に激しい抗争を開始した．とくに同8年9月には三菱支援の海運政策が決定し，委託中の東京丸以下13隻などの無償払い下げと年間助成金25万円ずつの支給をうけ，郵便汽船三菱会社と改称した（以下は三菱会社と略称）．

そして明治9年8月までに欧米の海運2会社を買収・打破し，同年の「朝鮮江華島事件」と「萩の乱」にも政府御用の軍需輸送にあたった．このように，大久保利通内務卿や大隈重信大蔵卿らの庇護のもとに，政府から特権的ともいえる保護と助成をうけたことを契機に，三菱会社は日本沿海の海運業を独占し，ばく大な利益を入手できるようになったのである．

これとともに，三菱の事業用地も増大してきた．まず東京では，明治8年に駿河台東紅梅町の地所547坪余を家屋とも6000円で購入したのをはじめ，荷扱所として同年に材木町にある官有河岸地165坪と翌9年に江戸橋河畔の駅逓寮の土地・倉庫をそれぞれ借用している．また横浜でも，明治9年に海岸通にあった三井組の所有地230坪を坪あたり月10銭で借用し，三菱製鉄所の敷地にあてた．また同9年には，神戸の相生町で地所590余坪を327円，大阪の立売堀北町で地所と家屋を300円で購入したほか，下関・長崎・函館・上海で海運用地をそれぞれ借用している．

以上のような事業用の土地家屋の増加にともない，三菱会社では明治8年10月に梅園店なる別組織を設け，海運業以外の事業を移し，とくに社有不動産の管理も分担することになった．しかし翌9年9月には同店を廃止し，吉岡などの鉱山は社長の直轄とし，本・支店の不動産はそれぞれに分掌させ，本社の会計局がその出納を総括することに変えている．

(2) 躍進時（明治10〜18年）

次に明治10年の西南戦争において，三菱会社は政府御用の軍需輸送を一

手に引き受け，巨大な躍進と企業基盤の安定を確保することができた．たとえば経費を差しひいた三菱の純益は，明治9年の30万8626円から，10年には実に121万7975円の巨額に達している[3]．

このような海運業の躍進につれて，三菱の不動産所有はまず事業用で拡大し，さらにばく大な資本蓄積の一部を鉱山・炭坑・造船などの関係用地や別荘地，とくに貸付地などの買収に投下するようになった．

たとえば明治10年には，三浦半島の長浦で土地8.5町を入手（造船用であろう，16年に海運省に買却）したほか，隅田川東岸の寺島村で水田を買収しはじめた．さらに同10年に，副社長の岩崎称之助（称太郎の弟，明治18年2月の兄の死後，2代社長）は新婦の父である後藤象二郎から神田東紅梅町の土地634坪などを譲りうけて居宅用とした．翌11年にも，下谷茅町の土地8540坪などを買収して社長称太郎の居宅用としたほか，同年中に神田錦町に社員教育用の三菱商業学校を私設している．同校は14年に明治義塾となり，18年に廃止して用地803坪余などを4128円で売却，跡地に英吉利法律学校（現在の中央大学）が発足している．

さらに明治11年には，弥太郎は駒込上富士前にある六義園（元禄─1688〜1703年─末期に老中柳沢吉保が築造）を入手し，その後も周辺の旧大名屋敷地などを買収（総計約40町），岩崎家の駒込別邸に修復しはじめた．また同11年には，伊豆熱海で地所2496坪を3500円で入手しており，16年には同地を含めて0.87町を宮内省に献上，代替地として本郷駒込の土地2.86町の下付を受けている．

以上のほか，各地の三菱会社の支店や鉱山などの事業用地も増大した．たとえば明治11年には，横浜の元浜町で三菱会社の支店用などに借用中であった三井組の所有地5698坪と建物1132坪などを，合計7万円で買収している．また同年には，同じ横浜の不老町と海岸通の埋立地789坪を5321円で入手し，海運用地にあてたのである（後者は現在の「みなとみらい21」地区）．

このように，三菱会社の事業用地や海運業以外の鉱・商業用地などが急増

し，さらに岩崎社長家の住宅地や保養地も拡大したので，不動産管理の組織を整備せざるをえなくなった．そこでまず明治11年3月には内方元締方を設け，社長の岩崎家に関する事務のほか，吉岡鉱山（明治6年末に買収）や新宮炭山（4年から操業）などの事務を分掌することになった．さらに同11年7月には，三菱会社にはじめて地所係を設け，近藤廉平（後に日本郵船社長）が担当となり，地所家屋の買入と借入に関する事項を扱うことになった．また翌8月には営繕方も加え，それまで用度方に属していた土木関係を分担することにした．なお同じ11年7月には，三井組でも不動産を管理していた家方を地所課に改編しており，これが後の三井不動産会社に発展していくのである．

かくて三菱会社の収益増大と組織整備につれて，不動産や他事業への投資もさらに拡大した．たとえば明治12年には，安田善次郎から深川の小松町と富吉町のまとまった土地と家屋土蔵を買収したほか，一色町の民間倉庫と官有河岸を借用し，これらを利用して保管貸の倉庫業を開始した．さらに翌13年には江戸橋に煉瓦造の倉庫7棟を建設するなど，同年4月に新設した三菱為替店の一部門とした．同店は地方の産業家に貸金して物産の出廻りを促進しようとしたものであり，このうち金融業務は三菱合資会社の銀行部をへて三菱銀行へ，倉庫業務は三菱倉庫会社へそれぞれ展開した．なお買収した地所や家屋土蔵は，事務所や倉庫，社員の住宅にあてたほか，一部は三菱為替店の名で他人に賃貸し，不動産の賃貸業も併用したという．

このほか三菱では，明治13年に千川水道会社を設立し，六義園の水源とした千川上水の復旧を行ない，小石川・神田・本郷・下谷などに上水を供給した（41年に東京市営水道に寄付）．また12年には横浜正金銀行（東京銀行の前身）や東京海上保険会社，13年には福沢諭吉らと共同の貿易商会と栃木県の那須開墾社（16年現在15株．26年の解散時に62.6町余の分割をうけ，同年の小作料などの収入は681円余)[4]，14年には明治生命保険会社と日本鉄道会社などに出資し，株式所有にも手をひろげた．さらに14年には長崎の高島炭坑を後藤象二郎から買収するなど，石炭業にも進出したので

ある．

しかし三菱会社の海運独占と収益拡大は，明治14年前後から三菱に対する反感をしだいに浸透させた．とくに三菱の庇護者であった大久保利通（11年に暗殺）と大隈重信（14年10月の政変で下野）が相ついで失脚するとともに，自由民権運動の高揚をうけて，三菱は朝野からのはげしい攻撃にさらされた．そして14年11月には田口卯吉の「三菱会社の助成金を論ず」などの論文で，三菱は政府からばく大な保護をうけながら，「その貨幣を他に運転」しているなどの強い非難をあびたのである[5]．

このため，政府保護による海運業以外の事業や投資について，三菱は外部を刺激しないような処置を必要とした．とくに明治15年からは，主業の海運についても，反三菱連合の共同運輸会社と全力をあげた死闘をくり広げた．かくて同15年9月には，三菱会社の職制を改めて本務・会計・庶務の3課に分け，会計課のなかに勘定方・営善方・製図方などとともに地所係が置かれ，不動産の管理を分担することになった．そして三菱の不動産収支でも，海運以外，とくに貸付用の土地家屋については公表された計算書から除外されたらしく，後述のように損益内容が不明なものが増えている．

(3) 三菱生成期の不動産所有

ここで三菱の生成期といえる明治3～26年について，『三菱社誌』などの内部資料から時期別の土地取得の状況を推定してみよう（借地は除く）．用地を建築・鉱業・農業・保養に4分し，さらに事業・住居・貸付などの用途に区分したが，相互に移動した地所もあり，一応の分類にすぎない．なお明治18年9月に三菱会社と共同運輸が合併した折に，三菱が日本郵船会社に引き渡した土地26.19町余は削減していない（表1-1）．

これによると，創業時の明治9年以前には，取得地も建築用と吉岡鉱山などの1.4町余（取得価格は一部に家屋を含み1万6000余円）にすぎなかった．しかし10～18年の躍進時には，西南戦争時の政府御用や三菱の海運独占につれて，そのばく大な利益の一部を事業用地や貸付用の倉庫地・宅地な

表1-1　三菱生成期の土地取得累計表（明治3～26年）

(単位：町，（　）内は円)

用途内訳		創業時 明治3～9年	躍進時 10～18年	展開時 19～26年	計
建築用地	事業用	0.55(9,750)	9.13(127,199)	15.45(97,316)	25.13(234,265)
			△0.27(△4,128)		△0.27(△4,128)
	住居用	0.27(6,148)	37.72(69,069)	15.19(217,055)	40.36(265,102)
			△0.67(－)	△0.72(－)	△1.39(－)
	貸付用		20.85(50,446)	47.94(1,583,634)	81.61(1,661,250)
			△9.06(△4,300)	△0.65(△28,176)	△9.71(△32,476)
	小　計	0.82(15,898)	67.70(246,714)	78.58(1,898,005)	147.10(2,160,617)
			△10.00(△8,428)	△1.37(△28,176)	△11.37(△36,604)
鉱業用地	炭　坑		0.20(85)	41.90(10,714)	42.10(10,799)
	鉱　山	0.60(244)	6.18(1,486)	165.07(15,865)	171.85(17,595)
	小　計	0.60(244)	6.38(1,571)	206.97(26,579)	213.95(28,394)
農業用地	直　営			878.42(23,936)	878.42(23,934)
				〈3,222.39〉	〈3,222.39〉
	貸　付	(464)		1,096.57(382,426)	1,096.57(382,890)
	小　計	(464)		1,974.99(406,362)	1,974.99(406,826)
				〈3,222.39〉	〈3,222.39〉
保養地			1.84(8,700)	81.66(39,352)	83.50(48,052)
			△0.87(－)	△4.67(△1,000)	△5.54(△1,000)
累　計		1.42(16,606)	75.92(256,985)	2,342.20(2,370,298)	2,419.54(2,643,889)
				〈3,222.39〉	〈3,222.39〉
			△10.20(△8,428)	△6.04(△29,176)	△16.91(△37,604)

注：△は売却・譲渡・交換などによる減少分．〈　〉は小岩井農場の借用地面積（外数）を示す．判明分のみ．拙著『日本の財閥と三菱』，60～61頁，前掲『歴史学研究』325号，17頁より．

どに投資し，累計約76町（同上25万7000円弱）を集中している．

とくに貸付用では，判明分だけでも，明治10年から向島にある寺島村（12年までに3.85町）と隅田村（同じく2.44町）の水田を買収して宅地化をはかったほか，11年から深川の伊勢崎町（18年を含め1.38町）・清住町（同じく2.84町）や小松町・松賀町（計0.54町以上）も集中した．さらに12年からは湯島切通町・三組町（18年までに0.62町），16年に日本橋馬喰町で0.67町などの人家密集地の土地家屋や，隅田川ぞいの倉庫用地などを貸付用に買収したのである．

やがて明治17年の地租条例改正（地租固定）や18年後半からの景気回復を背景に，地価が上昇しはじめた．三菱では共同運輸会社との激闘中にもかかわらず，17年12月から18年2月にかけて六義園周辺の駒込などで地所累計11.6町弱を1万1150円で買収しており，同地はやがて大正11 (1923)年から田園都市「大和郷」の宅地用として分譲されている[6]．

そして明治18年2月に初代社長の岩崎弥太郎が52歳で死去すると，弟の弥之助が2代社長となった．ただちに政府借用金の残額132万余円を1割利引き計算（三菱では，これを借入間際と称し，他の借入金返済にも実施していた）によって63万余円の金禄公債で完済し[7]，政府保護にともなう制約から解放され，公然と不動産の大型投資を実施できるようになったのである．また同じ18年2月には，弥之助は16年に宮内省へ献上した熱海との代替地である駒込染井の土地のうち，0.66町を共同墓地として東京府に寄付し，これが現在の都営染井霊園の一部になっている．

以上の不動産のうち，創業時には事業用や住居用の土地建物はほとんど貸し付けしておらず，また三菱が他から借用したものには地代や家賃を支出せねばならない．

これらのうち，明治8年10月から19年3月までの判明分のみの収支表をみると（表1-2），8～9年は64円（おそらく経費差し引きの純益であろう）にすぎなかった．しかし10～11年には2000円前後，12年以後は7000～9000円台に急増している．これは西南戦争後に貸付用の土地家屋がふえた結果だが，14年末からの「三菱攻撃」で海運業以外の不動産，とくに貸付用の一部が秘とくされたようであり，また18年末には新設の日本郵船会社に26町余を移譲している．なおこれらの不動産収入から，整地・修理などの費用や借地料・借家賃などの経費を支出した残りの損益は，11年に2651円の赤字を出したほかは，10年に1000円台，13年に4000円台，14～16年以降には5000～6000円台の収益を示した．

また所在地ごとの収支状況は，判明分だけで，明治10～11年には東京越前堀・大阪・神戸・高知・上海の5カ所のみで，13～14年に横浜・新潟・

表 1-2 三菱の土地家屋収支表（明治 8 年 10 月
～19 年 3 月）

(単位：円)

年　　次	収　入	支　出	損　益
明治 8 年 10 月～9 年	64		64
10	1,761	205	1,556
11	2,266	4,917	△2,651
12	8,302		8,302
13	7,587	3,563	4,024
14	9,163	3,233	5,930
15	7,947	1,793	6,154
16	8,355	2,824	5,531
17	8,256		8,256
18 年～19 年 3 月	6,547		6,547

注：空欄は不明年で，収入と損益を同額とみる．△は損失．後半期のみの支出を加算した 14 年と 17 年以後は，前掲『三菱地所史』上巻，79 頁の数字と一致しない．
前掲『日本の財閥と三菱』，63 頁より．

函館などがふえた．とくに東京では駒込・下谷茅町・湯島三組町・神田佐久間町・深川・向島などの貸付が増大したことがわかる．

このうち比重が高いのは大阪・上海・横浜・神戸など，東京では下谷茅町・深川・向島などで，大部分は市街地の貸家か倉庫の貸地からの収入とみられる．なお向島（隅田・寺島村）は 10 年から水田を買収し，埋め立てて宅地化をはかったが，14 年の借用者は 2～3 人にすぎず，同年には家屋を社員に貸与（家賃は一般の 3 割減）せざるをえなかったという．そして隅田寺島村差配人をおき，小作米も徴収したというから，一部は耕地のまま小作地として貸し付けたのである．

2　三菱社と不動産（明治 19～26 年）

明治 18 年に主業の海運業を日本郵船会社に譲った三菱会社は，19 年 3 月に三菱社に改組し，「陸への転進」をはかった．折しも 19 年の下半期からの企業勃興で好況となり，地価も上昇してきた．三菱では事業用の建築・鉱業

用地のほか，東京丸の内の払下地などを中心にした宅地や，新潟県蒲原平野における小作農地1000余町などを拡大し，本格的な不動産経営に着手したのである．

(1) 貸付用地などの拡大

まず明治19年9月に，東京の芝の愛宕神社下にあった陸軍用地（同年1月に鎮台7番大隊が廃営）1万391坪余と建物の払い下げをうけ，さらに24年までに付近の民有宅地2206坪を3万4852円で買収し，整地などを行って貸し付けした．その借地の一部で，24年2月に東京慈恵会医院（現在の慈恵医大）が建設された[8]．このように三菱は，丸の内の払い下げの4年前に，すでに陸軍用地を取得していたのである．

次に東京の兜町に近接し，隅田・亀島・日本橋の3川に囲まれた新川地区（現在は約32haの高層インテリジェントビル地帯）には，明治8年以降に三菱の出張所や三菱商船学校（15年に官立の東京商船学校となる，現在の商船大学）・三菱為替店（後に三菱銀行に発展）などが設置されていた．その後も，海運用の家屋や土蔵が買収され，19年3月の三菱社の本社も一時は同地内の霊岸島浜町に設置された（19年7月に駿河台東紅梅町，20年4月に神田淡路町に移転）．そして明治21年から，新川地区の堀前堀で不動産の購入をはじめ，翌22年までに土地1万1001坪と建物などを12万5000円で取得している．その後も越前堀の地先を埋め立てるなど，これらを貸付用にあてたのである．

また深川地区でも買入が進み，明治11年からの集計で伊勢崎町2.16町，清住町3.44町を示した．このうち，岩崎社長の別邸（19年にコンドルが設計，22年に竣工）がある清澄園を除いた地域や，現在の佐賀町あたりの地所は，隅田川ぞいに新築した倉庫や家屋と用地を貸し付けた（主な貸与先は20年創立の東京倉庫—三菱倉庫の前身）．さらに向島の隅田村でも25・26年に水田1.87町を入手したほか，23年から埋め立てて宅地化を図ったが借地人が少なく，27年からは借地料を半減して3年間は坪当たり5厘に下げ

ている．

　このほか大阪では，明治25年から北区の玉江町で1.74町，中之島で0.36町を入手した．また神戸の下山手通でも，23年に1.69町を買収しており，いずれも貸付用であった．

　なお東京では，明治19年から湯島切通町で買収がつづき，16年以後の分を累計すると0.97町に達する．しかし23年以後は同地の貸付収入は計上されず，あるいは岩崎社長家の茅町本邸用地に吸収されたのかもしれない．また22年末には，岩崎久弥（弥太郎の長子，26年末から3代社長）の名義で伊藤博文が所有した高輪と品川に及ぶ地所5.5町余（もとは海・陸軍用地）と家屋を10万円で購入し，翌23年にも隣接地を広げ，33年に弥之助の別邸（高輪邸）とした（現在は開東閣の敷地）．さらに岩崎家の保養地には，群馬県の伊香保で18～26年にかけて73町を2万3927円で，神奈川県の大磯で23～26年にかけて4町余を1万9814円で（第2次大戦後に久弥の長女澤田美喜が同地でエリザベス・サンダースホームを開設），それぞれ購入している[9]．

　以上のように，三菱社の設立前後から不動産の取得が激増したほか，明治20年には系列会社の東京倉庫（現在は三菱倉庫）の発足，官有の長崎造船所（17年から借用中）の払い下げ，岩手県の尾去沢鉱山の買収が行なわれた．さらに翌21年には宮崎県の槙峰鉱山，22年には新入・鯰田炭山（筑豊炭田への進出）の取得などがつづき，三菱会社時代の海運業にかわり，不動産・倉庫・造船・鉱業などの新産業への転進を強めたのである．

　このため，明治21年11月には三菱社の機構を改革し，本店の事務を鉱山・会計・庶務の3課に大別した．そして地所や家屋など不動産の管理は，会計課の分担としたのである．

(2) 農地の所有

　林野を含めた三菱の農地所有は，この期の判明分では，まず明治19年に岩崎社長家の出身地である高知県安芸郡で，山林・畑など2.18町を買い入

れている．これは墓地の周辺用地とみられ，旧宅付近の耕宅地とともに，一部が貸与されていた．

翌20年には，海運業や米穀取引などで関係の深い新潟県で田地の購入計画を立てた．三菱は明治12年創立の新潟物産会社と荷為替契約をつづけ，米を扱って収益をあげていたので，この米をみずから確保しようとしたという[10]．そこで同社の口ききなどで，蒲原平野の地主から20年に150.8町，21年に552.08町，22年に172.76町，23年に53.39町，24年に111.84町など，多数の既耕地を購入した．そして26年までの7年間に，累計して1094.38町の大地主となり，その買収代価は合計38万1955円を数えた．

このうち，南蒲原郡田上村の大地主である田巻家から562.54町（代価16万2653円）を毎年購入したほか，弦巻家（北蒲原郡葛塚町の大地主，三条屋百貨店を兼営）から105.88町，原泉社（水原町で大地主市島家が組織した銀行）から57.9町，須貝家（中条町の地主・商人）から52.59町など，「倒産しかけていた大地主の土地を一括買収」[11]したほか，中小地主や小農民からも零細な農地を購入した．これらの地主の売却面積別の人数を集計すると，以上の500町以上1人，100町台1人，50町台2人のほか，30町台2人，20町台3人，10町台3人，5〜10町7人，2〜5町10人を数える．さらに1町台および以下を集計すると122人を多きを示し，合計151人の地主が三菱に土地を提供している．

以上の買収地の大部分は小作人に貸付され，その面積は明治21年669.58町（契約小作料は米7132石余），23年891.83町（同9305石），27年1060.85町（同1万699石）に増加した．もっとも，実収の小作料は天候や水害などに左右され，その額は24年9328石（契約額の93％），27年9343石（同88％）などであった．そして三菱では，明治21年12月に以上を管理するために新潟事務所を創設し，所有地のある73町村に差配人53名を指定し，小作人に対する管理を委任している．

また三菱の土地購入にあたっては，買価と収益の利回り計算を前提にしており，将来に地価や収量が増加しそうなものは，たとえ高価でも集中したほ

どである．なお明治27年の実収小作料は，同年の玄米卸価格の1石あたり8円24銭で換算して約7万7000円にあたり，同年までの土地買収原価に対する利回りは20％余という高率であった．したがって，管理経費や改良投資，あるいは不作などによる小作米減収などを差し引いても，その後の米価騰貴や地価上昇を考えると，既耕地とくに水田の所有は，当時はきわめて有利な増殖法であったことが理解できるのである．

次に三菱では，岡山県児島湾の干拓にも目をつけた．藤田組との干拓競願に破れたあと，明治20年に興除村の開墾地78.46余と海面干拓権108.72町（海州買入代1万791円）を入手した．その後も買い増しし，24年度の沿岸ぞいの開墾地は133.56町に達した．このほか海面付州も干拓し，実際に開墾を始めたのは24年からである．

同年に現地に開墾出張所を設けて主任をおき，まず綿6町を植え，直営に重点をおいた．もともと干拓地は1％以上の塩分を含んでいるため，稲作は不可能であり，塩抜けが進むまでの数年間は耐塩性の強い綿作が地味に適していた．三菱では同時に開墾地の小作化も計画し，反あたり小作料6斗（保証金3円）で希望者を募集したが，入地者はまれであったという．そこで既墾地57.73町にも綿作を拡大し，たとえば29年には52町余，実綿2051貫余（売却代価970円）を数えた．また26年には4.55町を造田して貸しつけ，年貢米38.8石（販売額320円）を得たが，29年の小作米は24石余（同188円）にとどまった[12]．

以上のほか，三菱では未開地の農業投資をも試みている．明治20年に千葉県印旛郡の富里村にある官営下総種畜場（大部分は宮内省の下総御料牧場に移管）の払い下げ地343.29町を代価1万2138円で買収した．21・24年にも周辺の地所1.57町を加え，三菱では最初に牧畜経営を計画したが，同地はそれまで幕府や明治政府の放牧採草地に多く利用されていたため，地力がきわめて低かった．そこで三菱社は下総植林事務所を設け，杉・桧・松などの苗木111万本を植えつけて放置していたのである（大正元年に，同地で岩崎久弥家が養鶏・養豚を中心にした末広農場を開設）．

さらに，有名な岩手県盛岡市郊外の小岩井農場の取得がある．同地は井上勝（鉄道局長官）が小野義真（日本鉄道副社長）の協力をえ，日本鉄道の上野—青森の開設（明治24年9月全通）を記念し，23年に岩手山南麓で官有原野400町の払い下げと入会官収地3222町の借用（後に払い下げ）をうけ，三菱社長岩崎家の資金援助で翌24年から大農式の直営農場を開業した．岩崎家では毎年約1万円，10年間に約10万円を出資する契約で，経営と所有名義は井上，損益は両者の折半とした．

しかし井上のアメリカ式大農経営は困難がつづき，ついに明治32年には一切が岩崎久弥の責任に移った．そして39年からは三菱が経営にのり出し，零細な小農経営が支配する日本農業のなかで，種畜酪農を中心とした資本家的農場に発展していくのである．

末広・小岩井農場のように，三菱と岩崎家が洋風の大農場経営を試みたことは，明治20年前後に，皇室や華族・富豪・高級官僚などが各地の官有払下地や未開発地で，いわゆる大農論にもとづいて，大規模な農牧場の経営や土地の開発が盛行したことが背景になっている．明治18年には御料局（後に帝室林野局）が発足し，大規模な山林原野をはじめとする皇室財産を整備した（たとえば23年の御料地は365万余町）のをはじめ，17年の華族令と19年の華族世襲財産法にもとづき，華族らの土地所有も活発となった．岩崎家も三井などに対抗する大富豪として，当時の安定した財産である不動産の所有を拡大したわけである．なお29年6月には，岩崎弥之助・久弥の両名は男爵を授けられ，以後の両家は昭和20（1945）年の敗戦まで華族の地位を占めたのである．

(3) 丸の内の軍用跡地払い下げと開発

さらに有名なのは，明治23年の丸の内および神田三崎町の軍用跡地10万7026余坪（約35.7ha）の払い下げである．

東京の丸の内地域は，江戸時代には大名屋敷や評定所・奉行所などが立ちならび，明治以後も兵部・司法などの各省や兵営・練兵場などに転用されて

いた．しかし明治6年に焼失した皇居が21年に修復し，翌22年の東京の市区改正計画にもとづき，将来は市街地に区画されたため，陸軍の兵舎などは麻布・赤坂方面へ移転することになった．

折しも当時は，ヨーロッパの列強が中国への進出を強め，朝鮮半島をめぐって日本とロシアの対立が深まった．これに備えて政府は22年に徴兵令を改正して国民皆兵制を強化するなど，軍備の拡張をはかった．他方，23年からの帝国議会の開設をひかえ，自由党と改進党は民力涵養をとなえ，軍事費の削減を主張していた．そのため政府は兵営移転費の取得のため，まず宮内省に軍用跡地の一括購入を打診したが，予算不足のため不可能である．そこで政府は，22年6月に新兵舎の建設費150万円を調達する名目で，丸の内の軍用地を民間に公売することに決めた．当時は企業勃興と大隈外相による条約改正交渉の影響で，好況と地価上昇がつづいていたからである．

政府は有力な実業家を打診したが，渋沢栄一・大倉喜八郎・三井八郎右衛門・渡辺治右衛門ら6人が建築会社の創設を計画，三菱もまた単独で引きうけることを決意した．そこで両者の交渉が行なわれ，渋沢側は三菱と共同して払い下げをうけ，土地を折半しようとの妥協案を出したが，三菱の反対で難航した[13]．

この背景には，当時イギリスに滞在中であった三菱の最高幹部の荘田平五郎が，丸の内の一括購入と洋風ビジネス街の建設を進言したためといえる．荘田は22年1月から1年間の洋行を命ぜられ，同年6月ごろグラスゴーで大隈外相の条約改正をめぐる交渉で特使として渡英中の末延道成と会い，日本からの新聞をみて丸の内払い下げの報道を知ったという．荘田はイギリスの事務所街も視察していたから，末延の意見もきき，両者連名で「丸の内を買い取るべし」という電報を岩崎社長に打ったのである．

荘田はすでに明治13年に渋沢栄一らとともに東京府の市区取調委員に選ばれ，18年の審査会では丸の内の商業強化を求める建議の起草者でもあった．日本の近代化を促進するため，荘田はオフィス街の建設に重大な関心をもっていたといえる．他方，22年5月には東京の市区改正計画が公表され，

同月に東京府庁舎が起工され（27年7月に落成），7月には東海道線の新橋―神戸が全通し，上野と新橋を結ぶ中央停車場が丸の内に建設されることになった．また同22年には永楽町の歩兵第3連隊が麻布へ移動するなど，丸の内における軍事施設が転出しはじめ，また日比谷周辺で帝国ホテルや帝国議事堂の建設も進んだ（いずれも翌23年11月に完成）．

ところで，丸の内をめぐる三菱と渋沢グループの交渉が不調におわったため，政府は22年10月に東京府に委託して土地を競売入札にすることにした．政府は土地10万8036坪余を坪あたり18円20銭と見積り，196万6000余円の収入を予定した．しかし同月の条約改正反対者による大隈外相の襲撃を契機に，凶作も加わって景気が後退しはじめ，翌23年1月からは日本最初の経済恐慌に突入した．

このため地価も暴落しはじめ，22年11月の入札では大部分が政府の予定価格以下（平均で6円28銭）であった．これには三菱も参加し，1～16号地に区分されたなかで，1・3～8・10～11・13号地の10号分を最高値で落札している．しかし払い下げ額の総計が67万余円にとどまったため，予定価格以上の一部を除き，陸軍省では22年12月に入札の見合せを決定せざるをえなくなった．

丸の内の土地処分は，会計法上で年度内に決着させる必要も加わり，ついに松方正義蔵相は，一括購入の希望が強い三菱2代社長の岩崎弥之助に買収方を懇請したといわれる．松方蔵相は三菱の保護者であった大久保利通の直系であり，明治20年の長崎造船所の払い下げなどをめぐり弥之助とも旧知の間柄であった．折しも23年1月には，荘田平五郎が1年間の洋行から帰朝し，ただちに弥之助から払い下げの事務折衝を命ぜられた．

しかし払い下げ価格などをめぐり，政府はなるべく高く，三菱は低落した時価でと，はげしい折衝がつづいたようである．他方，東京市会では有志の議員が丸の内の土地を市の基本財産にしようとの動きがおこり，23年3月3日に建議が可決された．これらのなかで，翌3月4日に丸の内の三菱払い下げが決定したのである．この場合，22年12月の入札時にあった13～16号

地（もと憲兵本部）は除かれ，有楽町練兵場跡5226坪余（有楽町2丁目1番地，今のマリオン・交通会館などの地域）と三崎町練兵場跡3万1035坪が加わった．これは政府の希望価格に近づけつつ，三菱に有利な地域を加えようとしたものといえ，これらのうち市区改正に要する道路用地合計2万8007坪余を差しひき，残り10万7026坪余を128万円（24年3月までに8回で分納）で処分されたのである．

払い下げ地の坪あたり価格は11円96銭余であり，22年11月の入札価格平均の6円28銭にくらべ約2倍である．これを同時期の三菱による他の買収地価格にくらべ，1等地である芝愛宕町の15円57銭より低いとはいえ，京橋越前堀の10円63銭，芝高輪町の6円43銭などの住宅地よりもはるかに高い．しかし三菱は，「半分は献金の趣意をもって政府の要請を受託した」とのべている．

これが，今日の丸の内ビジネス街の発端となったわけである．さっそくこの「三菱カ原」8万4816坪余（約28.3ha，払い下げ代価100万8000円）に，イギリス風の洋風オフィス街の建設を計画した．東京の市区改正事業と相まち，明治23年9月に三菱社は丸の内建築所を新設し，私企業でありながら，いわば日本最初ともいうべき独自な都市開発事業に着手した．

なお三菱の丸の内経営では，当初から木造建築を排し，耐火や耐震，そして都市美観を考慮しながら，一定の規格にもとづいた建築を行った．まずイギリス人コンドル（明治10年来日の内務省の御雇建築家，工部大学校教授）の設計で，25年1月に三菱第1号館が着工され，27年6月には日本における初期洋風建築の代表作といわれた同館が完成した．これが，日本における近代的な貸事務所の発端になったのである．つづいて同25年12月に第2号館（完成は28年7月），翌26年6月に第3号館（同，29年4月）がそれぞれ起工され，いよいよ丸の内地区の開発がはじまったのである．

(4) 神田三崎町の市街地開発

丸の内と同時に払い下げられた神田三崎町3丁目（今の千代田区三崎町の

2丁目西半と3丁目）2万2716坪余（約7.57ha，代価27万2000円）は，明治23年3月3日の『国民新聞』によると，陸軍省の必要額を満たすために追加売却されたと報道されている[14]．

　同地は，江戸時代には大名や旗本などの屋敷地であったが，ペルー来航後の万延元（1860）年に築地にあった幕府の講武所を移し，武術の強化場とした．明治以降は陸軍の練兵場となったが，20年初頭には青山に移転して更地となっていた．そして麹町・駿河台・本郷台地に挟まれた小川町周辺の低地には，明治以降に旧武家地や低地価などを背景に，三崎町に北接して陸軍の造兵司（23年に東京砲兵工廠，工員約1万人）のほか，多くの学校が開設された．たとえば官立の東京開成学校（後の東大）や学習院，私立（多くは勤労学生のために低学費の夜間学校から出発）では東京法学院（後の法政大，駿河台から神田錦町に）・専修学校（後の専修大，18年に三崎町南方の神田神保町に）・独逸学協会学校（後の独協大，17年に三崎町に南接した西小川町に）・英吉利法律学校（後の中央大，三菱商業学校の跡地である神田錦町）・国学院（後に国学院大，三崎町西隣の飯田町）・日本法律学校（後に日本大学，国学院の中に併設，28年に三崎町の三菱所有地を借地）などである．

　他方，三菱は三崎町から1km以内の神田東紅梅町に明治10年末に弥之助が新婚住宅をかまえ，19年7月には同地内に三菱社の本社を置き，翌20年4月には同社を神田淡地町に移している．とくに17年12月には，隣接した三崎町2丁目に岩崎家は土地554坪を1200円で購入し，これを19年12月に荘田平五郎に家屋113坪とも無償で譲渡している．荘田は明治3年に慶応義塾を卒業して同校の教師に選ばれ，8年に三菱に入社したあと，歴代の社長を助け，三菱の発展を支えた功臣である．とくに弥太郎の妹の長女と結婚し，岩崎家の姻戚となり，おそらくその祝儀として三崎町の土地と家屋を贈与されたのであろう．

　したがって荘田は，私宅のすぐ目の前にある練兵場跡地の動向についても，重大な関心をもったと考えうる．やがて22年の市区改正計画では，同地も

市街地に指定され，その西縁にある堀留と小石川橋の間の外濠埋立地を開さくし，神田川と日本橋川を連結する予定（36年に完成）であった．さらに同22年には甲武鉄道会社の新宿―八王子が開通し，さらに同年の東京市街縦貫鉄道計画にもとづき，同線の新宿―飯田町への延長も計画されはじめた（28年4月に実現）．以上の事情が，三菱の三崎町払い下げを実現させた別な要因といえるであろう．

さて三菱は，明治23年10月に三崎町の練兵場跡地を受領し，さっそく市街地建設にのりだした．当時の繁華街であった九段中坂通り下の新川橋の西南端から，斜めに東北端の水道橋に抜ける水道橋通（「煉瓦通」ともいう．麹町台地から本郷をへて，下谷・上野・浅草へ抜ける最短コース）と，甲武鉄道の飯田町駅の予定地である西北端から白山通（神田神保町―春日町）へ抜ける小石川橋通を軸に，地区の区割りを行った．そして地区と煉瓦通のほぼ中央に三菱の差配所（管理事務所）をおき，それに南接して同23年11月に湯屋の新築願を提出した．この共同浴場は，間口7間・奥行き10間（108坪）の煉瓦造・西洋小屋風で，仕様の変更などの後，25年2月に完成した．

そして23年12月から上・下水道などの敷設工事がはじまり，翌24年3月には地区内に新パノラマ館，翌25年から曲馬団などが開業した．とくに24年4月には，煉瓦通（水道橋通）の全長約400mの両側に貸長屋の新築願を提出し，翌25年3月に完成した．これらは基礎が煉瓦積みで，木造2階建の8棟1361坪（うち2階分826坪余）で122戸に分かれ，また煉瓦造の差配所（25坪余）のほか4棟（計12坪余）も付設された．この煉瓦長屋は商店街として建設され，1戸の平均は8.66坪（間口2間・奥行き4間）で，店舗部分は奥行き9尺，居間5畳に押入れ・便所などがつき，家賃は月4円30銭（坪あたり49銭）であったが，当初は借用者が少なかった．

この貸家のほかは，すべてが貸地にあてられ，24年6月には東通（現在は三崎神社通）の中央に三崎座が建坪195坪余（約645m²）・定員1120人（1500人は収容できた）で開場し，4世沢村源之助が出演した．さらに翌25年4月に神田の大火があり，死者24名・焼失4200余戸の大損害を出したが，

罹災者救済を理由に三菱では煉瓦長屋の家賃を3分の1の1円50銭，貸地料は2割減としたため，「遠近の者皆争て移住し，忽ち空店なきに至」（『風俗画報』明治32年8月25日）[15]ったという．

たとえば，樋口一葉の明治25年11月11日づけの「日記」によると，一葉の師で恋人といわれた半井桃水も三菱の煉瓦長屋を借用したらしい1人である．彼は三崎町3丁目に葉茶屋を営み，一葉もしばしば同店を訪ねていたのである[16]．このほか，26年には川上座と東京座も建築をはじめており，三菱の他の所有地を借り，自家を建てたり，貸家経営を行う者も，しだいにふえていったのである．

(5) 土地家屋の増大と貸付収支

さて三菱社時代の明治19～26年には，「陸への転進」をはかり，取得した土地は判明しただけでも，建築用地が78.58町（うち貸付用は推定で47.94町）で買収価格は189万余円（同158万余円）に達する．このほか鉱業用地が206.97町（2万6579円），農業用地は1974町余（40万余円，後に払い下げられた小岩井農場の借地は別に3222町余）を数えたのである（表1-1を参照）．

これらにもとづく，三菱の土地家屋の貸付収入は（表1-3），明治19年は8769円で12年以後とほぼ同額であったが，新潟県の小作農地を集中しはじめた20年には2万2357円に上昇した．さらに小作料や東京市内の貸家料の増大とともに，22年には4万9750円を数え，以後は5万円台を微増した．ただし26年末には三菱合資会社が発足し，同社と岩崎家の不動産などの勘定を分離したため，計数が接続しない．

また地租・地方税・町村費・水利費・修繕費・出張所費・差配人手当などの経費も，貸付用の土地家屋の拡大とともに増加し，ほぼ収入額の36%前後（19・21年は43%）を占めていた．そして収入から経費を差し引いた所得額も，19年の5000余円から翌20年に1万4454円，22年以後は3万円台に上昇した．

表 1-3 三菱の土地家屋収支表（明治 19～26 年）

(単位：円)

年次	収入	経費	所得
明治 19 年	8,769	3,724	5,045
20	22,357	7,903	14,454
21	35,564	15,265	20,299
22	49,750	17,427	32,323
23	51,810	18,977	32,833
24	53,867	18,979	34,888
25	58,428	22,212	36,216
26	55,173	408	54,764

注：円未満は4捨5入．前掲『歴史学研究』325 号，20 頁より．26 年は『三菱地所社史』上巻，173 頁より．ただし「御家用」の清住ほかを加え，貸方を収入，借方を経費とした．

次に地域別の土地家屋の貸付所得をみると（表 1-4），19 年には東京が合計の約 84% を占め，高知は 7% 余，神戸・大阪は各 4% 前後であった．しかし 20 年に新潟県の小作農地の収益が急増し，同地は 48% 余で首位に立ち，以後は東京との 2 地累計で全体の 9 割前後を数え，22 年以後は両者それぞれ 45% 前後で伯仲していたが，26 年には 58 対 40 に変わっている．

なお東京では，駒込・湯島などがほぼ一定した所得をあげていたが，下谷茅町などとともに岩崎家の住宅用地に繰り入れられたり，また売却などにより，貸付用はしだいに減少または消滅していった．また 19 年に全所得額の 18% を示した日本橋馬喰町の地所家屋も，22 年には全地が売却された．他方，はじめは比重の低かった京橋越前堀も，20 年には約 15% にふえ，22 年には 21% に急昇，以後も年所得が 6000 円台をこえた．さらに芝愛宕町は 22 年から，神田三崎町は 24 年以後，それぞれ所得が拡大し，丸の内も 26 年から所得をあげている．

次に，当初から倉庫用の貸地などとして収入の多かった深川地区は，一色・富吉・松賀（この 3 町は 23 年以後は小松町に合算されたらしい）・小松町 4 町を累計すると，19 年には 42.7% で東京の大半を占め，20 年 15.5%，

表1-4 三菱の所在地別の土地家屋所得表（明治19～26年）

(単位：円，( ) 内は%)

所在地		明治19年	20	21	22	23	24	25	26
東京	駒込上富士前町	205 (4.0)	192 (1.3)	179 (0.9)	383 (1.2)	405 (1.2)	377 (1.1)	375 (1.0)	
	本郷駒込片町	20 (0.4)	17 (0.1)	21 (0.1)	19 (0.1)	21 (0.1)			
	湯島切通町	544 (10.8)	520 (3.6)	483 (2.4)	525 (1.6)				
	神田三崎町						168 (0.5)	790 (2.2)	1,975 (3.6)
	丸の内								2,265 (4.1)
	芝愛宕町				867 (2.7)	1,988 (6.1)	2,120 (6.1)	3,181 (8.8)	5,414 (9.9)
	日本橋馬喰町	909 (18.0)	873 (6.0)	816 (4.0)					
	京橋越前堀	316 (6.3)	2,129 (14.7)	2,009 (9.9)	6,820 (21.1)	6,514 (19.8)	6,597 (18.9)	6,088 (16.8)	7,005 (12.8)
	深川一色町	229 (4.5)	231 (1.6)	207 (1.0)	182 (0.6)				
	〃 富吉町	161 (3.2)	184 (1.3)	354 (1.7)	365 (1.1)				2,946 (5.4)
	〃 松賀町	793 (15.7)	869 (6.0)	757 (3.7)	872 (2.7)				
	〃 小松町	970 (19.3)	950 (6.6)	2,197 (10.8)	2,372 (7.3)	3,593 (10.9)	3,142 (9.0)	5,919 (16.4)	
	〃 伊勢崎・清住町				3,433 (10.6)	2,761 (8.4)	2,712 (7.8)		1,843 (3.4)
	寺島村・隅田村	4 (0.1)	39 (0.3)	63 (0.3)	49 (0.2)		62 (0.2)	261 (0.7)	178 (0.3)
	小計	4,232 (83.9)	6,004 (41.6)	7,086 (34.9)	15,282 (49.2)	15,887 (46.5)	15,178 (43.5)	16,614 (45.9)	21,626 (39.5)
大阪西区		198 (3.9)	803 (5.6)	1,120 (5.5)	1,516 (4.7)	1,536 (4.7)	1,594 (4.6)	1,045 (2.9)	541 (1.0)
神戸相生町		232 (4.6)	323 (2.2)	329 (1.6)	336 (1.0)	336 (1.0)	466 (1.3)	630 (1.7)	265 (0.5)
高知		381 (7.6)	283 (2.0)	579 (2.9)	582 (1.8)	566 (1.7)	1,718 (4.9)	1,585 (4.4)	1,140 (2.1)
新潟	中蒲原郡			6,102	7,274	8,634	8,735	8,322	8,792
	西 〃			226	770	997	921	1,255	1,215
	南 〃			1,428	2,270	2,267	2,250	2,212	
	北 〃			713	1,713	2,101	3,190	4,106	4,123
	収入計			11,368	22,997	25,922	28,299	29,796	30,731
	経費			4,327	11,812	11,920	13,186	13,864	14,389
	所得			7,041 (48.6)	11,185 (55.1)	14,002 (43.3)	15,113 (46.1)	15,932 (45.7)	16,342 (45.1)	31,555 (57.6)
その他とも合計		5,045 (100)	14,454 (100)	20,299 (100)	32,323 (100)	32,833 (100)	34,888 (100)	36,216 (100)	54,764 (100)

注：表1-3に同じ．新潟の各郡は収入額．

21年17.2%と首位をつづけたが，22年には11.7%に落ちた．しかし同年の伊勢崎・清住町の10.6%を加えると22.3%に達し，以後も京橋越前堀や芝愛宕町とともに，東京における土地家屋の主力を占めていた．

また水田小作料などで13年436円，14年に212円の所得をあげていた向島の寺島・隅田村では，水田の宅地造成後も借地が少なかった結果であろうか，19年の所得はわずか4円に落ちた．その後も停滞していたが，人口増加などの影響をうけ，25年から微増に転じている．

このほか大阪の西区でも土地家屋からの所得があり，明治20～24年には全所得の5%前後を占めていた．また神戸の相生町でも1～2%（19年は4.6%）の所得をあげており，いずれも三菱社の支店の管理不動産からの収益とみられる．

3 三菱合資会社と不動産（明治27～45年）

明治26年に商法が改正され，同年末に三菱社は三菱合資会社に改組し，岩崎弥太郎の長男久弥が3代社長となり，翌27年1月から開業した．当初は営業目的の1つに「地所家屋の賃貸」を明記したが，他の法規が未整備などのために不動産の賃貸は許可されず，とりあえずこれを削除した．しかし32年6月から不動産登記法が施行されたので，三菱は同月から不動産業を追加した．いずれにせよ岩崎家の個人事業としての性格が強い合資会社への組織がえにより，不動産についてもやがて社業と家業の分離が進んでいくのである[17]．

(1) 宅地の動き

まず三菱合資会社の本社が直轄した東京の貸付用宅地の面積などを，判明した明治32年末について整理しておこう（前掲『三菱社誌』20巻，367頁以下）．

		坪	原価（円/厘）
神田三崎町	3 筆	23,290.99	287,116.126
深川小松町	3 筆	4,912.67	42,730.-
深川松賀町	5 筆	1,604.10	13,952.300
芝　愛宕町	6 筆	12,414.03	88,439.549
京橋越前堀	11 筆	11,169.66	113,532.749
丸の内	13 筆	84,280.399	995,211.220
内幸町	1 筆	4,606.08	44,965.-
寺島村	59 筆	13,045.-	16,284.295
合　計		155,322.929	1,616.407.069

　すなわち丸の内の払下地8万4000余坪のほか，市街宅地が約7万1000坪（ほかに道路敷1668.98坪）を数えた．

　このうち内幸町（今の千代田区内幸町1丁目の新橋がわ）は，28年に所有登記をおえ，35口に貸地された．主な借地人は仁寿生命保険（今の東京生命）・東京倶楽部（後に政友会本部）・長與称吉（専斉の次男，胃腸病院）などで，貸地料の収入は28年387円，29年2882円，30年4603円であった．また向島では23年から水田を埋め立てて宅地としたが，借地人が少ないため，借地料を27年から3年間，寺島村9668坪・隅田村1万95坪について半額の坪5厘に下げ，28年の収入は226円余にとどまったという．

　次に，その後の『三菱社誌』に記載された東京市内の異動は，次のとおりである．

　明治33年　京橋越前堀　1,756.5坪　69,843円（坪あたり39円76銭）三井銀行より買収
　　　34年　深川松賀町　82.8坪　1,018円44銭（同12円30銭）東京市より買収
　　　37年　深川松賀町　7.71坪　92円52銭（同12円）東京市より買収

（大正 10 年，三菱倉庫へ売却）
- 40 年　寺島村　109 坪　109 円（同 1 円）東京府より買収
- 40 年　寺島村　1,405 坪　7,022 円 50 銭（同 5 円）橋本秀太郎へ売却

このほか，丸の内でも土地の売買と交換がみられた．

- 32 年　永楽町　536.2 坪　20,633 円 24 銭（坪あたり 38 円 48 銭）高田慎蔵へ売却
- 32 年　永楽町　14,411.88 坪 ｝ 補償金 745,648 円 32 銭（同 48 円）
　　　　有楽町　1,122.46 坪
　　　　以上は鉄道用地として収用
- 33 年　有楽町　1,107.05 坪　32,088 円 16 銭（同 29 円）
　　　　永楽町　14,411.88 坪　634,122 円 72 銭（同 44 円）
　　　　以上は鉄道用地として逓信省鉄道作業局に売却[18]
- 35 年　丸の内　874.32 坪　39,344 円 40 銭（同 45 円）日本興業銀行へ売却
- 35 年　丸の内　888.99 坪　39,115 円 56 銭（同 44 円 40 銭）逓信省鉄道作業局へ鉄道用地として売却
- 38 年　永楽町・銭瓶町　2,423.79 坪　76,779 円 81 銭（同 31 円 68 銭）文部省の和泉町地所と交換，引き渡し
- 39 年　永楽町　379.29 坪　11,926 円 28 銭（同 31 円 44 銭）高田商会へ売却
- 39 年　丸の内　217.25 坪　13,506 円 39 銭（同 62 円 17 銭）日本興業銀行へ売却
- 39 年　有楽町　5,779 坪　69,087 円 88 銭（同 11 円 95 銭）内務省の次の 2 用地と交換，引き渡し（警視庁の建築用地であろう）
　　　　八重州町　5,779 坪　77,176 円 61 銭（同 13 円 35 銭）
　　　　銭瓶町・八重洲町　5,229 坪　19,656 円 42 銭（同 3 円 76 銭）

　　　　　　内務省の用地と交換，受け取り
　40年　丸の内　15.18坪　381円14銭（同25円11銭）日本興業銀
　　　　行へ売却
　40年　有楽町　904.05坪　10,807円91銭（同11円95銭）内務省の
　　　　次の用地と交換，引き渡し
　　　　銭瓶町　904.05坪　12,304円97銭（同13円61銭）内務省の
　　　　用地と交換，受け取り
　41年　永楽町　905坪　88,690円（同98円）鉄道庁へ売却
　41年　永楽町　1,425坪　17,035円86銭（同11円95銭）鉄道庁の
　　　　次の用地と交換，引き渡し
　　　　永楽町　1,425坪　21,373円29銭（同15円）鉄道庁の用地と
　　　　交換，受け取り

　以上のように，丸の内の用地も高田商会や日本興業銀行に分譲したほか，東京－新橋間の鉄道用地や官用地として逓信省鉄道作業局（後に鉄道庁），文部省や内務省と売却・交換が行われた．同時に，所在地の交通度などにもよるが，売却や交換の土地価格が時とともに上昇したことがわかる．たとえば，明治33年の鉄道用地1万5000余坪の売却代は66万円をこえ，これだけでも23年に三菱が官有払下地10万7000余坪に支払った代金128万円の半分を回収したことになるわけである．

　このほか大阪・神戸では，支店所有の土地家屋の一部を貸し付けており，これからの不動産収入もみられた．とくに神戸では明治30年から支店や三菱造船所などの建築が進み，それに近接した和田岬地方の海面埋め立てと護岸工事が44年9月に完成し，その一部が三菱の建設出資額に応じて分与された．その地域は和田地所とよばれて三菱本社の直轄に入り，一般にも貸し付けられたのである．大正元年末の面積は次のとおりである（前掲『三菱社誌』21巻，1565頁）．

	坪	地価（円/銭）
甲区一	57,172.09	1,149,945.51
甲区二	35,046.91	387,602.77
甲区三	12,127.38	245,410.47
乙区	18,490.68	293,645.09
丙区	10,943.06	69,885.81
計	133,782.12	2,146,489.65

　すなわち，合計13万3782坪（地価214万余円）を数え，同年の東京所在土地面積15万7921坪（同101万4345円）に匹敵し，その評価額では東京の2倍をこえたのである．

　なお明治31年2月に，三菱は大阪市の北区中之島の土地1178坪を日本銀行に譲っており，同地に同行の大阪支店が建設された．前社長の岩崎弥之助が，29年11月から31年10月まで日本銀行の4代総裁に選ばれていたから，これらが機縁となって同地を供与したのであろう[19]．

(2) 丸の内の発展

　次に三菱の丸の内開発も，明治25年1月に起工した第1号館（地階つき煉瓦3階建，計1442坪，今は三菱商事ビルの敷地）が27年6月に完成し，日本における洋式オフィス街の起点となった．さっそく三菱合資の本社が入居し，12月の落成後に第百十一銀行と高田商会が借用（家賃は坪あたり月1円から1円50銭）した．同27年7月に南向かいに東京府庁舎（東京市役所も同居）の重厚なドイツ式建築も完成し，ようやく丸の内の開発が緒についたわけである[20]．

　翌28年にはコンドルが設計した第2号館が竣工（地階つき石造2階建，建坪308坪，今は明治生命館）し，明治生命・明治火災・東京海上保険3社が入居した．29年には曾禰達蔵の設計による第3号館（地階つき煉瓦3階建，計1460坪，今は新東京ビル）が完成したが，貸事務所としては日本最

初にエレベーターを設けたことで有名で,日本郵船会社と後に第1号館から移った高田商会が借用した.

しかしそのころの丸の内は,現在の東京駅もなく（大正3年末に開業）,市内電車の開設も明治36年以後であったから,交通は不便であった.さらに日清戦争後に経済不況がおそい,三菱などの開発は一時停滞する.かえって丸の内建築所は神戸支店などの建設のために,明治30年3月に同市に移転したほどである.神戸支店は3年7カ月後の33年10月に本館が竣工し（工費決算額24万7449円）,翌月に建築事務所はふたたび東京の丸の内に復帰したのである.

なお三菱合資に当初の不動産賃貸業が追認された32年6月には,丸の内の馬場先通以南の仲通に神田三崎町と同型の貸家経営も計画している.これには小型家屋を連ね,地区内に湯屋や勧工場も含まれた.当時は洋風のビジネス街が定着する以前で,入居者を探してから建築するという状態のため,貸事務所だけでは時間がかかり,貸家経営の併行を考えたためという.そしてその計画の一部は,37年7月に完成した第6・7号館の住宅兼用事務所に折衷されている[21].

他方,政府は日清戦争後の明治29年4月に懸案の中央停車場の建設事務所を設け,やがて32年末から新橋と中央停車場（東京駅）を高架で結ぶ鉄道用地の買収が始まり,翌33年9月に起工された（日露戦争のため延期,41年再開,大正3年竣工）.また32年11月には東京商業会議所（工費11万2000円,敷地は三菱から借用）が落成し,馬場先通に三菱の第1〜3号館を含めて「三菱村の四軒長屋」が並び,丸の内開発の動きが強まった.

そこで三菱合資も丸の内の貸事務所建設を再開することになり,明治34年7月に5年ぶりに第4号館を起工した（工費の予算17万6000円）.同館は3年後の37年9月に完成（決算14万6801円,地階つき煉瓦3階建,計802坪,今は古河ビル）したが,後から着手した第6号館と第7号館（共に地階つき煉瓦2階建,各272坪,今は古河ビル・明治生命別館）が37年7月に完成し,先の第5号館は日露戦争中の翌38年7月に竣工している（地

階つき煉瓦3階建, 計774坪, 今は明治生命新館). すでに明治36年6月には西北方に日比谷公園が開設され, 同年から数寄屋橋―日比谷―大手町―神田橋などの路面電車が開通するなど, 丸の内の近代的な開発に大きな刺激をあたえた. しかし西欧風の貸事務所という形式は, 当時の社会ではすぐに普及したわけではなく, 一般には共同生活を好まずに建物1棟を専有したいという風習が強かった. このため三菱では当初の方針を一部変更し, 第6・7号館では長屋式に数軒つづいた貸事務所を建設している. そして内部は事務所と住宅を兼用にするため, 日本式のフスマやタタミなどを設け, 新聞に広告して入居者を募集したほどである (戦後は事務所ブームとなり, 間もなく事務所用に改装).

日露戦争後は好況がおこり, 三菱でも明治38年12月に丸の内の第8～11号館を一挙に着工した. これらは馬場先通の北側仲通の地階つき2階建の赤煉瓦造の住宅併用形式であり, 反動不況時の40年に次々と竣工した (後に古河ビルと千代田ビル). さらに同40年5月に最後の煉瓦造である3階建の第12・13号館 (地階付, 敷坪各363.65坪, 工費の予算それぞれ31万1825円) が計画されたが, 同じ40年に帝国劇場 (三菱用地を借入) と警視庁, 翌41年には中央停車場もそれぞれ起工されている.

そして第12号館は3年後の明治43年8月に竣工したが, 決算工費は坪あたり870円99銭で合計31万7920円余 (計1,385坪, 今は新東京ビル) であった. 同43年には官有鉄道の東京―新橋の高架線の工事が進み, 山手線電車の新駅として有楽町と呉服橋の停車場が設けられ, 丸の内方面への交通がより便利になった. また第13号館 (計1498坪, 今は富士ビル) が完成した翌44年には, 丸の内の西端に帝国劇場と警視庁 (今は第一相互生命会社) が道路をはさんで向かいあわせに落成した. そして馬場先通は三菱の3階建の赤煉瓦の建物と商業会議所が立ちならび,「一丁ロンドン」とよばれるにぎわいを示したほか, 中央駅から濠端に抜ける新道も竣工した.

この明治44年の3～6月にかけて, 三菱ではさらに第14～20号館の地階なし3階建の鉄筋コンクリート造の7棟を次々と着工している. 外壁だけが

コンクリート，内部は木造であったが，丸の内の建築物では画期的なもので，それまでの煉瓦造の工期が2～3年もかかったのに，この新方式では1年間に竣工できた．

すなわち翌45年の3～4月に第14号館（計719坪，今は新東京ビル）・第15号館（計719坪，今は富士ビル）・第16号館（計232坪，今は新東京ビル）・第17号館（計232坪，今は富士ビル），改元した大正元年の8～9月に第18号館（計768坪，今は新国際ビル）・第19号館（計679坪，今は国際ビル）・第20号館（計295坪，今は新国際ビル）と，この1年間に7棟がすべて完成している．

なお当時の建物は，使用者の要求にもとづいて2階建や3階建などに設計し，建物は縦に仕切られ，多くの入口を通じて上層階まで別々の建物として利用できるようになっていた．したがって，明治44年までに完成した三菱の貸事務所は第13号館までであったが，貸事務所数の合計は三菱合資を含めて47であり，そのほかに商業会議所と帝国劇場が三菱から借地していたのである．

(3) 神田三崎町の充実

明治25年4月の神田大火の後，神田三崎町の三菱の貸家と貸地の利用者はふえはじめたが，当時はまだ同地の商業などが活況を示すには至らなかった．そこで三菱合資は，27年6月までは貸地料は定額の2割引き，貸家料は1/3に下げていたものを，翌28年6月までのさらに1年間も据えおくことにしている．なお28年11月現在の三菱の貸地は，合計170件・1万6886坪（1件平均99坪余）であり，借地人はこれに自家や貸家を建設していたのである[22]．

他方，延長工事中の甲武鉄道は，明治27年10月に新宿―牛込，翌28年4月に牛込―飯田町（後にJR貨物駅）が開通し，三崎町の西北端の西方に始発駅ができた（31年4～9月の輸送貨物10万6000余トン，乗降客は半年で208万7000余人，1日平均1万1555人）[23]．これらの結果，このころか

ら三崎町の貸家の入居者や商業なども活況を示しはじめた．たとえば28年7月には，日本法律学校（後に日本大学法学部）が始発駅の用地などに買収された飯田町から三菱の貸地（南端の南横町）に移転したほか，山室軍平（後に救世軍の初代日本司令官）も同28年9月に三菱の借地人である伊藤為吉（後述）を頼って上京し，三崎町付近を足がかりに運動を開始している．

また当時は新派俳優の主領といわれ，演劇改良運動を推進していた川上音二郎（オッペケペー歌でも有名）が，大倉喜八郎の支援をうけ，26年1月から三菱の借地で劇場を建設し，いよいよ29年7月にこの川上座が開場した．同座は三崎町の一番通に面し，建坪212坪，入場定員1075人という大規模なもので，この建設には妻である川上貞奴の物心両面の援助があったという．しかし川上音二郎は，その後に国会選挙の失敗などで経営困難となり，31年ごろに同座から手をひき，34年1月には改良座と改称したが，36年4月に全焼してしまった．

さらに川上座の西向かいに，26年7月ごろから三菱の地所1300余坪を借用し，洋風2階建の東京座も建設され，30年3月から開場した．同座は建坪335坪で定員1600人（2000人以上も収容できた），桟敷の正面に1本の柱もないという大劇場で，歌舞伎の初代市川猿之助などが出演した．以上の両座に，すでに24年6月から開場していた三崎座（今は日本大学法学部別館）を加え「三崎町三座」といわれ，この地域の発展に強い影響を与えた．しかし三崎町付近は東京の中心地から離れ，交通も不便などのため，一時は東京市五大劇場の1つで歌舞伎座・明治座と並び称せられた東京座も18年後の大正4年末で廃座となり（後地は日本水産会社の冷凍工場），三崎座（大正4年11月に神田劇場と改称）のみが残ったのである．

そして東京座の北方にある空地では，靖国神社の大祭の折などに，引きつづき内外の曲馬サーカスなどが興行された．たとえば，29年の英国大曲馬のヘンリーワース一座や，32年の英国帰り松村曲馬などである．また30年には，川上座の向かい側に16角建（直径14間・軒高5間の円筒状，建坪153坪）の神田パノラマ館が開場している（日露戦争中に九段下にある現在

の九段会館前に移築）．さらに同30年末には，川上座の北側に三崎勧業場（勧工場ともいう，共同販売所で百貨店のはしり）が開業し，出品者は68店にも及んだのである．

このほか30年3月には，後に国際労働運動の指導者となった片山潜が，日本法律学校の北向かいの2階建家に入居している．片山は28年に満11年ぶりに米国から帰国し，日本キリスト教会派の植村正久と親交があり，宣教師グリーン博士から月25円の援助をうけて同地にセツルメントのキングスレー館を開き，三崎町幼稚園や店員英語夜学校・渡米協会を併設してキリスト教的な社会改良運動をはじめた．片山は館内に労働新聞社も設立したほか，同30年7月には高野房太郎らと労働組合期成会を設け，鉄工・活版工組合や日本鉄道矯正会を創立，日本における労働運動の端緒を開いた．33年1月に片山は自家に安部磯雄らと共設の社会主義協会を移し，翌34年5月には日本最初の社会主義政党である社会民主党を組織したが，即日に禁止された．さらに39年2月には堺利彦・西川光二郎らの日本社会党に参加，片山家に本部をおいた．

その後も片山は議会主義的な社会改良主義をとり，幸徳秋水・堺らの直接行動派やマルクス派と対立したが，明治43年の大逆事件後は官憲の厳重な監視下におかれた．翌44年12月には東京の市電ストライキを指導したが，3年後の大正3（1914）年に渡米を決意，三崎町の家を兄の一に譲って同3年9月に出国している（さらにメキシコをへて，1921（大正10）年にロシアに入り，第三インターの執行委員に選ばれ，1933（昭和8）年に75歳でモスクワで没した）．

このように片山潜の三崎町滞在は17年余に及び，キリスト教的な社会改良運動や初期の組織的な労働運動，さらに日本最初の社会主義政党を指導するなど，独自な足跡を残したのである．そしてこの片山の活動を支援した多くの人びとの1人に，三崎町の一番地通に三菱から借地（約40〜50坪という）し，独創的な耐震家屋を建てた伊藤為吉がいる．伊藤は独学の建築家で，コンクリートブロックなどについても優れた発明を重ね，三井の技師長格と

いわれた横河民輔も彼を支援したという．伊藤はまた内外の絵画の収集家として知られ，片山のキングスレー館の管理委員を勤め，伊藤の次男は片山の三崎町幼稚園や店員英語夜学校の教師を兼ねたという．

さらに伊藤は，32年に三崎町の自宅に私立の東京徒弟学校を設け，職工や徒弟の教育に尽力しようとした．同校の校舎建設の資金あつめのため，伊藤は東京座で大坂少年演劇を開催し，また職工軍団なるものを組織している．さらに伊藤は芸術一家として有名で，6男2女のうち長男道郎（26年生）は欧米帰りの舞踏家，次男喜朔（32年生）は舞台美術家，三男（37年生）は演出家で俳優の千田是也，四男（44年生）蕎助は音楽家であり，娘の婿に画家の中川一政と後の陸軍大将古荘幹郎がいたという．

このほか明治32年の三崎町には，甲武鉄道の飯田町駅前の付近に鉄道貨物取扱店や運送店，石材や木材などの建築材料店，旅客むけの旅館や工具・学生むきの下宿が固まっていた．さらに貸席・寄席・大弓場などの娯楽施設や多くの飲食店も集まり，「繁華なること小川町」に次ぐといわれたほか，低地価や日本橋川の舟運などを利用した印刷所などがふえたのである．

以上のように三崎町における市街地の充実が進み，明治35年ごろの家屋数は600余戸に達したという．三菱の煉瓦長屋の店舗付き貸家が122戸であったから，他の貸地での自家や貸家は約480戸を数えたことになる．そして地代家賃の取り立てや地所建物の保繕などの管理のために，三菱では当初から地区の中央に差配所を設け，三菱社員である差配人が居住したほか，会社から2〜3人の事務員が出勤していたが，差配人は当時の住民にとって，「一種の畏敬の的」であったという．さらに地区内の町務は，住民の自治にまかせ，12名の総代が申合規約にもとづいて運営していた．

さて34年4月になると，三菱は一般物価の上昇を理由に，賃貸料の値上げを決めた．そして7月から毎月の坪あたり貸地料は1等地15銭，2等地13銭，3等地11銭（毎月の増収額540円余），家賃は坪63銭を80銭，角家は70銭を85銭内外（同180円余）にそれぞれ改定したのである．

他方，明治36年には市区改正事業の一環として堀留―飯田橋の水路が

283年ぶりに再開され，日本橋川と神田川が連絡した．このため舟運を利用して神田地区の低地に進出していた印刷関係の工場は，三崎町付近から，さらに飯田橋より上流の江戸川の両岸に増えていったのである．これらの低地が低地価なうえに，舟運の幹線である日本橋川の南岸に官庁街，北岸に学校街が連なり，両者ともに印刷物を必要とする関係から，印刷関係の産業が展開したわけである[24]．

さらに翌37年12月末には，甲武鉄道が飯田町から御茶の水まで延長され，中野まで電化した．そして39年には国有鉄道法によって甲武鉄道の御茶の水―八王子が国有化し，中央東線となった．また39年10月に水道橋駅が開業したほか，41年4月には昌平橋（後に万世橋駅）まで電車運転が実施された．かくて飯田町駅前の繁華街として発展してきた三崎町も，飯田町駅（38年の乗客43万3645人，発送貨物9万9059トン）が貨物駅の比重を高めるにつれて，その繁栄を始発駅に近い須田町に奪われていくのである．

このほか三崎町付近の市内電車は，36年7月に新宿―市ケ谷―九段上が開通し，翌37年12月には小川町―九段下が開業した．また39年3月には九段下―飯田橋，40年7月に九段上―九段下などが開通し，41年4月の神保町―春日町の開業につれて三崎町停留場が設けられた．

こういった鉄道と電車による交通条件の変化は，三崎町内の地価にも変動を与えてきた．このため明治38年5月に，三菱の差配人赤星陸治（後に三菱地所社長）は，賃貸料の改正を本社に提出し，許可された．そして毎月の貸地料を坪あたり2銭ずつ引きあげ（1等地は15銭に据置き），2等地15銭（1等地と同額）・3等地13銭とし，改良座の跡地のみは25銭と35銭の別格と定めた．従来，三菱地区内では飯田町駅と堀割ぞいの西通が1等地であったが，水道橋駅や市内電車の開業にともない，これらと接続できる一番地通や道路ぞいの貸地も1等地と同額になったわけである．

さらに三菱の明治42年5月の調査図をみると，坪あたりの貸地料は，堀割ぞいの西通では18・20・25銭に上昇するなど，借地需要の多い地域で値上げされた．他方，逆に需要の乏しい地域では値下げも行われ，とくに九段

坂から本郷への近道であった煉瓦長屋通の地代（このほかに貸家料が加わる）は，22・25・28銭と九段坂に近いほど高値であったのが，42年にはすべて20銭に値下げされたほどである[25]．日露戦争後には不況で空屋もふえたほか，交通事情の変化などから，三菱でも地代と家賃をたえず変動せざるをえなかったのである．

(4) 農地など

まず約1000町の貸付地を持つ新潟県では，明治27年12月に浜政弘を新潟事務所の取締に任じている（年給800円）．その後も採算農地の買収が行われ，たとえば37年には，中蒲原郡の信濃川河岸の三菱試作場の近くに，田・畑・宅地など1.82町余を将来有望の地として2500円で購入したほどである．しかし当時の蒲原平野は信濃川の治水事業が進まず，洪水や湛水の被害が多かった．このため三菱では，すでに明治25年以来，災害や湛水で収穫が5割以上減少した小作人には毎年援助米を支給する慣行を実施した．さらに被害地に客土作業を行わせ，その労賃を支給するなどの援助を行っていた．

とくに明治29・30・38・大正元年の大水害などには，食料が不足した小作人に貸米したほか，毎年に肥料資金の貸与や貯蓄の奨励などの対策も重ねた．とくに排水と湛水の改良のためには，各地の水利組合の改良事業にも参画し，たとえば明治38年からの中蒲原郡の排水工事（受益地6095町余，うち三菱所有地423.9町）には三菱も負担金年4816円余を支出した．事務所では工事の竣工によって小作米910石余の増収となり，1石17円として1万5477円余をえ，負担金を差し引いて毎年1万660円ずつの利益となると予想している．

なお新潟事務所の職員数は，判明分で明治39年3人，40年4人，41～44年5人にふえたが，41年には事務所の取締が老齢のため桜井市太郎（月給65円，大正2年に鎗居亀太郎）に交替した．また大正2年現在の差配人は58名で小作人2111人を分掌し，その小作地は986町3反余（42町村）を数

え，所管地は田 848.71 町（地価 25 万 1898 円）・畑 125.07 町（1 万 5022 円）・宅地 22.31 町（2 万 2000 円）・山林 14.79 町（152 円）・原野 6.24 町（211 円）などとなっている．そして大正元年末の新潟事務所には，職員 6 人・傭員 2 人・雇員 1 人，計 9 人が勤務していたのである．

　次に岡山県の児島湾開拓地では，ひきつづき干拓事業が進展したが，直営の綿作は明治 29 年に 52 町で 2051 貫余（収入 970 円余）をえた．しかし 29 年に輸入綿花関税が廃止されると，三菱は稲作を主体とする方針にかえ，同年に 6.5 町の水田を試作した．以後は綿作を縮小しながら，稲作は急増し，29 年の小作米は 24 石余（188 円余の収入），30 年は 346 石（代価 4579 円），31 年は 1659 俵（1 俵は 3 斗 5 升入り，代金 5771 円余）を入手した．そして稲作からの収益も，31 年度に 2911 円余，32 年度に 4109 円余を数えたが，32 年には数度の風水害におそわれ，33 年度は 1547 円の赤字となった[26]．

　いずれにせよ，初期干拓地の条件にもとづくとはいえ，三菱が児島湾開墾地において綿作を直営したことは，その企図はやがて失敗したが，農業的な土地利用において直営と小作が併存できた当時の環境を反映しており，きわめて興味深い事例である．しかし三菱の農地貸付は，一般金利に見合う地代の取得を前提にした利回り計算が基準と考えられ，採算見とおしに乏しい土地は処分の対象にあがったはずである．

　児島湾開墾地でも，農地化や小作人管理には既耕地の蒲原平野の所有地を上まわる困難があったらしく，ついに明治 31 年 2 月から所有地の売却をはじめている．とくに藤田組が 32 年から児島湾の干拓を開始すると，地つづきの三菱開墾地の譲渡を希望した．かくて 34 年 9 月には，残地の原野 47.84 町（78 筆）・田 0.96 町余・畑 0.57 町余・新開地 88.46 町余（66 筆）など土地建物すべてを，藤田組に 8 万 7038 円余（5 カ年賦）で譲渡することになった．三菱ではそれまでの経費などを差し引き，4 万 3014 円の利益を上げたとし，同 34 年 10 月に児島湾事務所を撤収している．（その後，藤田組は 1512 町の干拓に成功，うち 600 余町を同社の直営水田とした．）

　他方，明治 32 年から三菱社長岩崎久弥の個人経営に移った岩手県の小岩

井農場は，宮内省の下総御料牧場の幹部に委託して牧畜本位の改良策が実施された．そして 37 年の三菱合資会社の貸借対照表と財産目録には当座勘定として小岩井農場分 81 万 8079 円が計上されており，同社の監督下に入ったことがわかる．ついに 39 年には，久弥社長が同農場の経営を指揮することになり，三菱合資の地所用度課にいた赤星陸治が新しい場長に任命された．彼は 34 年に東大法科を卒業して三菱に入社，当時は数え年 32 歳，44 年 9 月に本社の地所部副長（月給 160 円）となる．後任場長は本社事務の奥村政雄（月給 110 円）．これを契機に，同農場は日本でも例外的な資本制農場に展開していくのである．

同時に，このころから岩崎久弥社長は内外の植民地に大規模な農業投資を開始している．久弥社長は三菱合資（資本金 500 万円の 1/2，明治 40 年の増資で 1250 万円の株主）のほか，関係会社である日本郵船・東京海上火災・明治生命などや，山陽・九州・日本鉄道などの大株主であり，その株式所有額は明治 31 年に 1362 万円を数えている．とくに 39 年の鉄道国有法にもとづき，私鉄からのばく大な精算金をえたはずである．さらに 40 年には戦後恐慌におそわれ，国内の過剰資金を海外に投資する動きが強まった．

ばく大な個人資産を持つ久弥社長は，三菱会社とは別に，まず明治 39 年にマレー半島のゴム栽培（三五公司）に資金援助を行った．翌 40 年には，朝鮮の京畿道などで農地を買収して東山農場を組織し，42 年までに 4235 町（小作人約 3500 人，小作米約 4500 石）を経営した．また 41 年には台湾で竹林事業を営み，44 年にはこれを久弥の支配下にある三菱製紙に委託している．

また国内植民地である北海道でも，明治 45 年に札幌市郊外の拓北農場（1010 町）を開いたのをはじめ，大正 2 年に空知郡の芦別農場（410 町），翌 3 年に宗谷郡に北見農場（8096 町）に，それぞれ小作経営を行ったのである．このほか大正元年には，千葉県の末広農場の養鶏・養豚経営も実施している．

これらの農林業投資は，久弥社長の個人的な興味にもとづくとはいえ，内外植民地への進出にはまず農林業を基礎とするという三菱の手堅い社風の一

面を示すものといえる．とくに，当初は利潤率の低い農林業や危険度の高い先駆的な投資について，社長家がまず先行を試み，後日に経営利潤と不動産を入手しようという長期的な展望を実施している．以上は，直接には三菱会社の不動産経営とはいえないが，その別動隊ともいうべき久弥社長の農林業への投資行動を知ることができる．

なお，大正2年5月ごろのこれら農場の面積は次のとおりである．小岩井農場3464.69町（元年末は職員14・傭員20・雇員89，計123名），東山農場4051.87町（職員24・傭員11・雇員22，計57名），篠路農場（拓北を改称）1027.91町，末広農場は山林315.57町，田畑3.91町，宅地346坪である．そして，これらの久弥家関係の農場やそのほかの投資は，大正5年に新設された岩崎家庭事務所の管理下に入り，また大正8年には久弥家が私設した東山農事株式会社（資本金500万円，翌9年1000万円）に，新潟県の小作農地を含めたすべての農事関係が同社に統合され，不動産経営での三菱会社と久弥家の分離が確定したのである．

(5) 土地家屋の収益

以上の三菱合資会社の明治期における不動産経営の収益を見ると（表1-5），大阪・神戸支店に一部不明な年もあるが，次のとおりである．その累計は，明治27年の6万3157円から29年以後は10万円台，35年から20万円台（39年は新潟県の凶作で15万6557円），44年からは40万円台に急昇している．

このうち，東京の地所家屋は29年以後は純益累計のおおむね過半をこえ，とくに丸の内の貸事務所が増加するにつれて，35年から10万円台，41年からは20万円台に達する．また当初は累計の大半を占めた新潟事務所も，小作料収入が安定するとともに40年には9万4834円を数えたが，水害や凶作で30・31・39・41・42年などは大減益となり，小作農地の経営が市街の宅地や建物の貸し付けにくらべ，自然条件の制約が強く，収益が安定していないことがわかる．

第1章　明治期三菱の不動産経営

表 1-5　三菱合資会社の地所家屋純益表（明治 27～45 年）

(単位：円・厘)

年次	東　京	新　潟	大　阪	神　戸	児島湾	計
明治 27	12,771.562	47,700.044	1,406.138	624.390	657.639	63,159.773
28	26,054.655	43,058.252	⌞ 6,642.332 ⌟		△286.953	75,468.286
29	55,720.096	47,513.637	5,725.399		△551.346	108,407.786
30	69,370.704	17,835.899	5,894.988	△274.284	△465.529	97,827.307
31	83,206.751	13,949.559	7,983.787	△777.468	2,439.090	106,801.719
32	87,176.390	39,517.416		△1,174.759		125,519.047
33	91,946.650	58,737.950	9,530.490	138.980	△1,547.153	158,806.917
34	99,828.390	57,840.221	11,736.131		2,504.887	171,909.629
35	108,574.620	66,639.188	13,712.231	15,738.672	43,563.871	248,228.582
36	121,496.538	59,653.934	14,583.070	15,623.676		211,357.218
37	153,812.898	49,757.014	15,089.192	17,149.276		235,808.380
38	127,519.629	71,796.773	14,127.425	16,611.586		230,055.413
39	123,106.273	19,006.552		14,444.730		156,557.555
40	157,250.740	94,834.949		13,024.200		265,109.889
41	209,490.063	22,084.435		11,386.870		242,961.868
42	189,678.240	34,798.360	13,079.079	15,369.769		252,925.448
43	⌞ 237,230.200 ⌟		12,969.539	14,142.957	和田地所	264,342.696
44	370,535.97		22,160.87	20,571.19		413,268.03
45	350,546.29		15,830.66	8,962.31	55,349.74	430,689.00

注：△は赤字．空欄は不明．神戸支店の明治33年は地所売買益，35～41年は神戸建物，42年からは諏訪山宅地経費を加除．明治44年からは減価償却を行う．45年は大正元年分を含む．前掲『三菱社誌』19～22巻の年末「損益勘定表」より作成．なお新潟の28～32年と大阪・神戸などを加えた計は，前掲『三菱地所史』上巻，173頁の数字と一致しない．

　大阪・神戸は支店所有の地所家屋の貸付による収益であり，30～32年の神戸の損失は社宅経費などを支出した結果であろう．また44年に完成した和田岬地方の海面埋立地は，翌年から貸し付けられ，45年（以下，改元後の大正元年を含む）には5万5349円の純益をあげている．

　他方，児島湾の開墾地は当初は損失が多く，31・34年にようやく2000円台の収益を上げた．しかし34年には残地をすべて藤田組に売却してしまい，翌35年に純益4万3563円を計上して終了してしまった．

　なお明治45・大正元年度の地所部の損益勘定明細表によると，東京の地所建物収支勘定は深川区は1万9666円（建物を除いた宅地原価8万9676円に対して21.9%），芝愛宕町1万3829円（同9万3733円に対して14.8%），

神田三崎町3万4348円（同28万7116円に対して12％），麹町区（丸の内と内幸町）29万25円（同31万1484円に対して93.1％），向島（寺島・隅田村）6543円（同3万1978円に対して20.5％），新潟事務所は8万2010円（大正2年末の総地価28万9701円に対して28.3％）を数えている．

　これらは営業費の7万7159円や減価償却費6万1108円などを差し引く前の収益であるが，これから各地区ごとの収益率の高低を知ることができる．すなわち家屋投資を除き，土地評価に対して丸の内が最高の93％で，新潟の28％がこれにつづき，深川と向島が20％余，芝愛宕町の14％と神田三崎町の12％が低位を占める．これからも，三菱の不動産経営における丸の内の優位性が確認できる．

　なお大正元年末の大阪では，地所21万2025円，建物47万7785円，計68万9310円（貸付以外の不動産を含む）に対し，地所家屋収益（営業費・原価償却などを除去）1万5830円はその2.3％にあたる．また神戸も，地所20万572円，建物24万4823円，計44万5395円に対し，大正元年度の同収益は8962円でその2％にすぎない．他方，和田地所の地価214万6489円に対し，同年の地所収益5万5349円はその2.6％を示している[27]．

4　三菱の企業収益と不動産

　おわりに，明治期における三菱の時期別・部門別の収益状態と，不動産経営の占める位置を推定してみよう（表1-6）．

　三菱会社時代の明治8～18年には，総所得912万余円のうち，海運38％，炭坑21％余などの主業に対し（ほかに政府助成金約30％），土地家屋からは4万円余のわずか0.5％にすぎなかった．しかし海運業を失った三菱社時代の明治19～26年には，総所得1056万余円のうち，利子配当45％，炭坑41％余が主力を占め，土地家屋は23万余円で2.2％に微増している．

　三菱合資会社時代の明治27～大正2年には，総収益5699万余円（純益は4425万余円）のうち，鉱山38％，炭坑17％，銀行15％余，営業11％余，

表 1-6 三菱会社の時期別所得表（明治 8 年 10 月～大正 2 年）

(単位：円)

時　期		明治 8 年 10 月～18 年	明治 19～26 年	明治 27～大正 2 年度
部門別	海　運	3,469,011(38.1)		
	造　船	91,642(1.0)	436,425(4.1)	5,711,361(10.0)
	炭　坑	1,964,565(21.6)	4,396,744(41.6)	9,684,094(17.0)
	鉱　山	53,777(0.6)	720,043(6.8)	21,746,424(38.2)
	営　業			6,545,794(11.5)
	銀　行			8,794,226(15.4)
	土地家屋	43,713(0.5)	230,822(2.2)	4,514,082(7.9)
	利子配当		4,783,496(45.3)	
	政府助成金	2,726,148(29.9)		
	その他a)	776,597(8.3)		
	計	9,125,453(100)	10,567,530(100)	56,995,981(100)b)
純益	総　額	9,125,453	10,567,530	44,253,027
	1 年平均	約 912,545	1,320,941	2,212,651

注：(　) 内は%. 一部に推定及び欠落がある. a)は製鉄・倉庫・金融・公債・株式・金銀交換所得などの累計，b)は本社の経費差し引き前の収益額累計. 表 1-3 から，前掲『日本の財閥と三菱』110 頁の表を訂正.

造船 10% を数え，土地家屋は 451 万円余で 7.9% に上昇した．丸の内の開発や東京の土地建物の貸付，新潟農地の小作などによって，不動産経営が安定化してきたことを推察できる．

これらの動きにつれて，三菱の不動産部門でも組織の整備が進んできた．まず明治 11 年 7 月に，三菱にはじめて地所係が設けられて以来，15 年 9 月には会計課の地所方がひきつづき不動産の管理にあたってきた（三菱社時代も会計課）．26 年 12 月の三菱合資会社の発足後は，土地家屋の賃貸営業の許可とともに，32 年 9 月に庶務部が地所を分掌することになった．やがて丸の内をはじめ，三菱における不動産の業務が拡大するにつれて，39 年 7 月に課としては最初の地所用度課（初代課長は桐島像一）が設置され，「地所家屋ノ賃貸営業並社内調度ニ係ル事務」を取り扱い，新潟事務所の業務も管轄することになった[28]．

三菱合資会社では，すでに明治 28 年の銀行部につづいて，翌 29 年に売炭部（32 年に営業部と改名）と鉱山部（39 年に営業部を含めて鉱業部），40

年に造船部がそれぞれ設けられた．そして三菱事業の拡大につれて，40年2月に同社の資本金を500万円から1500万円に増資した（久弥1250万円，弥之助150万円，弥之助の長男小弥太が株主となり100万円—41年3月の弥之助の死後は小弥太250万円）．

さらに日露戦争後の反動不況期の明治41年10月には，三菱合資の会社職制を大改革して鉱業・銀行・造船・庶務の4部に分け，各部をそれぞれ独立採算制にかえ，本社は持株会社化して財閥の形態を強めたのである．これにともない，庶務部に属した地所用度課を地所課に改め，「東京市内ニ於ケル社有地所家屋ノ賃貸営業ヲ為シ」，丸の内建築所（43年10月に地所課に移管）と新潟事務所を監督することになり，神戸建築所はこれまでどおり本社の直轄とした．同時に本社直轄の地所家屋以外は，各部ごとに管理することが決定され，不動産の経理が本社と分割されたのである．

また各部の収益が好転した明治44年1月には，三菱合資はさらに社制の大改革を実施した．そして鉱業部を鉱山（翌45年に炭坑部を分離）・営業部に，庶務部を地所・内事部にそれぞれ2分し，ほかの銀行・造船部を加え，明治末年には三菱合資会社の7部制が確立した．そして各部に資本金を設け（銀行部は28年から），これを固定・流動の2資金に分け，予算額を超過して本社などが融通する流動資金には銀行なみの金利を賦課することになった．さらに各部の資本金の10％（地所部のみ資本金300万円に対して6％）を本社へ純益納付金（上納金）として提出させ，各部のそれ以外の剰余は内部留保が認められた．この結果，やがて大正6（1917）年以降には各部が分系会社にそれぞれ独立し，三菱が財閥として確立していく前提が固まったわけである．

このように，明治44年1月からは地所部（初代部長は桐島像一）が三菱の不動産経営の主管機関に定まり，やがて昭和12（1937）年5月に三菱地所株式会社（初代社長は赤星陸治）に発展していく基礎が築かれたのである．なお三菱の地所関係の従業員数は，判明した明治42年末の地所課13人から，43年末は18人，地所部となった44年末は24人にふえ，大正元年末には職

第1章　明治期三菱の不動産経営　　　　　　　　　　　　　43

員25・傭員12・雇員20の合計57人で運営していた．

注
1) 主な参考文献は以下の通り．
    三菱社誌刊行会編『三菱社誌』1～22巻，東京大学出版会，1980～81年．
    富山房編『丸の内今と昔』富山房，1941年．
    中田乙一編『縮刷丸の内今と昔』三菱地所株式会社，1952年．
    牛山敬二「明治・大正期における三菱の土地投資」（農業総合研究所『農業総合研究』20巻2号）1966年4月．
    旗手勲『日本における大農場の生成と展開』御茶の水書房，1963年．
    同　「三菱生成期の経済活動と土地所有」（歴史学研究会『歴史学研究』319号）1966年12月．
    同　「三菱生成期における資本蓄積と土地所有」（同『歴史学研究』325～326号）1967年6～7月．
    同　『日本の財閥と三菱』楽游書房，1978年．
    同　「日本資本主義の生成と不動産」（国際連合大学「人間と社会の開発プログラム」研究報告），1981年．
    同　『土地投資と不動産・水資源』日本経済評論社，1992年．
    今回新しく参考にした文献は次の通り．
    三菱地所株式会社社誌編纂室編『丸の内百年のあゆみ　三菱地所社史』上・下巻・別冊（資料・年表・索引）〔以下，本文では単に『三菱地所史』と略称する〕同社，1993年．
    鈴木理生『明治生れの町　神田三崎町』〔以下，本文では単に『神田三崎町』と略称する〕青蛙房，1978年．
2) 以下を含め，前掲『歴史学研究』319号2～6頁，前掲『三菱地所史』上巻73～77頁を参照．
3) 以下を含め，同前『歴史学研究』319号3～7・13頁，同『三菱地所史』上巻74～161頁，同史別冊342～346頁を参照．
4) 前掲『日本における大農場の生成と展開』221頁，同『三菱地所史』上巻173頁を参照．
5) 以下を含め，前掲『歴史学研究』325号19頁などを参照．
6) 以下を含め，前掲『三菱地所史』上巻80～82頁を参照．
7) 前掲『日本の財閥と三菱』23頁．
8) 以下を含め，前掲『三菱地所史』上巻81・155～159・170頁を参照．なお同地区全体の動きについては，佐藤正之「東京・新川地区における土地所有関係の歴史的考察」（東京市政調査会『都市問題』80巻12号，1989年12月）を参照．

9) 前掲『日本における大農場の生成と展開』225頁などを参照.
10) 以下を含め，前掲『三菱地所史』上巻81・140・150・163～165頁を参照.
11) 前掲『農業総合研究』20巻2号21頁.
12) 以下を含め，前掲『日本における大農場の生成と展開』31頁以下と221頁を参照.
13) 以下を含め，前掲『三菱地所史』上巻83～118・178頁，同『神田三崎町』60～75頁を参照.
14) 以下を含め，同前『三菱地所史』上巻94～102・151～154・186頁，同『神田三崎町』77～84・92～117・136～143頁などを参照.
15) 同前『神田三崎町』105～117頁を参照.
16) 同上.
17) 以下を含め，前掲『三菱地所史』上巻138～141・159～168頁などを参照.
18) このうち永楽町2丁目の社有地1万4411坪余は，逓信省（当時は鉄道の管理庁）からはじめは坪30円で収用の申込みがあったが，三菱は隣地の売買実価などにより低価として東京府収用審査会に提訴した．三菱では最低55円20銭を要求，結局は44円で妥協が成立した（前掲『三菱社誌』20巻434頁）．明治33年3月に土地収用法（22年公布）が大改正され，三菱はこれを活用したのであろう．なお同地は，32年に収用された永楽町の土地と同面積であり，重複なのかも知れない．
19) 前掲『三菱地所史』別冊352頁などを参照.
20) 以下を含め，前掲上巻127～145・178～180頁，同書別冊186～189頁を参照.
21) 前書上巻134～135頁.
22) 以下を含め，前書上巻152～155頁を参照.
23) 以下を含め，前掲『神田三崎町』90～222頁を参照.
24) 以下を含め，前書27・118～119・194～199頁を参照.
25) 同書200～208頁.
26) 以下を含め，同書150～151・163～166頁を参照.
27) 以上は，前掲『三菱社誌』22巻1549～1565・1896頁を参照.
28) 以下を含め，前掲『三菱地所史』上巻170～172頁，同書別冊22～23・74～75頁などを参照.

第2章　大正期三菱の不動産経営

はじめに

　本章は，前章の明治期につづき，大正期（1912～26年）を中心にした三菱の不動産経営の動きを整理する．
　ところで大正期における東京を中心とした不動産業と三菱の特徴として，次の4点をあげることができる．
　1. 米国式のコンクリート造り高層ビルディングの技術が導入され，明治期の英国式の煉瓦造り低層貸事務所に代わった．とくに第1次大戦期からの日本の経済発展にともなう事務所需要の激増につれて，東京海上火災保険ビルや丸の内ビルに代表される大規模貸ビルが優勢になってきた．
　2. 1914（大正3）年末の東京駅開設と周辺道路などの整備につれて，丸の内地区がそれまでの兜町などの日本橋地区に替わって日本のビジネスセンターに成長してきた．とくに23（大正12）年9月の関東大震災後の復興事業の進行などによって，日本の中心的な大企業が集中し，丸の内地区の地位は確定したといえる．
　3. 他方，東京の人口増加と資本集積にともない，大土地所有への批判が増大し，大正初期から華族や富豪などの所有地における高級住宅地の開設，あるいは東京信託会社や田園都市会社・箱根土地会社などによる田園都市・文化住宅の建設が進んだ．とくに関東大震災後には東京近郊の住宅開発が加速し，東京旧市街地の再整備がみられた．そして大正デモクラシーの波や

1921（大正10）年の借地・借家法などに具体化した住宅問題の激化（賃借権の強化）などの動きは，不動産経営にも大きな圧力を加えた．

4．これらのなかで，三菱は1917（大正6）年以後に合資会社各部を分系会社に独立させ，第1次大戦中・後の経済変動に対処した．とくに不動産関係では，新潟県の小作農地などを前社長岩崎久弥が主宰する東山農事会社に移譲し，また借地借家人の伸長にともなう地所管理の困難化に対応し，採算性が悪化してきた貸地の処分を開始した．かくて1920（大正9）年から向島や深川などの土地売却を進め，とくに関東大震災後には丸の内地区に特化して，それ以外の貸地を整理し，丸の内ビルなどからの増大する賃貸料を基盤に，三菱合資会社の地所部による「近代的」な不動産経営を充実していくのである．

なお本章では，日本暦を付記する以外は西洋暦により，また引用注は各項末尾の括弧内に章末の文献番号と巻号・頁数を示した．

1　高層化事務所と丸の内

明治末期になると，欧米から鉄材・セメントを主とする新しい建築技術が導入されはじめ，それまでの東京丸の内の三菱街に代表された英国風の煉瓦造り事務所から米国風のコンクリート造りの高層ビルディングが普及してきた．さらに1914（大正3）年末の東京駅開業とともに，丸の内がそれまでの兜町を軸とした日本橋地区から東京のビジネスセンターに成長していった．

(1)　事務所の高層化

煉瓦造りの事務所は一般に2～3階建てで工期が1.5～2年かかるのに比べ，鉄筋・鉄骨のコンクリート建物は高層化が可能で貸室比率も高く，1年前後で竣工できた．後者は1900年代から米国のシカゴやニューヨークで発達し，それまでの重厚な英国風煉瓦街にかわり，合理的で実用的といわれる米国風ビルディングの発達をもたらした．

第2章　大正期三菱の不動産経営

　1910（明治43）年ごろから日本にも後者の建築工法が導入され，翌11年には事務所では日本最初の鉄筋コンクリート構造といわれた三井物産の横浜支店第1号館が完成した．三井はすでに1910年に日本橋宝町に鉄筋鉄骨コンクリート造りの三井合名第2号館を起工し，1912年に建坪300坪余・地上6階・地下室付の「三井貸事務所」が完成したが，旧三井本館と連結して三井の関係会社に貸し付けられた．1911年に着工し，翌年に竣工した村井銀行もコンクリート造り事務所の先駆といわれたが，自行分が主力で一部の余室を貸し付けたにとどまった（以下を含め，②188〜195頁，⑦94〜95頁，⑨39・54〜58頁参照）．

　他方，三菱も1911（明治44）年に本拠地の丸の内で有楽町よりの仲通りぞいに一挙に第14〜20号館（現在の新東京・富士・新国際・国際ビルの敷地）を起工した．床と屋根は木造だが壁体は鉄筋コンクリートで煉瓦を用いず，壁厚を減じた分だけ貸室を広げた．これらは地階つき3階建て（延べ232〜768坪）で翌12年にすべて完成し，丸の内最初の鉄筋コンクリート造りオフィスビルといわれたが，出入口ごとに各階を利用する従来どおりの棟割長屋式の貸事務所であった．

　さらに三菱では同じ1912（大正元）年8月に本格的な鉄筋コンクリート造りの貸室専用ビルである第21号館を着工し，14年6月に4階建て（建坪525坪余・延べ2153坪）が完成した（総工費38万1069円余）．米国式な貸事務所の形式をはじめて採用し，中庭を設けて廊下で全館を連絡，玄関・手洗・洗面所は共用で暖房設備をもち，エレベーター8人のり2基，約6〜21坪の貸室120という「東洋一の貸事務所」が誕生した．かくて日本でも，ほかの会社と同じ貸ビルに住むという「共同借家の時代」に入ったのである．

　このように日本の貸事務所も，明治時代の英国風煉瓦造りから大正時代になると米国風のコンクリート高層ビルディング時代に転化していくのである．ただ日本では震災対策として米国などよりも鉄筋・鉄骨で補強するために鉄材を多く用い，また設備・資材でも外国製品に依存することが多かったので，コンクリート貸ビルはきわめて高価であった．このため，1900年代から米

国で普及しはじめた高層コンクリートオフィスビルは、日本では日露戦争後の不況で物価が下落した1910年前後から先駆的に試みられ、第1次世界大戦ごろからの好況で日本経済が発展するにつれて、さかんな事務所需要に対応して増大していくのである。

(2) 第1次大戦と丸の内

　1914（大正3）年7月にはじまった第1次世界大戦（18年11月に休戦）は、やがて日本経済の急伸をもたらした。とくに14年12月から東京駅が開業したのを契機に、東京の丸の内がビジネスセンターに成長する契機となった。

　すでに三菱は1913年7月に、東京駅から宮城前の和田倉門に直行する幅40間道路（行幸通り）の敷地として、社有地4405坪余を東京市に提供し、代わりに市有の宅地・新開地のうち永楽町2丁目の2775坪余と銭瓶町3・4丁目の1630坪余（合計は同じ4405坪余）と交換している（①22巻1759～60頁）。東京駅が東海道線の起点となり、さらに翌1915年から神田―万世橋をへて中央線に直結し、やがて東京―上野開通による山手線の全通が予想されていた。したがって三菱は、これらの鉄道と行幸道路の整備にともなって、丸の内の地位がさらに上昇することを狙ったわけである。

　そこで三菱は、当時は未開発であった東京駅前の丸の内地区の建設に着手することになり、行幸通りと大名小路（1918年以後は東通りと改称）を軸とした地域は三菱の直営事務所を予定した。しかし投資額の制約などから、それ以外の周辺部（外濠通りなど）は他社企業や団体へ貸地し、社外資本による丸の内開発も併用したのである。

　1911（明治44）年末の丸の内地区では、馬場先門通りを中軸にした貸建物数は三菱所有が大部分の13（貸事務所47）、三菱貸地による東京商業会議所・帝国劇場2の合計15（貸事務所49）であった。しかし大正期になると、開発促進のために三菱貸地による他社建築は判明分のみでも次のように急増した（①22巻1830頁、25巻2864頁、27巻3822～23頁、29巻4299頁、30巻

4899頁, 31巻5533～34頁, ②203～208・238～239・269頁, ③359～367頁).

1912年　生命保険協会会館（有楽町1-1）竣工
1913年　台湾銀行東京支店（三菱が設計監督, 16年1月竣工, コンクリート造り地階つき4階, 建坪576坪余, 現在の東洋信託銀行本店敷地）・帝国鉄道協会（三菱が設計監督, 16年1月竣工, コンクリート造り地階つき4階, 建坪347坪余, 京橋区から転移, 現在の新国際ビル敷地）・東京銀行集会所（外濠ぞいに起工, 兜町から移転, 横河民輔設計, 工費38万円余, 16年9月竣工, 1993年に20階建てに改築）
1914年　東京海上火災保険会社（2月起工, 18年9月竣工, 後述）
1917年　東京日々新聞社（竣工, 有楽町1-2）・三越呉服店別館（銭瓶町1丁目, 1988坪余, 19年7月竣工）・日本製麻会社（有楽町1-1番, 268坪余, 19年竣工）・古河合名会社（827坪余）・日本郵船会社（1410坪余・23年5月竣工）・朝鮮銀行東京支店（永楽町1-1番, 600坪, 22年4月竣工）
1918年　日本工業倶楽部（東通り25号, 700坪, 横河民輔設計, 工費総額147万円余, コンクリート造り5階建て, 20年11月竣工）・ほか9件（計6748坪, 詳細は不明）
1919年　日本興業銀行（仲通り25号, 844坪, 23年6月竣工）・日本石油会社（東通り3号, 743坪, 22年7月竣工）・常磐商会（西通り12号, 450坪）・内田信也（西通り14号・370坪）・白木屋呉服店（仲通り30号・633坪）・浅野同族会社（東通り28号, 692坪）・日本倶楽部（仲通り1号, 265坪, 21年6月竣工）・東京海運会社（仲通り28号, 360坪）・東京会館（西通り6号, 764坪）
1921年　横浜正金銀行東京支店（仲通り3号, 521坪余, 三菱が設計と工事請負, 予算56万円, コンクリート造り4階建て, 22年9月竣工, 建坪302坪余, 後の東銀ビル敷地）
1922年　大川田中事務所（2月竣工）・報知新聞（後の有楽町そごう敷地,

8月竣工)

このほか三菱が所有していた第2号館(馬場先門ぞい,地中室つき2階建て,石造り建坪308坪余,1982(明治25)年12月着工,95年7月竣工)を,借主の明治生命保険会社へ貸地のまま1915(大正4)年7月に譲渡している.これは,大正期に入ってから丸の内の三菱貸地における他企業や団体の事務所建築ブームにともなって,「一丁ロンドン」の外辺にあった煉瓦建物を明治生命の要望によって売却したものであろう.

(3) 兜町から丸の内へ

他方,三菱所有の事務所建設も進んだ.とくに三菱本社の建設は,すでに1911(明治44)年10月に新築設計の新聞応募を行ったが,三菱関係の事務所需要が激増してきたため,第22号館(三菱仮本社)として当初の予定敷地である東京駅前(現在の丸ビル敷地〔②239頁〕)から東京中央郵便局(17年4月に日本橋から移転)西横に定めた(現在の三菱ビル敷地).14年5月にこの仮本社(地中階つき5階建て,建坪603坪,予算65万円)を起工し,16年10月に落成の予定であったが,第1次大戦の開始で延期された.翌15年11月に再開,18年4月に竣工したが,大戦景気で輸入材料の価格が上昇して工事費は78万円に増大した(地階つき4階建て,延べ3111坪).しかし三菱各部が分系会社化したために事務所需要が激増し,半年後の18年10月に北側に三菱仮本社新館を増築し,21年8月に完成した(地階つき6階建て,建坪486坪余,延べ6895坪,予算142万円).

このほか1914年10月に起工した第23号館(洋食レストラン中央亭のために新築,地階つき4階建て,建坪93坪,延べ400坪,工費4万9403円)が15年5月に竣工したほか,最後の長屋式事務所である第24・25・26号館(地階つき3階建て,仲通り,現在の三菱電機・重工業ビル敷地)が17年1月に竣工した.また三菱合資銀行部の新築計画も地所部の設計で14年にはじまり,16年5月に着工,大戦による資材高騰で一時中断したあと,5年

第 2 章 大正期三菱の不動産経営

10 カ月後の 22 年 3 月に完成した (工費 380 万円).

なお 1918 (大正 7) 年 3 月には, 三菱が建設した事務所の館名が, それまで起工順の第 1〜26 号館から, 所在地の表面表示 (東通り (旧大名小路・仲通り・西通り) 外濠ぞい) にしたがって改称された (たとえば第 1 号館は東 9 号館へ) (以上は, ①23 巻 2109 頁, 29 巻 4555 頁, ②195〜207 頁, ⑦96〜100 頁を参照).

このような丸の内における大正期の開発の結果, 同地区の建物数は 1917 年に三菱所有 26, 三菱外 4 の合計 30 で 11 年の 2 倍, 事務所数も 16 年に三菱 152 (11 年 47) と三菱外 13 (同 2) の合計 165 (11 年 49 の 3 倍余), 21 年には三菱 251 と三菱外 139 の合計 390 (22 年は 514) に激増している (⑦74・159 頁, ⑧62 頁). そして大正はじめには「三菱カ原」の空地にすぎなかった東京駅前の丸の内地区も, 事務用のビルが建ちはじめ, 明治期の馬場先通りの「一丁ロンドン」に対比し, 行幸通りを中心とした「一丁ニューヨーク」が形成されはじめた.

そして丸の内地区で三菱の第 21 号館につぐ米国式事務所は, 1914 年 2 月に起工して 18 年 9 月に完成した東京海上ビルディングである. これは東京駅の直前の行幸通りにそって最初に建設されたビルで, 三菱の貸地にその関係会社である東京海上火災保険会社が 12 年から曽禰中条建設事務所に設計を依頼し, 工事は東京海上の直営で (施行は分割請負) 実施された. コンクリート造り 7 階建て・延べ 5185 坪の巨大さで, 白亜の高層オフィスビルとして東京駅前に威容を示し, 地区開発の先ぶれとなった.

とくに日本人の設計と施行による本格的な最初の高層事務所ビルであり, 当時の建築界に大きな衝撃と自信を与えたという. さらにビルディングの名称を日本ではじめて用い, 後の丸の内ビルや郵船ビルなど米国オフィスビルの先駆となった. 一部を自社用のほかは大部分を貸事務所にあて, 三菱以外で丸の内における最初の本格的な貸事務所であった. しかし施工は人力による手仕事が基本であったために時間がかかりすぎ, 工事の短縮が重要な課題となった (以上, ②205〜206 頁, ⑦97 頁, ⑨58〜59 頁参照).

さらに第1次大戦による事業躍進にともない，丸の内に事務所を求める企業が急増しはじめた．このため1916（大正5）年末から三菱所有事務所の空室は皆無となり，17年1月に竣功した第24・25・26号館も工事中からすべて予約済の状況となった．東京海上ビルの完成でも焼石に水で，「日々多数ノ借家申込ヲ絶タズ，僅ニ其一部ノ希望ヲ満シ得ルニ過ギザル盛況」（①28巻4183頁）で，この動きは17・18年度もつづいた（①29巻4643頁）．かくて，さらに規模の大きい丸の内ビルの建設が具体化していくわけである．

2　丸の内ビルとフラー社

(1)　三菱地所部の米国視察

大正期に入って丸の内地区の事務所需要が激増し，相つぐ新築でも対応できないため，高層化できて工期の短い米国式コンクリート建築への関心が高まってきた．三菱でも合資銀行部の設計を担当した地所部の藤村朗と横山鹿吉が，1915（大正4）年6月から136日間も米国の建築事情を視察し，ニューヨークやボストン・シカゴなどの銀行をまわったが，これは同時に丸の内ビルなどの高層大建築の計画にも大いに役立ったという．

とくに第1次大戦中の好景気で建築諸材料や工賃が急騰し，材料供給の渋滞などのため建設・計画中の建物の延期や中止が多発した．この対策上からも工期短縮が可能な米国式高層ビルの必要が倍加した．かくて三菱地所部では丸の内ビルなどの建設準備のため，さらに1917（大正6）年5月から理事代理の赤屋陸治（後に三菱地所の初代社長）と技師の山下寿郎を，建築視察のため4カ月も米国に派遣した．その間に両名は，1900年ごろから米国の建築業界に革命的影響を与えたといわれるフラー社（George A. Fuller Company of New Jersey. 1882年創立）を訪ね，同社が建設したシカゴのタコスビル（1898年竣工）やトリビューンタワー（1903年）とニューヨークのフラットアイロンビル（1902年）やプラザホテル（1907年）などを視察したはずである．

他方，フラー社のウイリアム・スターレット副社長も翌1918（大正7）年5月に日本を視察し，進出の可能性を検討した．そして三菱地所部などを訪問しながら，日本の建築事情と工事状況を調べ，米国式建築の実用性と将来性を確信したようである（以上は，②207・232〜234頁，⑦98頁を参照）．

　なお1914年7月に始まった第1次大戦は18年9月に休戦となり，日本では20年3月から戦後恐慌に陥った．これらの結果，三菱借地人の一部には不況のために事務所の建築が不可能となり，返地する会社も現れた．たとえば，1920年に梁瀬商会・白木屋呉服店など，1921年に奥村電機・東京海運・茂木合名会社など，1922年に浅野同族会社・鈴木商店・古河合名会社・台湾銀行（増築敷地のみ）などである．他方，電力・報道・映画などの新興産業からの新規借地もふえ，たとえば1922年には東京電燈・時事新報・日本活動写真（日活）・東京タクシーなど，根強い借地需要がつづいた．このため経済界の不況にもかかわらず，三菱所有の土地建物に対する需要は弱まらなかったのである（②212〜213頁）．

　とくに第1次大戦後には戦時需要の減退で鉄材や一般建設材の価格が下落しはじめ，建築熱が急昇して丸の内は一大躍進時代をむかえた．折しも1919（大正8）年1月から開かれたパリ講和会議の日本政府代表委員であった日本郵船社長近藤廉平は，往復とも米国を経由し，同年2月のニューヨーク滞在中にフラー建築会社を訪ね，丸の内の日本郵船ビルの建築を同社と交渉し，ついに契約が成立した．近藤社長は1872（明治5）年に創業期の三菱に入社して岩崎弥太郎の片腕といわれ，78年には三菱最初の地所係となり，85年以後には日本郵船会社に移り，三菱の関係会社の筆頭社長として活躍した．

　しかしフラー社は米国以外の海外施工は初めてであり，日本郵船ビル（1917年10月に三菱から1410坪借地）だけではなく，リスク回避もふくめて三菱地所部の協力と賛同を求めて，できれば日米合資の施工を望んできた．これらの結果，日本石油会社（19年1月，丸の内東通り3号に三菱から743坪借地）と三菱の丸の内ビルの建築の交渉が進展した．

他方，三菱はすでに丸の内の大規模な開発を予定しており，「予メ本社ノ直接経営スベキ地域ト然ラザルモノトヲ定ムルノ必要」(①30巻4863頁) を含め，1919年4月から改めて丸の内の地質調査を行い，45カ所について平均21mの試掘を完了している．同時に19年4月から市街地建築物法と都市計画法が公布 (20年12月から施行) され，建築物の高さが住居地域20m，それ以外31m (100尺) に制限され，はじめて丸の内で31mまでの高層化が可能となった (以上，②232～240頁参照)．

(2) 東洋フラー社と丸の内ビル

かくて戦後恐慌がおこった1920 (大正9) 年3月に日米合資のGeorge A. Fuller Company of the Orient Ltd. (米国フラー社と区別するため，本文では東洋フラー社と略称する) が東京に設立された (事務所は三菱地所部と同じ仲12号館)．資本金は40万円で，当初フラー社系30万円・三菱合資系5万円 (岩崎小弥太4万7900円，その他2100円)・近藤廉平2.5万円・渋沢正雄 (栄一の子) 2.5万円であったが，23年8月にはフラー社系16万1500円・岩崎小弥太15万4400円・近藤3万円・渋沢2.5万円・桜井小太郎 (三菱地所部の技師長で丸の内ビルの設計者) 2.5万円などに変わった．

フラー社は当時世界最高層のオフィスビルを多数建設していたが，海外で最初に米国式建築を施工することになり，最新鋭の技師や現場監督を約30名も派遣してきた．その工事方式の特徴は，従来の日本式の請負契約にかえて経費に手数料を上のせする「実費精算報酬加算方式」を採用しており，手数料は米国で10%が標準なのに日本では危険負担を含め15%を要求した．さらに日本人に最新の米国式建築工法を指導し，日本人がこれを消化吸収して日本都市の近代化をはかる礎石を築こうとの意気ごみであった．

かくて1920 (大正9) 年7月に丸の内ビル (地下つき8階，一部9階，敷地2821坪，建坪2136坪，延べ1万7857坪，予算900万円) の起工につづき，9月には日本郵船ビル (23年5月竣工) と日本石油ビル (有楽館と命名，22年8月竣工) が着工された．その後に東京フラー社は，以上のほか22年

第2章 大正期三菱の不動産経営

5月に政友会本部を施工し（内山下町1，現在の東京電力本社の位置，24年5月竣工，工費約100万円，手数料は実費清算方式ではなく固定額制），また神戸海岸通りのクレセントビル（施主は英国の帝国化学工業会社の日本総代理店である Brunner Mond & Co. 手数料は12.4%）も建設した．さらに東洋フラー社は，1922年には中国の大連に進出し（本社も移す），6月に満鉄総合病院の大工事を起工（手数料は固定額制）した．しかし1920年代の金融不安と中国の政情不安などの結果，東洋フラー社は，5年間に以上の6棟を建設したのみで，25年5月に同社を解散している（以上，①30巻5250～51頁，33巻6582頁，②233・237～248頁，⑨65頁などを参照）．

さて丸の内ビルは，1920（大正9）年7月から設計と工事監督は三菱地所部，建築工事の管理は東洋フラー会社の手で開始された．しかし何分にも日本最初で最大の高層ビルを米国式工法により，しかも当時の戦後恐慌下に工費900万円という巨費を投下するため，三菱合資会社の理事の間にも強い懸念と反対の動きがあった．やっと岩崎小弥太4代社長の裁断で，丸ビルが実際に施工された2カ月後の同年9月に三菱本社の理事会は丸の内ビルの新築工事施工を認め，11月に東洋フラー社との間に建築契約が結ばれた．

さてフラー社による丸の内ビルの建設は，いわば日本はじめての米国式施工技術の実験場であった．まず機械力の重視が特徴的であり，横浜港に荷揚げした輸入資材の輸送は当時珍しい2.5トン積みトラックを用い，現場ではレールを走るスチームエンジンの重量運搬用トレーラーによった．また15m前後の北米産松材5443本の杭打ち工事には30馬力の杭打ち機や7.57トンの電動巻揚げ機を用い，コンクリートミキサーからの手押車運搬などの最新工法を実施した．また外壁の煉瓦積みの足場には日本式の組立型ではなく，屋上からビームをはね出し，ワイヤーロープで枝を吊すという独特な工法を行うなど，これらが「丸の内名物」となって見物人が群がったという．またフラー社の工程管理は精度の高い予定表にしたがい，とくに労働時間の管理がきびしくて日本建築史上で最初の1日8時間制を実施した．これらは米国からきた最優秀の現場監督人が担当し，道具の出納もすべて管理したうえに，

石工事などの熟練労働は部分請負による職人に任せたほかは，その他の非熟練者はすべて神田多町の人足寄場から毎朝トラックで雇用していた．

このようにフラー社は米国式の徹底した合理化と機械化を基礎に建築を進め，日本の従来の施行にくらべて8倍近い能率をあげたという．このため日本の建設業を大いに刺激し，「フラー社に学べ」が唱えられ，その後は清水組（5名）や大林組などがニューヨークのフラー社に社員を留学させたほどである．また用済みとなった東洋フラー社の施工機械類は日本の業者が譲りうけ，建築技術の革新に巨大な影響を与えたという（以上，②242～256頁，⑨67～93頁を参照）．

(3) 丸の内ビルの耐震補強と完成

丸の内ビルを起工してから10カ月目の1922（大正11）年4月26日に，関東大震災の予震ともいえるマグニチュード6.8の大地震が東京地方を襲った．丸の内地区の建物にはほとんど被害がなかったが，8分どおり出来上がっていた丸の内ビルには外壁に亀裂が生じたほか，間仕切り壁がいたるところで崩れた．地震の経験がないフラー社では米国式の工法を強調し，日本側の懸念を押し切って施工を強行したことが一因であった．このため三菱地所部が耐震補強工事を直轄することになり，被害復旧予算15万7933円で鉄骨筋違い163カ所（172カ所説もある）などを設置した．これに対してフラー社では，補強経費に対する手数料11万1977円を三菱に払い戻している（他の日石ビル・郵船ビルにも同様で，3ビル合計で18万4944円を数えた）．

この結果，工期は予定の30カ月を2カ月延長し，1923（大正12）年2月20日に丸の内ビルヂング（以下，丸ビルと略称）が完成し，地下2階つき地上8階（一部9階），延べ1万8286坪（東京海上ビルの約3.5倍）という「東洋一」の高層大オフィスビルが誕生した．とくに米国式に貸ビルとしての経済性を徹底し，機械室・ボイラー室・配電盤・上下水道タンク・宿直室などの「裏方」部分はすべて地階に納め，各階の便所・洗面所・給水所などは中央の1カ所に集中，エレベーター中心の移動とし，1階には通行自由な

アーケード（館内通路）に沿った商店街を日本で初めて設けた．これらの結果，延べ床面積に占める貸付面積（レンタブル比）は，第12号館（仲8号館，1910年竣工）47.5%，第13号館（仲7号館，1911年）51%，第21号館（1914年）73%，郵船ビル（1923年）75.7%に対し，丸ビルは最高の79.4%を示した．

　三菱地所部では丸ビルが完成以前の1921（大正10）年10月から貸室の予約を始めたが，申し込みが殺到し，とくに1階商店街は貸付坪数の8倍を越えたという．募集開始時の賃料は坪あたり毎月で，地階5円80銭〜7円，1階23〜27円，2階以上10円〜10円85銭であった．そして開館時の23年2月末には，予約合計は約1万坪に達し，主なものは南満州鉄道会社（満鉄）・信越電力・早川電力・帝国火災保険・三菱銀行・白木屋・大丸呉服店・明治座・花月・中央亭などであった．このほか法律事務所6，建築事務所6，医院6，雑誌社5（中央公論社・高浜虚子のホトトギス社など）などを数え，ビルに「知的で文化的な雰囲気」を生み出したという．

　丸の内地区では，丸ビルに前後して1922（大正11）年7月に日本石油ビル（有楽館），23年の5月に郵船ビル，6月に日本興業銀行本店，7月に永楽ビル（安田本館）などが竣工した．このため馬場先門通りの南側がすべて貸ビルで埋まったほか，東京駅前の行幸通りの北側に東京海上ビル，南側に丸ビル・郵船ビルが立ちならび，米国風の「一丁ニューヨーク」が固まってきた．そして大震災直前の23年8月には，丸の内地区における三菱合資の所有建物は39（赤煉瓦18，鉄筋コンクリート21）を数え，合資以外の24（推定）を加えると，合計63に達した（⑧48頁）．三菱合資以外の主なものは，東通り—報知新聞・東京日々新聞・生命保険協会・鉄道協会・日本石油・東京府商工奨励館・東京府（市）庁・三菱銀行・東京中央郵便局・日本工業倶楽部・台湾銀行など．仲通り—日本製麻・日本倶楽部・日本興業銀行・横浜正金銀行など．西通り—警視庁・帝国劇場・東京会館・東京商業会議所・郵船ビル・海上ビル・東京銀行集会所などである．これらからも，丸の内地区が日本のビジネスセンターに成長し，その敷地を所有した三菱の力

が上昇したことがわかるであろう（以上，②242～244・257～269頁，⑦99～113頁，⑨90～100頁を参照）．

3　関東大震災と三菱地所

(1)　大震災と復旧事情

　1923年（大正12）年9月1日正午に関東地方を襲ったマグニチュード7.9の大地震とそれに続く火災のため，東京市では全域の45％，建物坪数の61％が焼失し，総世帯の64％が被災した．丸の内地区でも警視庁と帝国劇場が全焼，東京会館が半焼，建築中の内外ビルは倒壊したほか，大手町地区の大蔵省・内務省・鉄道院などが焼失し，京橋・日本橋などの下町地区は大被害を受けた．三菱でも内幸町を除き，深川伊勢崎町・神田三崎町・京橋越前堀・芝愛宕町の貸家や貸地家屋はすべて焼失，分系会社の三菱倉庫・銀行・商事の支店や倉庫でも被害が大きかった．

　しかし丸の内地区は比較的に被害が少なく，とくに煉瓦建物は無事であった．三菱の丸ビルでは，前年4月の地震で補強した耐震鉄骨の筋違い163カ所のうち，約50余所が切断したが，これがなければ大損害を受けるはずであったという．震災直後から罹災した役所・会社・商店などの事務所の多くは，被害の軽微な丸の内地区に転移しはじめ，その数は約400に達した．たとえば丸ビル南側の三菱仮本社には内務省・大蔵省・農商務省鉱山局などのほか，帝都復興院までも臨時に入居した（最終は25年1月まで在住）．そのほか丸ビルをはじめとする三菱の貸事務所・ビルには縁故などをたよって避難同居する事務所は，看板を掲げたものだけで約400を数えている．なお丸ビルの貸室率は，震災直前の23年8月末で93％弱（約1万3000坪）であったが，震災後は申し込みが殺到して年末までに満室の予想となり，9月15日からは商店街，30日からは全館を再開している．

　このように震災後は丸の内に官庁や事務所・商店が集中し，東京駅前や宮城前・日比谷公園などが避難地となったため，人々の往来がはげしくなって

平素の数倍に達した（丸ビルだけでも1日の出入者8～9万人で，東・南側に一大露天商ができた）．このため借地需要が殺到し，三菱は仲通りなどの空地1万4600坪（39口）を貸与したほか，三菱がバラックを急造して食堂（常磐屋・竹葉亭）や売店などに貸し付けたほどである（以上，①32巻6225～6348頁，34巻6825頁，②277～292頁，③367頁，⑦105～113頁，⑧48頁を参照）．

ところで丸ビルの本格的な復旧補強改良工事は1923（大正12）年12月から開始され，大阪に本社をおく大林組が実費清算の方法で請け負った（予算238万3569円，報酬は直接工費の10%〔①32巻6209～11頁〕）．同組が施工した東京駅や台湾銀行などが，大震災でも被害を受けなかったことが評価されたもので，また三菱地所部ではこれ以後のビル施工を直営から他社に移し，設計管理に主力をおくことになった．この工事は煉瓦外壁のモルタル吹きつけと内壁の鉄筋コンクリート化という大規模作業であったが，貸借人が在室のままで作業区画だけを順次に空室とし，丸ビル北側の空地（現在の新丸ビル敷地）に設けた仮設バラックに臨時移動させた．

震災後には丸の内への借家需要が急増していたが，この改修工事のために作業スペースを確保する必要があり，丸ビルでは無断の転借や同居などを整理した結果，その貸付率は23年8月の1万3000坪（93%）から12月末には1万1600坪（86%）に減少させた．またそれまで3階以上にもあった丸ビルの商店街を1・2階に集中整理しており，26年7月にはすべての補修工事を終えた．また三菱仮本社に仮居していた官庁街も，しだいに新建築された新事務所へ移転しはじめ，24年末の帝都復興院を最後に復旧した．またその他の三菱の貸事務所やビルに避難していた罹災事務所も大部分は退去し，仮設のバラックも24年末には3口に急減するなど，震災の復興も進んだのである（以上，①33巻6657頁，34巻6825頁，②293～296頁を参照）．

(2) 復興景気と区画整理

震災後に政府は大規模な帝都復興計画（予算は当初の41億円から5億

7500万円に削減, 復興院総裁は後藤新平内相の兼任)をたて, その一部として1923年12月に特別都市計画法を公布 (廃止は1941年) し, 震災復興のため東京と横浜の都市計画を緊急に策定した. その事業の1つとして市街地の区画整理を実施し, 主に道路の拡張や公園用地の捻出をはかり, 東京市だけでも政府施行を含めて60地区余に及んだ (なお25年1月には東京市は住居・商業・工業などの用途地域を初めて指定). このうち三菱が所有した丸の内地区では被害が軽微で道路幅も広かったため, 整理は不要として実施されなかった. そして付近で施行された大手町地区では26年3月の決定で宅地8949坪 (減歩率9.34%), 有楽町地区では27年4月の換地処分で宅地4138坪 (同11.9%) が道路化した. なお三菱が1890 (明治23) 年から開発した神田三崎町における減歩率は6.3%にすぎなかった (⑩282頁).

このほか東京市は橋の鉄製化と道路の舗装を計画したが, 三菱ではその順番がくる前の1925年12月から幅員6間 (約10.8m) 未満の公道と社有道路を, それまでの砂利道から三菱負担で舗装化した. また東京駅前の幅員40間 (約72m) の行幸通りは, 1913年8月に三菱が道路敷4405坪を東京市と交換して, 外濠まで開通し, 17年8月には三菱地所部から宮城までの延長を内務省に具申していた. これが復興事業の一部として24年8月から着工され, 濠が深いために工事が難航し, 2年後の26年8月に「行幸道路」が完成した.

これらの結果, 1924〜26年にかけて一時的な復興景気がおこり, 25年末ごろから新しいビルの建築が始まった. この間に丸の内地区の内外では, 1923年に府立工業奨励館 (有楽町2-1) が竣工したほか, 24年10月には帝国劇場が改築開場 (工費約120万円) と丸ノ内ホテルの開業, 同年の帝国農会ビルの竣工がつづき, 25年にも三菱の仲7号館別館 (有楽町1-1, 3階建て, 延べ136坪, 後の竹葉亭) と駅前の中央郵便局本館や東洋ビル (内山下町), 26年には震災後で初の大ビルである仲28号館 (永楽町2-1, 請負は大林組, 地階つき地上6階, 延べ1369坪, 工費60万5717円, 安田信託・渋沢同族・鈴木商店・大林組・日本無線電信などに貸与) と仲8号館別館 (有

第 2 章　大正期三菱の不動産経営

表 2-1　丸の内地区の事務所数

年/月	建物数（棟）			事務所数			就業人口（人）		
	三菱	外	計	三菱	外	計	三菱	外	計
1911	13	2	15	47	2	49			
16				152	13	165			
17	26	4	30						
21				251	139	390			
22						514			
23/8	39 (煉 18 コ 21)	24	63						
24				718	336	1,054	(丸ビル 4,535)		
26/10	36	32	68	778 (丸ビル 361)	408	1,186	13,277 (丸ビル 5,260)	13,664	26,941 (外国人 395)

注：三菱・外は三菱と三菱以外の所有（貸与）区分．空欄は不明．煉は煉瓦造，コは
コンクリート造．文献①33巻7230～34頁，②213・267頁，③201頁，⑦74・
116・159・269頁，⑧48・62頁より引用．

楽町1-1，地階つき地上3階，延べ286坪，丸の内仲通郵便局と常磐屋に貸付）のほか，東京中央電信局（銭瓶町1，三菱との交換地，後の東京中央電報局）と時事新報ビル（八重洲町1-1，現在の岸本ビル敷地）などが竣工した（以上，①34巻7108頁，②289～301頁，③368～369頁，⑦117～118頁，⑧56頁を参照）．

ここで丸の内地区の事務所数の動きをまとめてみると（表2-1），建物総数では1911（明治44）年の15棟（うち三菱所有13，他は東京商業会議所と帝国劇場）から17（大正16）年には30棟（三菱26）に倍増した．さらに震災直前の23年8月には63棟（三菱39―煉瓦造18・コンクリートビル21，三菱外24）に急増，26（大正15）年10月には68棟（三菱は36へ減，三菱外は32へ増）を示した．また事務所数も，1911年の49（三菱の貸付は47）から16年に3倍以上の165（三菱152），21年は390（三菱251，三菱外139），22年は514に急増し，震災後の24年には1054（三菱718，三菱外

336), 26年には1186 (三菱は丸ビルの361を含み778, 三菱外408) に達した. そして26年10月における丸の内の就業人口は約2万7000人, うち三菱所有建物で半数近くの1万3277人 (丸ビルだけで約20%の5260人), 当時の日本を代表した丸ビルのオフィスガールは744人を数えた. なお一事務所の平均事務員数 (役員を含む) も, 震災前の30余人から後は22人に減って小事務所がふえ (⑦116頁), 貸しビルの利用がようやく大衆化してきたことを示した.

以上からも, 震災後の復旧事業をつうじて丸の内地区が日本におけるビジネスセンターとしての地位を固め, その土地と貸事務所・ビルの過半を占めた三菱の実力をうかがうことができる.

(3) 交通の整備と不動産

ビジネスセンターとしての丸の内地区の確立は, 他面では東京駅を中心とした交通の整備がその動きを促進した. 1889 (明治22) 年に発足した東京市街縦貫鉄道計画にもとづく中央・山手線の高架建設は, ようやく1915 (大正4) 年11月からの東京－神田－万世橋間が19年9月 (工費283万円) に完成して中央線が全通した. また神田－秋葉原－上野間も翌20年2月から着工し, 25年11月には開通 (工費1229万円) して山手線も全通した. このため省線 (第2次大戦後は国鉄) による丸の内への通勤が, 東京駅 (出入口は最初は丸の内側だけで, 1929年に八重洲口を加設 〔⑱172頁〕) を起点として容易になった.

また市街電車も, 1903 (明治36) 年の日比谷－大手町と日比谷－数寄屋橋の開設から, 12年末の大手町－呉服橋につづき, 20年2月に馬場先門－鍛冶橋, 翌21年3月の東京市役所－丸の内の東京駅前路線等が増設され, 明治期の有楽町地区重視から大正期には丸の内地区も利用が便利となった. しかしこの市電網は関東大震災で大きな被害をうけたため, 応急対策として24年1月に市営乗合自動車 (バス) を東京駅前から赤坂見附－中渋谷と春日町－巣鴨橋への2系統を急設し, やがて20系統・延べ148kmに拡大し

第2章　大正期三菱の不動産経営

た（東京駅前から9系統，永楽町から2系統）．24年6月に市電は復旧したが，市営バス存続の要望が強いために9系統だけ（東京駅前から5系統）残し，その他の民営バスの発達も加わり，市電を圧倒しはじめた（市内交通量のうち，市電は19年の79％から25年に51％，35年は20％台に減少）．

他方，東京市と郊外を結ぶ民営鉄道も大正期と入ると発達してきた．たとえば1907年の玉川電鉄（渋谷—玉川），12年の京成電軌（押上—江戸川），13年の京王電軌（笹塚—調布）の開通につづき，翌14年に東上鉄道，15年に武蔵野鉄道（池袋—飯能），20年に荏原電鉄（大井町—調布），22年に池上電鉄（池上—蒲田），23年に目黒電鉄（目黒—多摩川—蒲田），25年に王南電鉄（府中—八王子），26年に東京横浜電鉄（丸子多摩川—神奈川，翌年に渋谷—丸子多摩川），27年に目黒蒲田電鉄（大井町—大岡山）と小田急線（新宿—小田原）などが開通した．

これらの結果，官営の山手線や中央線，市営のバス，民営の軌道や鉄道などを利用し，郊外から丸の内地区などの事務所やビルなどに職場をもつ「通勤サラリーマン」が大量に発生してきた．そして増大したサラリーマンの上・中階層を対象にしたのが，大正期から拡大した郊外住宅である（以上，②186～187・317頁，⑦94頁，⑪44～45頁，⑫126・363頁，⑮123頁を参照）．

明治末期ごろからの東京市の人口増加につれて，まず高級住宅街が西部に展開し始めた．主に山手線内側の旧大名屋敷地の払い下げなどで，御殿山（品川）・島津山・池田山（五反田）・西御山・目黒台などとよばれる洋館の豪邸が現われた．大正はじめから大震災にかけても，華族や富商などが所有地を開発して松濤園（渋谷）・大山園（代々木）・渡辺園（本郷）などの超高級住宅地が生れた．また大地主で実業家の渡辺治右衛門は，日暮里の高台にあった旧秋田藩佐竹候の屋敷跡約1万7000坪に，1916（大正5）年に渡辺町を設けた．テニスコートのクラブハウスや幼稚園などを設け，石井柏亭・野上弥生子らの芸術家が多く住み，長く地域自治が続けられたという（現在の開成学園周辺）（以上，⑪44頁，⑫216・364頁，⑰144～147頁を参照）．

これらの動きのなかで，英国の田園都市建設や内務省有志による『田園都

市』(1907 (明治40) 年刊行) などの影響をうけ, 1912 年に三井系の東京信託会社は関東地方ではじめて田園都市を計画した. 玉川電鉄の桜新町付近の荏原郡駒沢・玉川村で約7万1000坪 (24ha) を買収し, 13 (大正2) 年5月から住宅分譲を開始し, 同年中に 147 区画を分譲した. やがて 18 年になると, 渋沢栄一や矢野恒太らは田園都市会社を設立し, 五島慶太を迎えて欧米風の住宅開発をはかった. 22 年までに荏原郡玉川・調布・洗足村などで約 160ha を買収し, まず洗足から分譲しはじめた. 同系の荏原電鉄 (20 年, 大井町—調布) や池上電鉄 (22 年, 池上—蒲田)・目黒電鉄 (23 年, 目黒—多摩川—蒲田) も開通し, とくに関東大震災後の近郊住宅ブームにのって23 年から主力の田園調布, 24 年に大岡山を分譲した. 当時の価格は坪あたり 13〜55 円で, 1908 (明治41) 年ごろから展開した大阪の文化住宅に対抗して, 建物は3階以下で宅地の半分以下などの規制を設けた. そしてこの田園都市会社は 40 (昭和15) 年までに沿線の約 105 万坪 (347ha) の高級住宅地を売りつくし, 第2次大戦後における東急グループの基礎を築いた (⑪44〜45 頁, ⑫363 頁を参照).

他方, 1918 (大正7) 年から軽井沢千ヶ滝や箱根仙石原の別荘地開発をはじめた堤康次郎は, 20 年に箱根土地会社 (後に国土計画会社) を設けて東京市内外の高級住宅の分譲を計画した. そして 22 年の目白文化村や麻布・麹町・平河町・駒込・高輪・赤坂・牛込・小石川などをはじめ, 大震災以後には学校の郊外移転に応じて大泉・小平 (24 年)・国立 (25 年) の学園都市などを開発した (このほか教育者の小原国芳は 25 年に独力で成城学園を建設). その後も堤は, 武蔵野・西武鉄道などを手中に収め, 沿線開発を拡大しながら西武グループを結集した. なお目白文化村ではクラブハウスや交番を設け, 入居した有名人などは自治組織を結成したという (⑪44 頁, ⑫217・364 頁).

ところで大正期における郊外住宅の開発とともに, 東京の隣接町村では区画整理が拡大してきた. とくに 1919 (大正8) 年の都市計画法にもとづく土地整理事業や農耕地の耕地整理による住宅地が増大した. さらに大震災後に

第2章 大正期三菱の不動産経営

は東京市内だけでなく，復興の一助として郊外開発は不可欠となり，23年の特別都市計画法はその動きを促進した（たとえば26年の井荻町土地整理組合による事業など）．かくて震災前の山の手や田園調布の分譲のほか，震災は明治の東京を打砕いて「住宅は郊外へ」という気運を高め，中層向けの文化住宅やアパート（集合住宅）を盛行させた．このほか住宅難対策の1つとして21年に住宅組合法が判定され，都市中間層の持ち家を奨励してきた．そして震災後の23年に城南田園住宅組合が結成され，医師や教師など42名が練馬の豊島城址の南部に土地を取得し，37年ごろから入居するという新しい動きもみられた（②301・329〜330頁，⑪44〜45頁，⑫217頁を参照）．

このほか，既成市街地の中・下級層むき公営住宅も開設された．東京市におけるその先駆は，1911（明治44）年の浅草区玉姫町辛亥救護会経営の住宅（132戸，保育所・浴場を含む）といわれるが，本格化するのは1919（大正8）年の「小住宅改良要綱」にもとづいた組織的な「公益住宅」の建設以後である．翌20年に東京府社会事業協会が日暮里に42戸の木造住宅（1戸あたり3〜15畳，家賃月2円40銭〜8円）を建設し，震災後の24年にも和田堀（284戸，9〜12.5畳，月5〜11.5円）・尾久（336戸，4.5〜9畳，月6.5〜8円）・王子（70戸，店舗4，7.5〜14畳，店舗月17〜21円）を増設した．また東京府住宅協会も中級むけの木造住宅を，21年に代々幡町笹塚（59戸，12.5〜28畳，月14.5〜41円）・淀橋（22戸，同，16〜43円）・落合（143戸，19〜38.5畳，月22〜71.5円）・麻布広尾（18戸，19.5〜29畳，月32〜50円）・世田谷（139戸，12.5〜26.5畳，月20.5〜46円），22年に荏原平塚（87戸，12.5〜30畳，月17〜74円）・高輪車町（30戸，16〜28.5畳，月21〜48.5円）に建設した．そして大震災後の23年に東京市は真砂町に木造2階建ての1戸建て17戸（24.5〜33畳，月48〜65円）と長屋58戸（18〜24.3畳，月30〜43円）の中層むけと，下層むけの深川区古石場アパート2棟（123戸，6〜12畳，月9.5〜20円）の公営住宅を新設した．また東京市は2階式長屋を翌24年に京橋月島に660戸（7.5〜12畳，月8〜12円，店舗25〜27.5円），25年に深川区本村町に410戸（7.5〜13.5畳，月8〜9円，

店舗28～30円）を増設している（⑯28～35頁参照）．

　さらに震災による住宅不足を解消するため，1924（大正13）年5月に内務省は同潤会を新設し（41年に住宅営団に改組），中層むけの賃貸アパートや分譲住宅の供給を開始した．まず25年に赤羽・十条・西荻窪・荏原・大井・砕町・東小松川・尾久で長屋式賃貸住宅累計2039戸（ほかに店舗など151戸，8～18.5畳）を供給したほか，翌26年には最初の欧米風鉄筋アパートが青山（137戸）や向島の中之郷（90戸，店舗など12），柳島（170戸，ほか23）に建設され，その後は青山・渋谷・江戸川や横浜などにも実施された．また同会の建築部長には，三菱地所部の川元良一が転職しており，公営住宅の発足と三菱の建築技術の関連を知ることができる（②301頁，③368～369頁，⑯29～34頁）．

　なお三菱3代社長岩崎久弥の別荘であった駒込の六義園の一部も，1920年に住宅地に開発計画され，翌年から大和村として分譲された（後述）．これは当時の住宅難に対応した華族や実業家の動きにしたがうとともに，不用大邸宅の解放世論や20年11月の大庭園への特別課税などに対する措置とも考えることができる（⑫216・625頁参照）．そして22年には，山下亀三郎の代々木大山園，鍋島公爵の鍋島園，近衛公爵の落合近衛町，徳川道達伯爵の駒込林町，池田公爵の下大崎町，服部（時計王）の大森八景園，柳原伯爵の麻布桜田町，酒井伯爵の牛込矢来町，渡辺治右衛門の小石川富士見台が分譲され，その半分近くは堤康次郎が関係したという（⑪158～159頁）．また小石川の丸山町では，1907（明治40）年に山尾子爵から約1万坪を買収した峰島一族（東京市内で三井・三菱につぐ3位の11万余坪の宅地大地主，質屋業）が，25年に同地をほぼ40m四方の約100地区に分けて宅地開発をしている（⑯46・58頁）．このほか24年には御茶の水に文化普及会経営の文化アパートメントが完成し，中層むけの米国式洋風アパートもはじめて出現している（③367頁）．

4 大正期の三菱と不動産

(1) 三菱の財閥化と不動産

1911（明治44）年1月の三菱合資会社の社制改革により，地所課は地所部に昇格し（初代部長は課長の桐島像一），300万円の資金を与えられた．（なお三井合名会社での不動産課設置は14年8月）．そして他の造船・鉱山・営業・銀行各部と同様の独立採算制に移り，地所部は資金の6%（実際には12~15年は7%，16~17年は8%など）を基準に合資会社に純益金の一部を納付し，残りは内部残留が認められるようになった（②171~172頁，⑬155頁）．

さらに第1次大戦中に三菱各部の事業が急展したのを契機に，1916（大正5）年7月に3代社長岩崎久弥（弥太郎の長男）は退任し，小弥太（弥之助の長男）が4代社長となった．同年9月に三菱合資の社制を改正し，各部の部長を専務理事にかえて独立性を強め，合資は全体を監督統制するという財閥化の方向を深めた．同時に合資会社と岩崎家の家政を分離することになり，同16年9月には岩崎家庭事務所を新設し（代表は地所部専務理事の桐島像一，事務所は地所部と同一建物），これまで地所部が管理してきた小岩井・末広農場や北海道・朝鮮の小作農場，三菱製紙・キリンビール・旭硝子・日本光学など岩崎久弥個人の事業と家政を担当することになった（①25巻3171頁，②220・227頁）．

そして三菱合資会社各部の分系会社化がはじまり，1917年に造船・製鉄，18年に倉庫（1899年から銀行部の子会社であった東京倉庫を昇格）・鉱業・商事，19年に海上火災（合資の総務部保健課が独立）・銀行，20年に内燃機製造（28年に航空機と改称）・電機の各社が分離した．同時に三菱合資は18年5月に資本金を1500万円から3000万円に増資し，会社目的を変更して有価証券の取得利用を加え，持株会社に上昇して各社から三菱本社と呼称されるようになった．

これにともない，三菱合資の地所部は18年8月に地所課と改称，合資社長に直属してその指揮監督をうけ（課長は赤星陸治，専務理事の桐島像一は管事に），また同課に初めて技師長（桜井小太郎）がおかれた．そして18年11月には，それまで三菱本社の総務課所管であった大阪・神戸・小樽と中国の漢口などの土地建物を地所課が引継ぎ，三菱合資における営業用の全不動産の管理と設計建築の業務を集中した．この結果，地所課の資金は300万円から500万円に増額された．

やがて20年7月から起工される丸の内ビルの業務に備え，同年1月に地所課は再び地所部に昇格した．そして三菱合資の資本金が20年5月に8000万円，22年4月に1億2000万円に増額するにつれて，地所部の資金も22年4月に870万円へ拡大した．なお地所部を三菱合資の他部のように分系会社へ独立させず，唯一の本社事業部に残した理由は，持株会社となった三菱合資がその土地建物を基本財産として管理し，これからは収益を分系会社の増資資金などに運用するために直属にしたという．さらに当時はまだ不動産の所有と運用が独立の事業として成立しにくく，採算上で不安が残ることと，また土地家屋が企業の最後の「とりで」とう時代意識の反映でもあったと考えうる（以上，②221～226頁を参照）．

ところで第1次大戦にともなう日本経済の躍進につれて，三菱合資も海外進出の動きを強めた．このうち不動産関係では，すでに1914（大正3）年には社員の窪田阡米を南洋に派遣して投資先を物色し，16年6月に英領北ボルネオにタワオ農園を設け，5380余エーカーを租借してココヤシやゴムを栽培した．同時に同16年8月に三菱合資に東洋課を新設して海外進出の拠点としたが，翌17年9月には同課と総務・鉱山・炭鉱各部にあった調査課を廃止して査業部に統合し，内外の資源調査に当った（翌18年10月に査業課）．そして査業部（課）による多方面な投資のうち，不動産関係では21年末に北ボルネオのサンダカンにヤシ園（1万4936エーカー租借）を設けた（タワオ農園を含めて投資225万円）ほか，セレベスのプートンでも真珠栽培を実施した（①25巻3023～24，31巻5621・5634頁，⑬226～227頁）．

さらに中国北部の綿花栽培も調査して1919年から起業し，26年現在で河北・河南省で累計約196haに達したが，査業課の廃止で中絶した（投資約46万円，損失約30万円）．また19年からビート栽培の研究も行い，翌20年から山東鉄道の沿線で実施したが，24年3月には中止している．このほか査業課は南米進出も計画し，24年7月にはブラジルのサンパウロに駐在員をおいて起業にのりだしたが，26年10月の査業課廃止にともない，これらの南米投資は岩崎久弥系の東山農事会社に引き継がれた．

このような査業課を中心とした三菱合資の海外投資は，すぐには収益をあげないうちに第1次大戦後の不況にともなう経営整理に直面して，その多くは失敗におわった．それにしても，三菱の海外進出において，農場経営などの土地利用が大きな投資先となっていたことは，注目すべきことであろう（以上，⑬218～227頁参照）．

なおここで，前に述べた以外の三菱合資の主な土地異動をまとめておこう．1912（明治45）年6月に東京麴町区内幸町で東京市役所から241坪余の払い下げをうけたほか（①19巻1425頁），16年3月には麴町区銭瓶町の高架鉄道下の道路拡張のために社有地367坪を東京市に売却し，代わりに同町7番地306坪を5万2031円で同市から払い下げをうけた．また21年3月には銭瓶町1番地の宅地600坪を逓信省に34万7640円で売却（現在の新大手町ビルの北側），また4月には同町の1330坪を逓信省用地の日本橋区本材木町1の宅地441坪余（翌11月に49万円で転売）と同区元四日市町12の宅地223坪余（同年に30万300円で転売）と交換した（①31巻5526・5914頁，②229頁）．なお銭瓶町の逓信省売却地は，現在は大手町2丁目で日本電信電話会社関係の建築物が多い．

このほか1916（大正5）年には，北海道の小樽市で若竹町の宅地1031坪と畑9反2畝25歩を5万7225円で大夕張炭鉱会社から，また三菱合資小樽支店の社宅敷地として畑・宅地3523坪を7万7506円で，それぞれ買収した．また20年11月には，長崎の三菱商事支店の敷地1100坪を合資の名義で買収し，地所部に移管している（①25巻2850・2941頁，30巻5281頁）．

さらに19年11月には，小作争議などが激化して管理が厳しくなり，また収益率も低くなった新潟県蒲原平野の小作地1038町余などを，東山農事会社にすべて売却した．そして三菱地所課の新潟事務所を閉鎖し，合資会社は地所部（課）の管理をより近代的な不動産経営に専心させようとした．折しも，18年には大戦後の好景気がつづいて土地取引が急増し，翌19年には土地投機ブームがおきており，三菱はこれらの時流に乗って不動産業の充実をはかったのである（③362～364頁，⑬169頁）．

(2) 東山農事会社の発足

1919（大正8）年10月に，三菱前3代社長岩崎久弥は東山農事株式会社を設立（専務は桐島像一，資本金500万円，翌20年1000万円）した．そして，岩崎家家庭事務所の管理のうち，韓国にある東山農場（1907年設立，13年に4051町）と北海道の拓北農場（14年に宗谷郡猿払村で8096町を買収），および三菱合資が経営していた新潟県の小作水田を継承し，また小岩井農場（13年に3464町）と末広農場（319町）の経営も委託され，ここに岩崎久弥が開始した三菱の農牧事業を同社がすべて統合することになった（①22巻1716～1718頁，②227頁）．

他方，岩崎久弥は父弥太郎が1878（明治11）年に宮内省から入手した駒込上富士前の六義園を含む別荘地約12万坪のうち，省線山手線内の巣鴨から駒込にかけての約5万4000坪（3万余坪の六義園の周囲）を住宅地として解放することにした．1919（大正8）年10月から工事にかかり，2000本以上の杉を伐採（三菱本社新館の増築材料とした）して地ならしし，宅地を造成したあと22年5月から一般に分譲した．同時に，21年までに同地区の南端を大塚へ抜ける不忍通りが貫通し，市電軌道も敷設されるなど，交通条件も整備された（②161・335頁，⑯52頁）．

前にのべたように，明治末期から大正初期，とくに第1次大戦中・後にかけて東京の住宅難が緊急課題に上昇していた．対策の1つとして大土地所有の宅地解放要望がおこり（たとえば雑誌『住宅』16年11月・17年2月の論

説など〔⑪137頁〕），空地課税問題（当時の東京市内における華族所有の1万坪以上の庭園は20，20年11月にこれらに特別課税〔⑫625頁〕）さえ検討された．これらの動きを背景に，このころ華族や富豪による宅地解放が相ついだのであり，岩崎の六義園分譲もその1つといえる．

さて岩崎の解放地は大和村（25年に大和郷と改名）と命名され，1922年6月に152人，10月には226人の申し込みがあり，12月末には260区画（後に285区画）がほぼ完売した．同地は建築界の大ボスといわれた佐野利器（東大教授，後藤新平のブレーンで都市計画の推進者）が設計し，中央に幅7間と交差する4間の道路で自動車が通行できる格子状の18ブロックに分け，完備した上下水道と地下ケーブル式の電燈・電話線などの「近代施設」を完備した．また中央に小公園と自治組合事務所のほか，郵便局・クラブ・交番・購買店などを設ける計画であった．

宅地の売主は岩崎久弥，管理は東山農事会社があたり，坪あたりの売出価格は7間道路以南が93〜107円，以北が80〜102円であった．そして1923（大正12）年ごろの買主は，総計260名のうち不明116名を除いた144名の内訳は次の通りである．学者・教育者24で，このうち東京大学は佐野利器・末広恭二・内田祥三・俵国一（以上工学博士）・仁井田益太郎・立作太郎（同法博）・上田萬年（文博）・古在由正（農博）など11，私立大学5，専門学校など8．官吏は26で，大蔵省7（主税局長勝正憲など），内務省3（前北海道長官俵孫一など），鉄道省4，東京市4（助役前田多門など），ほか8（吉野信次・船田一雄など）．代議士は10で，貴族院・衆議院各5．会社員69のうち，三菱合資25（桐島像一・赤星陸治・三谷一二・武田秀雄・永原伸雄・矢野亮一など），三井合名2，渋沢同族2，ほか39．事業主は社長8，医師7を数えた．

なお関東大震災後には，岩崎久弥の次男隆弥と三男恒弥も六義園ぞいに各約300坪の敷地に邸宅をかまえ（現在は文京学園用地），後に首相となった若槻礼次郎や大正デモクラシーの首唱者といわれた吉野作造も入地している．しかし家屋を建築する以前に関東大震災に見舞われたほか，宅地価格が坪

160〜200円ほどに上昇したなどの結果，震災後に総計258区画のうち約36％にあたる102人が土地を転売し，1929（昭和4）年までにさらに33.3％が転売されたという．

　また大和村の売り出し当初は，1区画あたり100〜150坪ぐらいを基準としていたが，実際の面積は判明した推計205区画で次の通りである．区域中央では70〜100坪11，100〜150坪24，150〜200坪65，200〜250坪16，250〜300坪9（小計125）に対し，区域周辺では50〜70坪29，70〜100坪56，100〜150坪16，150〜200坪8（200坪以上はなく，小計80）に分散していた（⑪151頁の図17から推計）．したがって累計すると，70坪未満は全体の14％，70〜100坪が18.5％で，100坪未満が約1/3を占める．とくに中山道や不忍通りぞいなどの地区周辺部には小区画が多く，これらは商業地を予定したとみられる．他方，150〜200坪が36％，200〜250坪が8％，300坪以上が4％を数えるなど，同じ大和村での土地所有の面積格差は当初から大きかった．このように三菱系などの会社員や学者・官吏などの上層者むけの高級住宅ほか，中級サラリーマンや商業用を含む階層性を持続しながら，岩崎家の宅地分譲が実施されたわけである（以上，②161〜163頁，⑪134〜152頁，⑯51〜54頁，⑰149〜152頁を参照）．

　他方，第1次大戦後には全国的に小作争議や農民運動などが激化し，1919（大正8）年10月に三菱合資から新潟県蒲原平野の小作水田1000余町を引き継いだ東山農事も，それらの攻撃を受けるようになった．とくに翌20年秋には米価が暴落して小作経営の収支が悪化した．折しも北海道では，22年8月に有島武郎が小作農場を無償で解放したほか，23年8月にも帝室御料局の上川御料地が小作人に払い下げられた．政府も22年に自作農創設維持事業を開始し，24年7月には小作調停法が公布された．

　これらの動きを背景に，東山農事は1926（大正15）年に北海道と新潟県の所有農地を売却することになった．まず小作人に解放するほか，合意されない農地は他の希望者に売却し，まず北海道出張所を同年に閉鎖した．やがて35（昭和10）年までに新潟県の土地処分をおえ，1887（明治20）年以来

の小作経営を終了した．代わって26年に三菱合資から引き継いだブラジルへの進出を決定し、翌27年にはサンパウロ州に約1万haの農地を買収，東山農事の現地法人であるカーザ東山を発展させていった（以上は，②140〜150頁，④513〜514頁，⑬227頁，⑭323〜336頁参照）．

(3) 三菱合資の土地整理

1919（大正8）年10月に三菱合資が新潟県の小作農地を東山農事会社に移譲したあと，地所部の課題は近代的な丸の内地区の不動産経営の合理化と，その他地区の貸地貸家の整理であった．そして「管理困難トナレル割合ニ収益上ガラ」（①32巻6878頁）ざる非採算宅地などが，処分の対象となった．当時は大正デモクラシーの最盛期で，大土地所有者に対する批判が厳しくなり，前述したように華族や富豪などの宅地解放も実施された．さらに21年4月には借地・借家法，翌22年4月には借地借家調停法が公布されるなど，所有権に対して賃借権が強化されはじめた（②335頁，⑬236頁）．

これらを背景に，1920（大正9）年2月から地所部はまず東京向島の社有地約1万8000坪の売却を決め，借地人と交渉に入った．資金が不足する借地人には月賦支払い法も併用し，21年中に寺島村で2182坪余（10名）と隅田村で4683坪余（7名）の約8割が売却済となり，22年には月賦2口を除いてすべてを処分した．また21年には深川の小松・富吉町の売却交渉を行い，同年中に471坪を処分し，翌22年中に残地を整理した（①30巻5156〜5157頁，31巻5644・5940頁）．

さらに三菱合資の各部が分系会社として独立するにともない，それらに対する地所部の貸付地も処分することになった．まず1921（大正10）年1月から三菱倉庫会社貸地の売却を始め，大阪で1万3226坪余（建物9棟とも134万62円），神戸で1万6045坪余（建物10棟とも78万7778円），深川の小松・清住・松賀・一色町8696坪余（建物2棟），京橋の越前堀2502坪余（建物1棟）などの貸地全部を処分，合計16カ所4万1500坪余を820万1319円で売却した（大阪・神戸だけで地所原価差し引き730万4800円の差

益〔①31巻5490～5495頁, ②338頁, ⑬169頁〕). このほか, 三菱銀行へは22年5月に大阪694坪余・神戸2375坪を家屋とも152万3974円で売却, 三菱商事へ同年に神戸で338坪余（建物5棟とも2万4734円), 三菱電機へ名古屋で63万余円（面積不明）の処分を行っている（①31巻5807・5854頁, ⑬212頁).

　他方, 岩崎家の別荘であった深川の清澄園約3万坪の一部も解放された. 同地は1878（明治11）年に弥太郎が入手し, もと紀伊国屋文左衛門の所有といわれた旧大名屋敷を整備, 内外賓客の接待や三菱社員の親睦に使用されていた. 1920（大正9）年6月に岩崎家（東山農事が管理）から三菱合資に移管され, 園内の一部約3000坪に児童遊園を設けて翌21年末に東京市民に公開された. これには内務省・警視庁・東京市・深川区役所との協議があったという. 関東大震災には被災民1万数千人が清澄園に避難したが, その後の帝都復興計画で公園の拡張と増設が推進され, 東京市も私有庭園の解放を希望した. このため24年6月に, 被害の少なかった庭園の中心部約1万5000坪（全体の約半分）を東京市に寄付し, 翌25年から一般に公開された（①31巻5488・5635頁, ②340～341頁, ④290～294頁).

　さらに1923（大正12）年1月には, 三菱合資は管理困難で採算が不利となった東京の三崎町・愛宕町・越前堀にある社有地を, 借地人に分割売却する方針を定め, 整理に入った. しかし9月の関東大震災で, これらの地域は家屋全焼などの被害をうけ, その後の復興事業による区画整理などのために処分が遅延した. しかし24年8月には東京に借地借家臨時処分法が施行され, また22年からは弁護士布施辰治らが指導した借家同盟が拡大するなど, 震災後の借地借家をめぐる対立と調停は激化した. これらの動きのなかで, 三菱合資は整理方針を強化することになり, 25年5月には割賦や第三者への売却をも決定したのである（①34巻6878頁, ⑫436頁).

　まず神田三崎町では区画整理が討議された1924年から売却を開始し, 同年中に3893坪（ほかに売却契約4412坪), 25年2027坪, 26年2419坪を処分した. 判明した売却例では宅地価格は坪あたり122～130円余であり, 賦

払いの場合は半年賦9回（利子は年9％）のほか，28（昭和3）年の日本勧業銀行によるローンでは15年賦（半年払い，年利7.2％）であった（①33巻6604・6655・6846・7251頁，⑩272〜294頁）．また新橋よりの内幸町でも25年から整理に入り，同年中に借地人に1513坪と第三者に555坪を売却したほか，翌26年に1099坪を処分し，30（昭和5）年までに全地の整理を終えている（①34巻6846・7257頁，②160頁）．

次に京橋区霊岸島にある越前堀の社有地（現在は中央区新川）は，1923（大正12）年の大震災後に貸地の約半分にあたる5000坪弱を三菱倉庫の拡張敷地に当てるため，借地人に返還交渉を行ったが成功しなかったらしい．しかし25年からは借地人は売却する方針に変えたが，借地権の評価などで難航したため，翌26年5月に一部を第三者の若尾幾太郎と田辺熊一に一括して売買する契約を結んだ（30年末の処分残地は7375坪〔①32巻6227頁，33巻7141・7258頁，②155〜157頁〕）．

さらに芝の愛宕町にある社有地1万147坪（1926〔大正15〕年8月現在，区画整理後の面積，原価9万3733円）のうち，9371坪（外に更地と社用地776坪）は110口に坪当たり最高65銭・最低23銭（平均30銭余）で貸し付けられていたが，26年から整理に入った．まず借地人に直接売却の方針で，貸地の約25％を占める東京慈恵会（病院と学校を経営）と交渉したが，同会では資金不足のために貸地の半分を借地権の代償として無償譲与してほしいなどの希望であり，他の小口の借地人も同様の要望が多数となった．これまでの越前堀・三崎町・内幸町の整理でも，借地人個々への売却はきわめて困難であり，しかも当時は借地権そのものの価格が「不当」に上昇し，土地の所有価格そのものが自然に低落傾向にあった．

このままでは土地処分はいよいよ困難になると考え，三菱地所部では賃貸地所を貸し付けたままで一手に引き受ける買主があれば，当時の借地人への売渡推定価格が坪平均140円程度での土地でも，坪100円内外に切り下げて一括して売却することを，26年9月に決定した（なお地所部では地上権価格は80〜150円，更地価格は150〜200円と評価している）．かくて同年11

月に堤清六（日魯漁業の創始者）に一括売却の契約を行ったほか，27年中に借地人に直接処分した土地は5016坪を数えた（1930年の売却残地は701坪）．なお愛宕町と三崎町の場合，住宅地域が主軸であるためであろう，整理後にも「適当ノ更地二百坪内外ヲ」1～2カ所は将来の社宅用地として留保することも決定している（以上は，①34巻7236～37・7258頁，②157頁～158頁を参照）．

他方，丸の内地区の土地移動では，1924（大正13）年9月に銭瓶町1の宅地230坪を逓信省に譲渡したほか，翌25年3月に有楽町2の宅地585坪と道路敷183坪を鉄道省（路線用地）に，11月に永楽町2の宅地195坪（台湾銀行東側）を道路拡張のために復興局へそれぞれ譲渡した．また同25年12月には，永楽町2で宅地1000坪と道路敷93坪を第一銀行に（30年10月に同行本店竣工），宅地683坪と道路敷を帝国生命保険会社に（29年4月に同社本館）それぞれ売却したほか，八重洲町2の土地183坪を高架線拡張による道路敷のため鉄道省に売却している（①34巻6845～46頁，③368～369頁）．

そして1926（大正15）年12月には，北海道の室蘭市祝津町と中国の北京にある所有不動産の管理を，三菱合資の総務課から地所部に移管している．このうち室蘭は，19年7月に竣工した埋立地2万4533坪（工費27万5070円，ほかに官有地として181坪を無償で供与）で，将来は工場・倉庫・貯炭場などに使用する予定の社有地である．また北京は，東単所在の土地779坪と事務所・住宅20棟328坪で，北京駐在員が使用のまま管理がえされた．かくて三菱合資が所有した営業用不動産は，すべて地所部に移管されたわけである（①33巻7247～48・7260頁）．

ここで新潟県などの農用地を除いた，大正期15年間の三菱合資の所管土地面積の変化をみておこう（表2-2，1913～25年の実数は省略）．1912（大正元）年末の判明分（大阪・神戸などが不明）では，和田（造船所などの埋立地，神戸）13万余坪を最大に，貸事務所のある丸の内が6万8322坪，住宅地の神田三崎町2万3290坪，向島地区2万2995坪がつづき，京橋越前堀

第2章 大正期三菱の不動産経営

表 2-2 三菱合資会社の所管土地面積（新潟県などの農用地は除く）

（単位：坪，未満は切り捨て）

所在地	1912年末 所管地	1926年末（賦払い中の売却地を含む）				
		所管地	うち貸地	うち社用地	うち道路敷	うち空地
麹町・丸の内	68,322	64,605	33,913	20,663	8,480	1,547
内幸町	4,847	1,678	1,219	—	459	—
京橋・越前堀	14,446	10,960	8,976	12	1,883	88
芝・愛宕町	12,688	12,622	10,250	104	1,871	394
神田・三崎町	23,290	15,326	11,439	162	3,724	—
深川・小松町	5,721	53	—	—	53	—
松賀町	5,609	127	127	—	—	—
府下・向島	22,995	952	591	302	—	59
大阪		2,985	1,953	1,032	—	—
神戸	133,728	5,958	5,852	—	—	106
小樽	—	3,530	949	—	12	2,567
室蘭	—	24,533	300	—	—	24,233
中国・漢口	—	499	—	499	—	—
北京	—	779	—	779	—	—
合計	291,649	144,615	75,575	23,557	16,485	28,996

注：1912年の丸の内は有楽・八重洲・永楽・銭瓶町，小松町は小松・富吉町，松賀町は松賀・一色・伊勢崎・清住町，向島は寺島・隅田村の累計，神戸は和田地所をそれぞれ示す（大阪・神戸は不明）．
1926年の貸地・社用地は建物・非建物敷地の累計，神戸は西宮市を示す．
『三菱社誌』各年末の諸表より集計．

1万4446坪と芝愛宕町1万2688坪ほか，深川の小松町・松賀町と内幸町が5000坪前後を占めていた．

その後の土地整理などで，1926（大正15）年末の営業面積（すべて地所部の所管となる）は12年に比べると半減して14万4615坪（ただし賦払い中の売却地も含まれる）となり，丸の内が最大の6万4605坪を示した．これに室蘭（埋立地）の2万4533坪（うち貸地300坪，空地2万4233坪）がつづき，神田三崎町が1万5326坪（賦払地を除き，7964坪減），整理中の芝愛宕町1万2622坪と京橋越前堀1万960坪（同，3486坪減）および内幸町1678坪（同，3169坪減）となった．とくに20～21年から土地処分が進んだ向島952坪（同，2万2043坪減），深川の松賀町127坪（5482坪減）と小松町53坪（5668坪減）に急減している．東京地区では，分系会社の独立

や震災後の復興事業にともなう区画整理，借地借家権の強化による管理の困難化と採算性の低下などによって，丸の内地区に三菱の所有地が集中したことが明瞭である（丸の内の所管地は全貸地7万5575坪の44.8%，全社用地2万3557坪の87.7%）．

このほか1918年11月に三菱本社の総務課から地所部の管理に移った大阪2985坪（貸地1953坪，社用地1032坪）と神戸5958坪（貸地，西宮市のみ），小樽3530坪（貸地949坪，空地2567坪）と中国の漢口499坪（すべて社用地）があり，また26年末に移管された北京は779坪（社用地）を示した．そして26年末における地所部の全所管地のうち，貸地は52.3%の7万5575坪，社用地（所有事務所・ビル・貸家などの敷地）は16.3%の2万3557坪を数えた．また道路敷も1万6485坪（11.4%）で，うち丸の内8480坪（地域所管面積の13.1%）・三崎町3724坪（同24.3%）・越前堀1883坪（同17.2%）・愛宕町1871坪（同14.8%）・内幸町459坪（同27.4%）・小松町53坪（道路のみ）は，開発当初から広幅の道路を設けたほか，区画整理などによって道路敷の比率が高いことがわかる．さらに未利用の空き地も全所管地の21%を占めるが，埋立地の室蘭を除いて小樽2567坪（地域所管面積の72.7%）が高率であり，丸の内1547坪（同2.4%）と愛宕町394坪（同3.1%）がつづいている．

5　三菱の不動産経営

(1) 地所部の不動産収支

最初に，大正期における三菱合資の地所部所管の不動産損益を整理しておこう（表2-3）．

まず各地区の不動産収支の差益では，丸の内が東京のビジネスセンターに成長した結果，内幸町を含む麹町区が主力を占め，1912年の29万円から13〜16年は30万円台，17年41万円，18年53万円，19年75万円，20年95万円へと急上昇した．そして21年から100万円台，丸ビルが開業した23

年からは200万円台に急増し，26年には309万円で全体の経営収益の大半を占めた．また新潟（減価償却費を除去）は米作の農凶に左右され，7～8万円台（15年は5万余円）を上下したが，18年に19万円にふえ，最高の24万円を挙げた19年には東山農事に移譲された．

次に2万円前後を示した深川区は，20年に最高の4万余円を挙げたあと，社有地整理のため急減した．同じく向島も5000～7000円台から，19年の最高8000余円後は土地処分に入った．また神田三崎町は，12年から3万円台，16年から4万円台を数えたが，22年を最大に翌年の震災と24年からの土地整理で減少を示している．さらに京橋越前堀は，13～19年の2万円台前後から20年に最高を示した．そして芝愛宕町も22年の2.4万円をピークに2万円台前後がつづき，24年から3万円台に増加しながら土地整理に入っている．このほか，逓信省用地と交換した日本橋では売却前の20～21年に2000円台の収益があり，また駒沢は20年に三菱鉱業会社からの移譲地（480坪）に建てた外国人むけ社宅（3棟〔①30巻5231・5241頁〕）からの収益（21～23年に2000～5000円台）である．

このほか，後に地所部に移管される三菱合資の総務課管理の不動産収益（減価償却ずみ）がある．参考のため掲示すると，神戸の和田地所（埋立地）が5万円台を示したが，17年8月以後は三菱造船会社に移管され，同年は4万円台に落ちた．また大阪は各部の社用地などが中心を占め，14年（減価償却がなかった）の3.5万円をピークに1～2万円台，同じく神戸も14年（減価償却なし）の1.9万円が最高であり，15年からの小樽は16年に2.7万円を示した．以上3地区は，18年11月に同年からの中国漢口とともに地所部に移管され，合計して同年に4.3万円，19年11.7万円（19～23年の5年間は長崎が加わる），20年に最高17.2万円の収益を挙げた．しかし分系会社への分譲や土地処分などによって，22年に6.6万円，23年以後は1万円台に落ちた．そして室蘭と北京が本社総務課から地所部に移管された26年には，以上の6地区合計で7951円に減少している．

他方，資産である土地家屋の売却益（売却収入から不動産原価などを引き

表 2-3 三菱合資地所部の

年次			1912	1913	1914	1915	1916	1917	1918
収支勘定	深川	区	19,666	20,691	18,322	20,624	20,298	19,524	22,289
	芝	区	13,829	17,176	16,127	17,079	19,446	20,003	19,711
	神田	区	34,348	37,799	37,859	39,197	40,639	40,798	42,379
	麹町	区	290,025	327,063	340,864	367,325	389,877	141,219	537,889
	京橋	区	16,937	19,828	20,464	21,267	20,217	22,028	23,102
	向島		6,543	6,420	6,378	5,410	5,456	7,064	7,687
	新潟		82,010	76,079	71,104	54,997	73,363	87,590	196,182
	和田		(55,439)	(53,862)	(54,946)	(55,530)	(58,990)	(42,679)	—
	大阪		(15,830)	(23,783)	(35,839)	(23,369)	(23,226)	(26,282)	(11,797)[7]
	神戸		(8,962)	(13,309)	(19,125)	(16,697)	(14,964)	(14,264)	(7,112)
	小樽		—	—	—	(12,738)	(27,066)	(24,491)	(9,024)
	漢口		—	—	—	—	—	—	(6,911)
利 息			9,071	9,872	7,686	5,572	12,742	18,761	13,953
委託工事益									
不動産売却益			16,381						
(同, 総務課)									(16,384)
営業費			77,159	90,342	74,578	64,210	77,884	100,416	105,523
減価償却 { 普通			42,540	41,788	45,432	49,597	63,175	51,185	76,400
特別			18,568	6,444	5,214	88,044	16,700	93,778	
差し引き純益			350,546	377,727	400,006	427,051	462,684	456,944	802,329
本社納付金	定率		210,000	210,000	210,000	210,000	240,000	240,000	266,040
	不動産売却益								

注:( )内は三菱合資総務課の所管額で外数. 空欄は不明, △は赤字. 収支勘定は各地区の不動
(1) 長崎を含む. (2) 関東大震災による被災建物原価. (3) 丸ビル復旧改修のための臨時(特
決算額(1922年に入金)2,987,200円を含む. (7) 大阪・神戸・漢口の8月以降に, 地所部収入
『三菱社誌』各年末の財務諸表から作成. 三菱地所株式会社『丸の内百年のあゆみ』上巻336

去った額)がみられる. 判明分では, 1912年の1.6万円(東京の板橋地所な
ど)をはじめ, 18年には総務課所管で1.6万円(大阪の天王寺村地所)があ
る. 19年には, 新潟167万5653円, 丸の内10万2443円, 神戸市東出町
2690円, 小樽花園町18万546円, 合計して一挙に196万余円に達する.

翌年から非採算地の整理や分系会社への移譲が進み, 20年の向島16万
6757円・大阪桃山29万5372円(計46万余円)につづき, 21年には三菱倉
庫への貸地全部が売却された. すなわち深川8696坪, 京橋越前堀2502坪,
大阪の地所1万3226坪(129万408円)と建物(1万9653円), 神戸の地所

第 2 章　大正期三菱の不動産経営

損益勘定（関係分のみ）

(単位：円，未満切り捨て)

1919	1920	1921	1922	1923	1924	1925	1926
21,872	46,658	12,859	10,137	8,300	3,926	2,212	705
19,643	19,242	22,155	24,231	20,376	31,185	32,072	33,783
43,219	42,345	42,895	45,884	39,413	32,443	33,391	28,106
752,737	958,124	1,232,566	1,382,658	2,355,335	2,615,657	2,712,590	3,098,208
22,384	29,029	15,843	17,302	14,662	22,974	19,520	14,047
8,370	6,723	5,086	2,520	613	496	747	769
248,323 ‖	駒　沢	5,476	2,323	4,391	—	—	—
— ‖	日本橋	2,254	2,665	—	—	—	—
117,735 (1)	172,143 (1)	66,748 (1)	18,129 (1)	16,012 (1)	18,816	17,648	7,951 (4) / 12,025 (5)
14,947	126,631	54,583	1,877	△256,426	△170,547	△153,154	△122,882
	36,850	84,844	159,740	9,060	42,961		
1,961,334	462,129	8,208,359	1,525,167	46,854	533,799	4,437,152	1,241,669
		(633,717)	(24,734)				
62,031	131,440	175,292	161,552	340,308	216,556	242,998	258,359
104,134	122,388	197,456	162,027	444,332	461,223 (2)	26,136 (3)	542,086
					561,126	2,250,967	
3,419,203	1,643,769	9,266,556	2,900,789	993,218	2,516,530	4,050,151	3,415,911
302,500	362,500	550,000 (6)	2,900,789	993,218	2,516,530	4,050,151	3,415,911
1,851,391	295,372	7,304,800					

産収支の差益（新潟と 1918 年以前の大阪・神戸・漢口は減価償却額を控除）．
別）償却額を除く．(4) 室蘭を含む．(5) 北京を含む．(6) 三菱倉庫への譲渡益のうち未 43,072 円がある．
〜7 頁の表とは，分類項目の違いなどから，計数の一致しない年がある．

　1 万 6045 坪（78 万 7778 円）と建物（1 万 9653 円）など（①31 巻 5491〜95・5511・5526・5644 頁），合計実に 730 万 4800 円の売却益（三菱倉庫の支払額 820 万 1319 円から地所原価などを差し引き〔②169 頁〕）をあげた．このほか同 21 年には，逓信省から丸の内社有地 600 坪の売却益 34 万 414 円，日本橋の逓信省交換地の売却益 29 万 4854 円，借地人への売却益が深川 7 万 3571 円（471 坪）と向島 19 万 4718 円（6865 坪）があり，合計すると地所部は 820 万 8359 円という不動産売却益を得たわけである．さらに三菱合資総務課が所管した名古屋の所有地からも以上とは別に三菱電機から

63万3717円の売却益を入手している（⑬212頁など）.

つづいて1922年の不動産売却益も152余円を数え，このうち三菱銀行へ大阪の社有地694坪（5万4792円）と神戸の2375坪（推定146万9182円）から得た86万6158円の売却益（売却代計152万3794円から地所原価などを差し引き〔①31巻5854頁〕）が大きい．また借地人への土地処分などにともない，同22年に日本橋43万2124円，深川3万8184円，向島18万8699円を入手した．このほか本社総務課が所管した神戸の社有地338坪と建物を，三菱商事に売却して2万4734円の差益を得ている（①31巻5808頁）．

1923年は関東大震災の復旧などに追われて売却益は少なく，京橋1万5114円，深川1万4242円，向島1万7498円の3地区合計4万6854円にとどまった．しかし24年からは神田三崎町の土地整理が始まり，同年に39万7526円の売却益があり，麹町も12万5685円，深川で1万587円を入手し，合計53万3799円を示した．

さらに25年には丸の内の移動が多く，まず永楽町では復興局へ区画整理による道路用地195坪で31万8219円，八重洲で鉄道省に高架線拡張用地16万5321円（183坪余）のほか，第一銀行から187万6872円（1093坪），帝国生命から107万1345円（683坪）の売却収入をえ，以上累計で323万8074円の差益があった．このほか有楽町で鉄道省から道路拡張用地585坪で31万7542円，同25年から整理を開始した内幸町で64万9092円（宅地2068坪）に加え，処分中の神田三崎町20万6689円（2027坪），深川小松町2万5752円（234坪），以上合計で25年中に実に443万7152円の不動産売却益をあげたのである（①34巻6845〜46・6892頁）．

大正期最後の1926年における不動産売却は，土地整理がつづいていた内幸町96万9730円（1099坪）と神田三崎町26万2901円（2419坪）のほか，同年から処分の始まった芝愛宕町8889円（65坪）など，合計124万1699円を数えた．このうち大阪の西長堀地所834坪は，17年から貸地返還をめぐって三菱合資と借地人の間で係争がつづき，ばく大な移転料が要求されたので，賃貸のまま第三者に25万458円（坪300円）で売却したもので，不

動産原価などを差し引いた売却純益はわずか148円にすぎなかった（①34巻7137・7252頁）．

次に，地所部が他企業から受託した工事の請け負い益があげられる．すでに1913（大正2）年末に台湾銀行東京支店（工費40万円，三菱の貸地576坪に鉄筋4階建て）と帝国鉄道協会（工費20万円，貸地347坪に鉄筋4階建て）の設計と施工を担当し，いずれも16年1月に完成したが，工事費などを除いた地所部の純益は会計項目に入っていない．また17年にも東京倉庫の神奈川倉庫2棟（1277坪，工費15万5300円）などを請け負っているが，20年から地所部が不動産賃貸だけではなく，さらに設計施工にも力を入れることになって，はじめて「委託工事益」の項目が新設された．たとえば21年5月には横浜正金銀行東京支店の工事（55万円，貸地521坪に建坪308坪・延べ1148坪，地階つきコンクリート4階）を請け負い，翌22年9月に引き渡したほか，分系会社となった三菱銀行の本店建築（16年5月起工，貸地1198坪，建坪849坪・延べ2863坪，地階つき4階）も22年5月に竣工している．これにつれて委託工事益（受託工事費から材料費などを支出した純益）は，20年に3万余円，21年に8万余円，22年に約16万円のピークを示した．しかし24年の4万余円後は，丸ビル工事の終了と景気後退による設計施工部門の縮小につれて，25年以後は消滅してしまった（以上，①22巻1830頁，25巻2864頁，27巻3893頁，30巻5296頁，31巻5894頁を参照）．

さて以上の各地区収支勘定と不動産売却益や委託工事費のほか，利息・雑収入などを加えた地所部の収益から，営業費などの損費や減価償却額を差し引いたのが純益である．これは1912〜13年の30万円台，14〜17年の40万円台から18年に80万円台にふえ，以後は不動産売却益の大小に応じて19年341万円，20年163万円，21年は実に926万円，22年290万円，23年99万円，24年251万円，25年405万円，26年341万円とはげしく変化している．このなかで，丸の内地区からの貸地・貸事務所収益は確実に増大しており，同地区を中心に地所部の不動産経営が安定してきたことがわかる．

なおこの差し引き純益の処分は，当初は地所部の資金に対する定率を三菱本社に納付金として上納した（一種の株式配当に相当）．したがって地所部の資金300万円に対して，1912～14年は7％の21万円，16年からは8％に上がって24万円に増額された．さらに18年8月から資金が550万円となって同年の納付金は26万6040円，19年には5.5％に下がって30万2500円，20年は6.59％余で36万2500円，21年は10％で55万円に上昇した．同時に19年には新潟事務所や丸の内・小樽などの社有不動産売却純益のうち185万円が本社に納入され，同じく翌20年に29万円，21年には三菱倉庫や土地整理地区などから実に730万円が上納された．

これらの変化は，地所部管理の社有地処分益も，もともとは本社の資産勘定の整理にもとづいたからであろう．さらに1922年4月からは地所部の資金は870万円に増額され，三菱合資におけるすべての営業用不動産を地所部が管理したが，これとともに本社納付金の定率制は廃止され，同22年からは地所部の収支差し引き純益は全額が本社に上納されることに変わった．21年以前には，地所部純益のうち本社納付金を除いた残りの繰越金（たとえば21年に141万1756円）は地所部の運用にまかされ，設備投資などの資金や本社への預金（利子がつく）などに当てられていたとみられる．したがって22年以降には，地所部には繰越金の項目がなくなり，投資などの資金繰りは本社を通じて調達されたはずである（29年6月まで，資金の調達と運用は本社が統制〔⑬292頁〕）．このため，地所部の利益勘定で22年までみられた利息収入（20年に12.6万円のピーク，21年5.4万円，22年は1877円に急減）は，23年から赤字に転じて同年25.6万円（年利6％として427万余円の借入に相当），24年17万円，25年15.3万円，26年12.2万円という多額の利子を支払っているのである．

ところで第1次大戦後，とくに1920年からの財界不況にともない，たとえば同年に資本金を1億円に倍増した三菱鉱業も業績悪化に苦しみ，20～27年には株主への配当を低下させており，三菱合資会社では同社の持株の配当を辞退したほどである．そのなかで地所部は本社への純益金を増大させてお

り，その累計は第1次大戦中の14〜19年に643万余円（年平均107万円）で三菱各部・分系会計合計1億1422万余円の6.5％から，戦後の20〜29年には4250万円（同425万円）で合計2億6609万余円の16％に上昇している（⑬150・205〜208頁）．この地所部の純益増大は，景気後退下に三菱合資（本社）が分系会社の未払込資本金や株式公開による増資（たとえば23年の三菱電機の外資提携，27年三菱信託・29年三菱銀行の公開増資）への資金調達に対し，安定した源泉になっていたのである（②340頁，⑬280〜288頁）．

(2) 賃貸料・人員など

次に三菱地所部の賃貸料の動きを，判明した丸の内地区の1918年以後についてみよう．まず1年以上契約の月あたり賃貸料は1坪で，18年に最低35銭から最高1円60銭（新規契約は1円〜1円60銭）であったが，丸の内への借地需要の増大につれて，19年には90銭から2円20銭（平均1円45銭），20年は2円〜2円50銭（平均2円45銭，三菱以外の一般では37銭から2円50銭で平均98銭）に上昇した．さらに関東大震災後も上昇の動きは止まらず，24年には三菱の貸地料は3円41銭〜12円（平均5円90銭）を示し，さらに新規契約の場合は坪あたり月10円内外，軽約満期による更新時には約50％の値上げとなった（①29巻4299〜4300頁，30巻4899・5321頁，33巻6979頁）．

他方，三菱の貸ビル・事務所の賃貸料のうち丸ビルでは，完成前の1921年10月から予約で坪あたり毎月で地階5円80銭〜7円，1階23〜27円，2階以上10円〜10円85銭であったが，25年には新規で20％，更新で10％（商店街の一部は20％）の値上げを計画し，新規は4円50銭（地下室）〜35円（平均12円）となった．さらに翌26年にも，丸ビルで賃貸料を新規で15％内外，更新で10％内外の値上げを計画している．また丸ビル以外の三菱の貸事務所でも，25年に契約賃貸料の8〜50％（一般では20％内外）の値上げを行って3円99銭から13円（平均約6円60銭）としたほか，新規は20％高で8〜12円台，更新も10〜50％の値上げを実施した．なお翌

表 2-4　三菱地所部人員表

(単位：人)

年次	正員	准員	雇員	計
1912	25	12	20	57
1913	25	14	18	57
1914	29	29	32	90
1915	30	35	39	104
1916	36	39	46	121
1917	48	30	53	131
1918	57	28	51	136
1919	60	28	89	177
1920	66	23	107	196
1921	69	46	77	192
1922	55	40	81	176
1923	48	45	166	259
1924	49	64	148	261
1925	56	66	156	278
1926	66	97	306	469

注：各年末．正員は本社辞令使用人，准員は場所限傭員，雇員はその他．1912～18年の新潟事務所は除く．臨時傭・日雇・人夫などは含まれない．
『三菱社誌』各年末の人員表から．

　26年にも丸ビル以外の三菱貸事務所で，更新で6～30%（平均15%以上）の値上げを行い，契約賃貸料で2円40銭～12円39銭，更新で4円8銭～18円19銭，新規で8円～13円を示した（①34巻7256～60頁）．このように大正末期の経済不況にもかかわらず，東京のビジネスセンターに確定した丸の内における賃貸料の上昇（とくに丸ビルの高値）によって，三菱地所部の収益は増大と安定をえたのである．

　最後に三菱地所部の人員表（表2-4）から，その職制などの変化をみてみよう．新潟事務所と臨時傭・日雇・人夫などを除いた地所部の正員（本社採用の幹部社員）・准員（部採用の准幹部）・雇員（エレベーター係など）の職員合計は，1912・13年の57人から大型貸事務所の第21号館が竣工した14年に90人に激増し，第1次大戦中の事務所増設とともに15年以後は100人をこえ，18年に136人を示した．さらに丸ビルの計画が進んだ19年には177人，起工した20年には196人に達したが，戦後不況後は微減して22年

に176人に落ちた．しかし丸ビルが完成した23年には259人に急増し，以後ビル管理要員の増大と八重洲ビルの着工とともに，26年には大正期最大の469人を数えたのである．

これらの動きのなかで，三菱地所部は1920年1月に貸ビルを丸の内で設計・施工し，これを賃貸することを経営方針の主軸にすえた．これまでの単なる貸地・貸家の大家経営ではなく，設計・施工も行う近代的な不動産経営を指向したわけである．このため地所部に庶務課（事務10人・准員4人）・営業課（事務4人・准員2人）・設計課（技師28人，技師補1人，准員6人）・工作課（事務1人，技師10人，技師補1人，准員7人）・材料課（事務2人，技師1人，技師補1人，准員5人）の5課を設けたが，このうち設計・工作・材料の技術系3課は累計64人（うち技師39人，技師補4人）で，雇員を除いた地所部合計84人の76％を占めたほどである．

その後，22年末に地所部に会計課を加えて6課としたが，翌23年4月に丸ビルが竣工すると，当時の経済不況も加わって職制の統廃合を行い，設計・工作・材料3課を営繕課にまとめ，庶務（33人）・営業（68人）・会計（13人）課とともに4課とした．これは不況で設計・施工の業務が減少し，他方で丸ビルなどの管理作業が急増した結果，技術者が過剰化したためである．そこで技師長の桜井小太郎は率先退職して丸ビル内に建築事務所を設けたほか，丸ビル担当の山下粛郎も東大講師を務め（後に建築事務所），丸ビルと三菱銀行を担当した川元良一は翌23年に退職して新設された同潤会の建築部長となった．このため雇員などを除いた地所部の23年末の人員数（別資料のため，表2-4の累計と一致しない）は，丸ビル管理係と丸ノ内係を増員した庶務・営業2課が急増を示し，技術関係の営繕課は23人（技師16，准員7）で20年の64人の約1/3に急減している（以上，②332～3頁を参照）．

ところで1923（大正12）年の関東大震災に対する復興事業の進行につれて，丸の内地区では翌24年10月には帝国劇場（改築）と丸ノ内ホテルが開業し，三菱地所部も仲7号館別館（翌25年4月竣工，3階建て136坪）と

仲28号館を起工した．さらに同年中に有楽町の東京府庁西側に帝国農会ビルと衛生研究所も竣工するなど，丸の内地区の整備がみられた．そして翌25年には，東京駅南横の中央郵便局本館と東洋ビル（内山下町1）などが竣工したほか，三菱の仲8号館別館が起工された（翌26年3月竣工，地下1階・地上3階，延べ286坪，1階は丸ノ内仲通郵便局，240坪を和食堂常磐家に貸付）．

さらに1926（大正15）年には，1月に仲28号館が完成し（永楽町2，地下1階，地上6階，延べ1369坪，工費60万5717円），安田信託・渋沢同族・鈴木商店・大林組・日本無線電信などに貸し付けられた．とくに同26年2月には，三菱では丸ビルにつぐ2番目の最新式高層貸ビルである八重洲ビルを東通り11号地に着工した（地階つき8階建て，建坪707坪，延べ5367坪，貸室約4000坪）．この場合，工事は大林組が実費計算法で請負い（報酬は9%），電気・ガス・給排水・暖房・エレベーターなどは地所部が担当した（28年3月に竣工，工費260万5163円〔①34巻7108・7119頁，②308頁，③368〜369頁〕）．また同26年7月には丸ビルの震災復旧改良工事が2年8カ月ぶりに完成している．

このほか1926年には，8月に前にふれた東京駅前から宮城に抜ける行幸道路が完成したのをはじめ，9月には三菱の売却地で高架鉄道線路ぞいに東京中央電信局（銭瓶町1，後の東京中央電報局），12月には時事新報ビル（八重洲町1，現在の岸本ビル敷地）がそれぞれ竣工している．これらの丸の内地区における条件整備のうえに，三菱地所部は同26年12月に本社総務課から室蘭と北京の不動産管理を委譲され，三菱合資の営業用土地建物のすべてを管理しながら，次の昭和期に備えたのである．

参考文献
① 三菱社誌刊行会編『三菱社誌』22〜34巻，東京大学出版会，1980〜1981年．
② 三菱地所株式会社社史編纂室編『丸の内百年のあゆみ－三菱地所社史』上・下巻，同社，1993年．
③ 同上，資料・年表・索引，1993年．

④　岩崎久弥伝記編纂貝会編『岩崎久弥伝』同会, 1961年 (1979年に東京大学出版会から復刻).
⑤　東山農場『経営方法及成績』同場, 1915年.
⑥　東山農事株式会社『東山事業』昭和14・15年, 同社, 1939・40年.
⑦　冨山房編『丸の内今と昔』同房, 1941年 (同年, 修正再版).
⑧　中田乙一編『縮刷　丸の内今と昔』三菱地所株式会社, 1952年.
⑨　かのう書房編『東京　丸ビルの世界』同房, 1985年.
⑩　鈴木理生『明治生れの町　神田三崎町』青蛙房, 1978年.
⑪　山口廣編『郊外住宅地の系譜―東京の田園ユートピア』鹿島出版会, 1987年 (1988年2刷).
⑫　小木新造ほか編『江戸東京学事典』三省堂, 1987年 (1988年2刷).
⑬　旗手勲『日本の財閥と三菱』楽游書房, 1978年.
⑭　同『日本における大農場の生成と展開』御茶の水書房, 1963年 (1978年改装版).
⑮　同「三菱の不動産経営―明治期」(愛知大学経済学会『愛知大学経済論集』134号) 1994年2月.
⑯　日本住宅総合センター『戦前の住宅政策の変遷に関する調査 (III)―戦前東京の市街地形成』同センター, 1983年.
⑰　和田清美「戦前期住宅開発の展開とその特質―日暮里渡辺町, 駒込大和町の事例を中心として (その一)」(立教大学社会学部研究室『応用社会研究学』No. 26) 1985年.
⑱　松本四郎『東京の歴史―大江戸・大東京史跡見学』岩波書店, 1988年.

第3章　昭和初期恐慌と三菱の不動産業

はじめに

　本章以降は，昭和前期の金融・昭和恐慌から軍需景気を経て，日中・太平洋戦争期，さらに敗戦後の財閥解体に至る時期の，三菱における不動産業と企業活動をまとめたものである．

　時期を二分し，前半のうち主に昭和初期の恐慌期を本章，軍需景気期と1927～36（昭和2～11）年の経営内容と企業活動を第4章で整理した．後半は，主に日中戦争期を第5章，太平洋戦争期と1937～45（昭和12～20）年の経営内容を第6章にまとめ，第7章では戦争期における三菱の企業活動と財閥解体の過程から全体の総括を試みた．

　この場合，三菱財閥の司令部である三菱合資会社（1937年12月に三菱社，43年2月に三菱本社に改組）の最後の事業部門で不動産業を分担した地所部（32年4月から地所課，37年5月から三菱地所株式会社に独立）の経営活動のほか，三菱合資自体の不動産経営や海外土地投資，および資料を入手できた三菱信託会社の不動産業を新しく加えた．このほか，研究があまり進んでいないと考える三菱合資3代社長であった岩崎久弥の大規模な不動産事業を，東山農事による朝鮮・台湾，東山栽培のスマトラ・アジャム園（オイルパーム事業），カーザ東山のブラジル開発などの東山事業にも触れておいた．

　そして三菱合資と三菱地所を軸とした不動産経営を，他の直系などの三菱

主要各社を含めた三菱全体の企業活動の中から位置づけようと図った．なお拙著『日本の財閥と三菱』(1978年)では，1940(昭和15)年をもって分析を終えていたので，その後の太平洋戦争期から敗戦後の財閥解体に至る三菱の企業活動の過程を加え，私にとっての研究対象期の延長を行った．

なお本章以降では，付記しないかぎり年号は西洋暦，土地家屋の面積は坪・町を基準とした．また敗戦前の日本の海外植民地の旧地名などは，歴史的名称のままとし，丸ノ内などの正式名も当用にしたがった．そして引用注は，各項末尾などの括弧内に第7章末の参考文献番号と巻号・頁数を示した．さらに文中の価格は，現在の物価のほぼ5000分から1万分の1程度にあたるであろう．

1　三菱合資の不動産投資と経済恐慌

第1次世界大戦後の戦後恐慌と慢性不況のなかで，三菱財閥は経営の合理化と資本の集約化をはかり，さらに将来有望な新分野へ進出するなど，次期以降の展開の基礎を固めた．そして財閥本社にあたる三菱合資会社では，各事業部を大正期に分系会社として独立させ，唯一残った事業部である地所部門についても，非採算社有不動産の整理処分と丸の内地区街の貸ビル整備を推進した．

さらに慢性不況にともなう三菱のばく大な資本の充当先を，資源と販路を求めて海外の投資へ向けた．とくに昭和期に入ると，1927(昭和2)年の金融恐慌と世界大恐慌に連動した30年からの昭和恐慌が相つぎ，三菱でも業績の悪化が目立った．これらの諸矛盾を内需拡大よりは海外侵略によって解決しようとしたのが31(昭和6)年9月の「満州事変」であり，以後の日本の大勢は軍需景気を基礎に戦争経済が主流を占めていくのである．

(1)　三菱合資の新築建物（昭和初期）

1923(大正12)年の丸ノ内ビルヂング(以下は丸ビルと略称)開設と関東

第3章　昭和初期恐慌と三菱の不動産業

大震災のあと，26年の1月に三菱合資は貸ビル方式の仲28号館（永楽町2-1，24年10月起工，鉄筋コンクリート地下1階・地上6階，延べ1369坪，安田信託・渋沢同族・鈴木商店・大林組・日本無線電信などに貸与）のほか，同年3月に仲8号館別館（有楽町1-1，丸ノ内郵便局跡，25年9月起工，鉄筋コンクリート地階1階，地上3階，延べ286坪，丸ノ内仲通郵便局・常盤家に貸与）が竣工開館した．また7月には，大震災で被災した丸ビルの復旧・補強・改良工事（23年11月起工）を終えた（表3-1）．

さらに丸の内地区の貸事務所街を充実させるため，同26年2月には丸ビルに次ぐ高層の鉄筋鉄骨コンクリート造の八重洲ビルヂング（八重洲町1-1，後に丸の内2-6，建て707坪余・延べ5383坪，地下1階，地上8階，設計は地所部の藤村朗）を起工した．同ビルは2年後の28年3月に工費260万5163円（うち建物216万8399円・設備費43万6774円，坪あたり484円）で完成し，丸の内に「美観を加え…帝都の建築界に非常に注目され，日本の建築の新しい粋を集めた」（『東京日々新聞』1929（昭和4）年3月26日）といわれた．うち貸室は約4000坪であり，三菱信託（27年2月新設）・三菱海上火災保険・三菱製紙・山下汽船・豊年製油などが入居し，三菱による丸の内オフィスセンターへ新戦力が加わった（①35巻132頁，⑤308〜9頁）．

他方，大正中期ごろから東京でもタクシーが増加しはじめ，関東大震災後には東京市営バスの発達，とくに1926（大正15）年からの市内1円均一制（円タク，大阪では24年から）の採用で，一般にも自動車利用がふえてきた．26年2月ごろには，東京市内の自動車数は約4000台を数え，同年12月には東京駅の構内タクシーが発足し，それまで主力であった人力車（構内に最盛期は200台，28年3月末の廃業時には5台）に代わってきた．さらに東京駅を中心とした鉄道網も整備され，25年11月に東北本線の神田・上野間の高架線が開通して山手線の環状運転がはじまったほか，29年6月には中央線が国分寺から立川まで延長（翌30年12月に浅川，現在の高尾まで）され，32年には総武線の御茶の水・両国間が開通して中央線と連絡した．これらの結果，鉄道の利用者が激増し，朝夕の混雑からラッシュアワーという

表 3-1　三菱と丸の内内外の新（改・増）築建物表

年　次	三菱合資会社	そ　の　他
1926年	1　仲28号館（1,369）　2　八重洲ビル（起工）　3　仲8号館別館（286）　7　丸ビル（復旧・増強・改良）	8　行幸道路　9　東京中央電信局　12　時事新報ビル
1927年		2　昭和ビル・東京会館（復旧・改修）　3　東京朝日新聞社　7　大阪ビル東京分館1号館　8　電気倶楽部　10　日本赤十字東京支部　○日本工業倶楽部（増築）
1928年	3　八重洲ビル（5,383）　8　丸ノ内ガラーヂビル（起工）　11　東7号館別館（起工）　12　仲7号館（改修起工）	5　帝国鉄道協会（増築）　○東京府農工銀行・富国徴兵（増築）・交詢社ビル
1929年	6　丸ノ内ガラージビル（1,603）　8　東7号館別館（654）　11　仲7号館（改修）　12　仲4号館（増築）	3　三井本館　4　帝国生命館　10　日比谷公会堂・市政調査会館　11　東京建物本社ビル　12　東京駅八重洲口　○丸ノ内野村ビル3号館・帝国飛行館
1930年	12　東7号館別館（増築、丸之内会館）	1　日本勧業銀行本店　2　東京海上ビル新館　10　第一銀行本店　11　常磐生命ビル　12　丸の内警察署　○三信ビル
1931年		4　大阪ビル東京分館2号館　5　東京株式取引所・警視庁新庁舎　10　デパート美松
1932年		5　日本銀行本店新館　7　東都府庁分庁舎東3号　10　日清生命館　11　満蒙資源館　○味の素ビル・清水組
1933年	11　満州・康徳会館（起工）	3　東京住友ビル　4　蚕糸会館　11　東京中央郵便局（開局）・日本劇場（開場）　○産業組合中央金庫・明治屋ビル・明菓ビル
1934年	7　仲13号別館（起工）　10　新京白山住宅1期（557，4棟，20戸）・丸ビル改修（起工）	1　東宝劇場（開場）・日本電気通信社　2　日比谷映画劇場（開場）　3　東京商工会議所新館　4　明治生命館　7　三菱銀行本店新館（起工）　10　共同建物ビル　○東京府庁分庁舎西2号・電気協会関東支部会館
1935年	4　仲13号別館（501，三菱倶楽部）　仲10号館8号（改修，440，アメリカン倶楽部）　5　康徳会館（2,616，8．増築起工）　9　三菱本社別館（起工）　11　丸ビル改装　12　新京白山住宅2期（1,058，5棟，36戸）	6　有楽座（開場）　7　宮内省新庁舎　8　丸ノ内消防署　9　日本興業銀行新館　○藤本ビルブローカー
1936年	11　仲10号別館（起工）　12　新京白山住宅3期（250，7棟，32戸）・康徳会館（増築，3,360）	7　産業組合中央会館（起工）　11　帝国議事堂
1937年	3　三菱本社別館（3,400　三菱商事へ）　6　東京館（起工，新丸ビル19,104）　12　新京白山住宅4期（236，9棟，36戸）・仲10号別館（1,044）	3　三菱銀行本店新館（4,299）　12　鉄道省庁舎・帝室林野局・東京駅地下道（丸ビル間）

注：建物の左側数字は月．○は不明．（　）内の数字は建物の延べ数（坪未満切り捨て）．注記以外は竣工を示す．『三菱社誌』各年巻末の「営業概況」，『丸の内百年の歩み』上巻，資料・年表・索引，『丸ノ内今と昔』117～128頁，『縮刷　丸の内今と昔』53～59頁より作成．

第3章 昭和初期恐慌と三菱の不動産業　　　　　　　　　　95

　流行語も生まれたほどである．これら東京駅を軸とした交通網の整備，とくに関東大震災後の4年間に自動車交通はもっとも躍進したといわれ，駅前広場は昭和期に入ると交通量が激増し，いわゆるモータリゼーション時代をむかえた（以下を含め，⑤317～326頁参照）．

　これらの動きをとらえ，三菱合資の地所部では1926（大正15）年10月に丸の内の現況調査を行い，11月現在の借地借家人の自動車所有調査をまとめた．この報告書は翌27年5月に「丸ノ内三菱所有地出入自動車に関する調査」（約25頁）としてまとめられ，合計400台（26年の丸の内の人口総数2万6941人，67人に1台），将来は30年560台・35年800台と推定し，その保管方法などについて自家用車庫300台，営業用ガレージ100台分が必要とした．そしてこの調査が，28年3月に起工された丸ノ内ガレージビルの建設に備えたものとされている．なお同じ28年には，日本最初の給油所が三菱商事の直営で東京市の公衆食堂跡（現在の東京ビルの東南角）に建設された．

　この構想を推進したのは三菱合資地所部長の赤星陸治であり，水島峻一郎が特許をとった米国のデューラー式ガレージに興味をもち，将来は自動車車庫の不足時代になると信じ，2人で計画を推進したという．赤星は資金主の財界実力者大倉喜七郎（喜八郎の長男，1899（明治32）年に日本最初の自動車を輸入）と交渉，土地は三菱が提供して大倉財閥が経営する車庫用のビルを建設することになった．当時，自動車は貴重品で自家用車は東京市内で1500台ほどであり，至るところに空地があって道路のどこでも駐車できたから，高い料金を払う車庫への緊要度は小さかったといえる．三菱合資の岩崎小弥太社長などの幹部も「幾分危惧の念」をもったが，地所部の調査などの将来予測から計画を推進することになった（以下を含め，①35巻260～301頁，⑤320～324頁参照）．

　かくて1928（昭和3）年8月に丸ノ内ガレージビルが起工（丸の内1-8，鉄筋コンクリート造り地下1階・地上6階，建て267坪余・延べ1603坪，現在は日本興業銀行本店用地）され，同3年7月に設立した丸ノ内ガラージ

株式会社と賃貸借の予約を行った．翌4年6月に竣工（地所部の設計，工費40万8190円余）して同社が開業したが，日本最初の自動車車庫の専用ビルは250台を収容（運転手控室や食堂つき），ガレージ内で洗車・修理・給油もでき，1分間で1階から6階までの斜路を自力走行できるという最新の施設であった．同ビルは東京海上ビルの北側横通りで日本工業倶楽部のすぐ脇という好位置であったが，月の駐車料が1台30〜40円という高料金で借手が少なく，創業当初の29年6〜10月には赤字2万5000円余をだし，1年たらずで経営者が交替した．その後は料金を月10円に切り下げ，郵便車・霊柩車まで引きうけたが赤字が解消せず，31年には屋上をベビーゴルフ場に貸し付けたりしたという．当時は27年の金融恐慌と30年からの昭和恐慌による大不況時代であったが，32年末ごろからの軍需景気につれて利用車もしだいにふえたようである．やがて41年からの太平洋戦争中，とくに空襲の激化した時代には，防災などに大きな効果を与えたといわれる．

なお丸ノ内ガラージビルが起工された1928（昭和3）年には，前述した3月の八重洲ビルの竣工につづき，三菱合資では11月に東7号館別館（丸の内3-2）と12月に仲7号館の改修（工費19万1800円，翌29年11月竣工）に着手している．東7号館別館は，附属の2階建て煉瓦造り倉庫や木造の人力車置場・車夫溜りなどを壊し，鉄筋コンクリート造り地下1階・地上5階（建て121坪余・延べ654坪，工費予定28万円，現在の新東京ビル用地）の貸事務所（東京瓦斯用）を新築したもので，翌29年8月に竣工した．しかし東京瓦斯が東京海上ビルに転出したため，さらに30年8月に料理店用に改造（一部増築，12月完成，建て126坪余・延べ688坪余）して丸之内会館に貸与した（賃料月2600円，ほか造作使用料900円，計3500円）．このほか29年5月には仲4号館が増築され，宿直室などの付属木造家屋7棟を取り壊し，鉄筋コンクリート3階（一部平屋）を旧館に付設している（12月竣工）．（以上，①35巻137・142・301・422頁，⑤307頁参照）．

(2) 貸ビルの増大と空室率

　大正末期における三菱合資の東京丸の内を中心にした不動産投資の動きは，丸ビルや仲28号館の新築と八重洲ビルの起工（1928年に竣工）に代表されたが，昭和期に入ると停滞せざるをえなくなった．その要因の第1は，27年からの金融恐慌，とくに30年からの昭和恐慌による景気低落にともなう設備投資の抑制にある．三菱合資では前述のように，29年に投資額のあまり多くない丸の内ガラージビルを新築（大倉財閥系の会社が経営）したにとどまり，他は大口借主の要望を中心とした東7号館別館（東京瓦斯→丸之内会館）などの増改築にとどまった．

　他方，第2の要因として，昭和初期には日本のビジネスセンターに成長した丸の内地区を中心に，多数の貸ビル・自社ビルや官公署の新庁舎などが急増し，経済不況の真只中に貸事務所の供給過剰があらわれ，空室の急増や賃貸料の値下げなどの市場競争が激化したことがあげられる．すなわち関東大震災後の24～26年には復興需要はあったが貸事務所の新築は少なく，不況に入った25年末から27年の金融恐慌後にかけて，賃金や物価・金利の低下などを契機に新ビルの建築が急増した．このため丸の内地区では震災後から30年までの9年間に21棟も増設され，たとえば26年の時事新報ビル（現在は岸本ビル），27年に昭和ビル（震災で倒壊した内外ビルの改築）や東京会館（復旧改修）・東京朝日新聞社（有楽町3-1）・大阪ビル東京分館1号館（内幸町1-3，住友系，三菱合資の貸地を売却）・電気倶楽部（有楽町1-5）・日本赤十字東京支部・日本工業倶楽部（増築）など，28年には帝国鉄道協会（有楽町1-1，増築改修，工事は三菱地所部が受託）・東京府農工銀行（有楽町2-1，後に日本勧業銀行支店）・富国徴兵（増築）・交詢社ビル（銀座）など，29年には三井本館（室町，震災で類焼した旧館を改築）・帝国生命館（後の朝日生命，現在は丸ノ内センタービルの一部，もと三菱地所の技師長桜井小太郎の設計）・東京建物本社ビル（呉服橋3-7，安田系）など，30年には日本勧業銀行本店（日比谷）・東京海上ビル新館（三菱合資の貸地を売却）・第一銀行本店（同前，丸の内1-1），日比谷に常盤生命ビル・三信

表 3-2 丸の内の事務所数（契約口数）

年	三菱社有建物	その他	計
1916	152	13	165
1921	251	139	390
1924	718	336	1,054
1928	897	571	1,468
1931	808	635	1,443
1932	838	722	1,560
1933	909	655	1,564
1934	1,069	727	1,796
1935	1,091	733	1,824
1936	1,138	771	1,909
1937	1,162	769	1,931
1938	1,172	875	2,047

注：富山房『丸ノ内今と昔』159〜160頁，三菱地所『丸の内百年の歩み』上巻359頁より．

ビル（三井の合名・信託の共設）などが次々と開業した（表3-1参照）（①35巻55・169・300・421頁，⑤305頁，⑥370〜372頁，⑨117〜128頁，⑩53〜59頁）．

　以上のような昭和初期の貸ビル急増と経済恐慌に挟撃され，三菱地所部でも空室の急増と賃料の値下げに悩まざるをえなくなった．まず丸の内の事務所数の動きをみると（表3-2），契約口数の合計で1916（大正5）年の165から21年には2.4倍の390，関東大震災後の24年にはさらに2.7倍の1054に急増，28年にはさらに39％増の1468を示した．その後は不明だが，昭和恐慌期の31年には1443に微減し，回復したのは翌32年以後である．このうち三菱社有の建物では，28年に897のピークに達したあと，31年には808に低減，32年から上昇に転じ，33年以後に回復している．他方，昭和初期に新ビルが増えたその他の貸事務所では，24年の336から32年には倍増以上の722に達したあと，33年に655の最低を示し，34年以後に回復している．

　次に丸の内における三菱合資貸事務所の空室率（貸付可能坪数に対する空室坪率の比率）をみると（表3-3），まず丸ビルでは1927（昭和2）年上期の12％から漸増して28年末17.3％，30年25.8％（空室約3500坪）・31年31.4％（同約4300坪）・32年33.2％（4531坪）に急増した．満州・上海事変を契機にした軍需景気とともに，33年25.8％・34年20.9％に減小しはじめ，35年には27年上期以下の11.2％，36年5.6％，37年2.5％に急減している．他方，丸ビルを除いた直営貸事務所（三菱地所部の管理人が常駐）では空室率もやや低いが，判明した29年末の18.8％から31年に最大の

第3章 昭和初期恐慌と三菱の不動産業

表3-3 三菱合資貸事務所の空室率・契約数

(単位:%, 口)

年　次	丸ノ内ビルヂング		その他			
	空室率	契約口数	直営	非直営	平均	契約口数
1927年上期	12.0					
下期	13.1	416 (342)				299
1928年上期	16.4					
下期	17.3	(374)				362
1929年上期	17.4					
下期	19.5	(318)	18.8	2.7	10.0	389
1930年	25.8		22.8	9.7	15.6	370
1931年	31.4		23.4	12.2	22.2	
1932年	33.2	313	21.9	10.7	21.8	400
1933年	25.8	329	17.3	14.3	19.2	431
1934年	20.9	390	6.8	12.0	13.6	489
1935年	11.2	429	3.0	6.9	7.3	509
1936年	5.6	440	0.2	0.7	2.3	537
1937年	2.5	420	0.0	0.2	0.1	534

注:空室率は貸付可能坪数に対する空室坪数の比率.( )内は契約人数.直営は三菱合資社有建物で地所部所属の管理人が常駐している建物.非直営は三菱合資社有だが,管理人が常駐せず,貸借人共同管理の建物.『三菱社誌』各年末の「地所部営業概況」「建物貸付調」から作成.原資料から作成したため『丸の内百年のあゆみ―三菱地所社史』上巻355頁の表の数字と一致しない年がある.また資料が異なるため,表3-2の契約口数と合致しない.

23.4%を示し,32年から減小に転じて34年6.8%・35年3%,36年にはほとんど満室に変わった.これらは丸ビルにくらべて立地条件などは劣るが,貸料がより安いことが要因であろう.とくに明治期の2~3階建て赤煉瓦を中心とした非直営事務所(三菱地所部の常駐管理人がいなく,賃借人の共同管理)は賃料がさらに安いなどのため,空室率はより低かった.すなわち金融恐慌下の29年末でも2.7%,昭和恐慌とともに30年9.7%・31年12.2%(32年は10.7%に低下),33年は最高の14.3%を数えて翌年から低下,35年6.9%,36年から1%以下の状態になっている.

また契約口数も,丸ビルでは1927年末の416口(342名,29年末には318名に減)から32年に313口と約3/4に減小,33年から増加しはじめ,35年には429口で27年をこえている.また丸ビル以外の三菱貸事務所は,

表3-4 三菱合資貸事務所の契約賃料表

(単位:円,銭)

年 次		最 高	最 低	平 均
1927年		16.52 (12.75)	4.28 (3.11)	7.57 (7.40)
1928年		16.— (12.11)	3.93 (3.53)	8.23 (7.94)
1929年		16.— (11.64)	3.99 (3.16)	7.98 (7.55)
1930年		(9.66)	(3.16)	(6.80)
	丸ビル	その他直営	非直営	全平均
1930年	11.80	10.42	5.93	〈7.18〉
1931年	10.32	9.40	5.37	
1932年	9.19	8.66	4.52	6.96
1933年	8.98	7.67	4.41	6.85
1934年	9.15	7.46	4.38	6.88
1935年	8.91	7.49	4.42	6.85
1936年	9.—	7.51	4.49	6.91
1937年	9.24	7.64	4.72	7.05
1938年	9.69	8.02	4.85	

注:銭未満は切り捨て.賃料は事務室・地下室・店舗(丸ビルのみ)の毎月・坪あたりの平均.1927〜30年の最高・最低などは丸ビルを除き,( )内は実収賃料.その他直営は丸ビルを除き,非直営とも表3-3の注を参照.〈 〉内は丸ビルを除く賃料平均.『三菱社誌』各年末の「地所部営業概況」「建物貸付調」より作成.

27年末の299口から八重洲ビルなどの新・改築で28年362口,29年389口に急増したが,30年には370口に減小した.しかし32〜34年は400口台,35年からは500口台に上昇している.

(3) 賃貸料の値下げ

以上の空室率の増減は,坪あたりの月賃料にも影響を与えた.1924(大正13)年には丸ビル以外の直営館で最高12円・最低3円41銭(平均5円90銭)・新規10円内外,非直営館で8〜9円,貸付満期には50%値上げであった(①33巻6974頁).このため27年の契約賃料は最高(仲28号館1階)16円52銭・最低(仲4号館7号)4円28銭・平均7円57銭に上昇していたが(表3-4),金融恐慌などの影響で実収賃料は最高12円75銭・最低3円

第3章　昭和初期恐慌と三菱の不動産業

11銭・平均7円40銭にとどまった．そして借室申し込みも10坪台以下の小口が主力で，新規貸付料も低下傾向となり，満期更新も最高20％から最低2％の値上げで大多数は据え置き状態であった．この動きは28年以降もつづき，八重洲ビルなどの新・改・増築で最低・平均賃料は微増した年があるが，賃上げはむずかしくなった．とくに29年からは新規申し込みと解約が激増し，賃料を5〜10％値下げしたが，未収入率は3.5％（30年は2.5％）に達した．

なお三菱合資が直接管理する三菱本館では，入居する分系諸会社に対して家賃を分担させており，坪あたりの月賃料は1928（昭和3）年10月に事務室6円66銭・地下室2円22銭に改訂している（①35巻152頁）．同年における丸ビル以外の地所部管理の平均賃料が，契約で最高16円・最低3円93銭・平均8円23銭であるから，三菱本館という自社ビルにおける身内賃料が，一般より大幅に格安なことがわかる．

またこの期における丸ビルの賃料は不明であるが，不況の他の貸ビルの増加にもかかわらず，当初は同ビルの打撃は少なかったという．しかし1927年の金融恐慌の結果，賃料の延滞者が発生したが，督促に努め，やむをえない2〜3口は支払いを翌年に繰り越している．翌28年になると丸ビルも相当の影響をうけるようになり，賃料の値上げは「非常ニ困難」で延滞者もふえ，「信用確実」なる者以外に新規貸付を行わず，従来からの貸室人にも「信用調査」を試みて「整理ヲ断行」している．さらに29年からは他の貸ビル増加で大きな影響をうけ，ついに長期貸室人の更新賃料を値下げしたほか，延滞者が相当に増加してきたので30年には預り中の敷金などを充当させる例が現れた（①35巻56・168・300・421頁）．

なお1930（昭和5）年からは丸ビルの平均契約賃料が判明し，同年の11円80銭から年々低落して35年に8円91銭（ただし34年は9円15銭）と5年間に24.5％減の下値となり，ようやく36年以後に上昇しはじめている．また丸ビル以外の直営館でも，30年の10円42銭から34年の7円46銭まで28.4％の減少，非直営館では30年の5円93銭から34年の4円38銭ま

で26.1%の低落を示し，いずれも35年から回復へむかった．この動きは，とくに30年からの昭和恐慌と貸ビル増加にともなう賃料相場の低落にともない，「借室者ノ争奪……法外ナル値下」（31年「地所部営業概況」）げが一般化したので，「転出防止策」のため大幅な賃料値下げに踏み切ったことを明示している．さらに30年には，地所部では「相当長期ノ継続賃借人ニ進ンデ敷金返還」を60口も行ったほどである（①35巻422頁，36巻561頁）．

ようやく1932（昭和7）年末ごろからの軍需景気によって事態が好転しはじめたが，当初は貸ビル過剰がすぐには解消されず，三菱でも「大口借室人ハ従来ト異ナリ，各ビルノ賃料相場ヲ比較研究シ，値下ヲ要求」する例もおこり，高額な賃料は「適当ノ値下其他ノ方法」によって転出を防止したほどである．33年からは新規の借室希望者もふえたが，賃料は前年と同額に据えおき，契約中でとくに高額な者には更新時に減額さえ行ない，新規相場に平準化させた．賃料の抑制は35年までつづき，32～36年における三菱地所部の賃料全平均は6円85銭～96銭を停滞し，7円をこえるのは37年からである（『三菱社誌』の各年末「地所部（課）営業概況」参照）．

2　三菱合資の土地整理と不況対策

(1)　土地整理と丸の内貸地

第1次世界大戦後の戦後恐慌（1920（大正9）年4月）を契機に，三菱合資会社では収益率の低い貸地・貸家を売却し，不動産経営の主力を丸の内地区の貸事務所と設計監督の業務に集中しはじめた．すでに20年2月から東京府下向島で貸地の処分を行い（翌年中には80％ほど整理，月賦売却を含む），21～22年から深川・京橋地区や大阪・神戸で分系会社の三菱倉庫・三菱銀行などへの貸地も売却した．とくに21年4月の借地法・借家法の公布で借地権や借家権が強化され，また翌22年4月の借地借家調停法にもとづいて大正デモクラシーを背景にした住宅問題や借家人組合運動などが高揚しはじめた．三菱合資ではこれに対処して，23年から神田区三崎町・芝区愛

宕町・京橋区越前堀，25年からは麹町区内幸町の土地処分を実施している．さらに26年3月の土地賃貸価格調査法の公布なども加わり，借地権が高騰して小面積の売却交渉が難航した例が増えたので，三菱合資では整理を進めるために賃貸人以外でも希望者があれば一括して大量売却する方法を採用さえした．

このほか三菱合資では，1928（昭和3）年に丸の内の貸地さえ売却処分を大量に実施している．すなわち同年5月には永楽町2-1-4の宅地710坪余（ほかに道路敷42坪余）を住友合資会社へ分譲したのをはじめ，7月には明治生命へ宅地1363坪余（八重洲1-1-9，ほか道路敷1坪余），三菱銀行へ宅地1198坪余（八重洲2-3-5，ほか道路敷522坪余）を売却した．さらに同28年8月には大倉組へ宅地1040坪（八重洲2-3-7，ほか道路敷101坪余），東京海上火災へ宅地2953坪余（永楽町1-1，ほか道路敷124坪余）を譲渡しており，28年中に以上5件で宅地7365坪余・道路敷793坪余に及ぶ（①35巻169～170頁）．三菱合資の分系・関係会社のほか，貸地期間の長かった住友合資や大倉組にも社有地を買却しており，それぞれの本社ビルの建設用地として，他社資本による丸の内地区の補強を図ったといえる．同時に，三菱合資は土地処分の利益を投資（28年12月に三菱銀行・鉱業の増資と株式公開）や融通資金に転用したことを推察できる．

これらの結果，丸の内地区における三菱合資の貸地（各年末現在）は，1年以上の長期では1927年の32口2万4417坪から28・29年には25口1万8301坪に急減した．とくに借地法（21年4月公布）の規定で契約期間が20年から30年に延長された上に，借地権保護が強まったなどの結果，三菱合資では長期貸地を制限しはじめたようで，判明した30～36年には24口1万7693坪余に固定してしまった．他方，材料置場や仮営業所（新築時の臨時バラックなど）に使用する1年未満契約の短期貸地は，27年に20口9594坪を示したが，これも三菱合資の自用地増加などで減少しはじめ，28年に14口9197坪，29年は12口8044坪になった．30年には8890坪（14口）に回復したが，以後は漸落傾向で，31年7130坪（16口）・32年6349坪（17

表3-5 三菱合資地所部の地所建物収支表

(単位：円，未満切り捨て)

地域別	1927年	1928年	1929年	1930年	1931年
深川区	1,170	822	5,779	△7,205	868
芝区	24,707 (512)	1,950 (512)	615 (512)	△1,779 (512)	△1,011 (512)
神田区	26,450	17,768	△2,345	△4,506	△2,302
麴町区	3,424,821 (535,366)	3,534,616 (576,516)	3,350,092 (582,488)	3,160,275 (592,471)	2,771,668 (591,793)
京橋区	12,761	23,017	34,340	29,348	13,218
向島	85	37	25	△3,944	△797
大阪・神戸・小樽・室蘭	3,309	6,144	11,192	9,687	7,487
北京・漢口	11,094 (8,659)	8,183 (8,659)	13,029 (8,659)	7,206 (3,774)	3,372 (1,334)
合計	3,504,397 (544,537)	3,592,537 (585,687)	3,412,727 (591,659)	3,189,082 (596,757)	2,792,503 (593,639)

注：地所建物の地域別の収入から支出を除いた額，( ) 内は建物の普通減価償却費で内数．△印は赤字．『三菱社誌』の各年末「地所部損益勘定明細表」より集計．

口）・33年5906坪（15口）・34年4657坪（13口）・35年4268坪（17口）を数え，36年には3904坪（18口）にとどまり，1口あたりの面積も小型化した．また貸地の賃料も，当初は契約更新ごとに値上げをしていたが，30年の昭和恐慌時には満期の場合でも据え置きとした．しかし不況にともない賃料の引き下げ要望が増大してきたが，三菱合資では減額拒否の方針をつらぬき，31〜33年には据え置きが続いた．以後は不明であるが，32年末ごろからの軍需景気にともなって据え置きも変更されたであろう（①各年末「地所部（課）営業概況」参照）．

なお三菱合資による土地整理の動きを，その不動産経営を担当した地所部（1932年4月から地所課）の地所建物収支（地域別の収入から支出を差し引いた額，不動産の売却分は除く）からうかがってみよう（表3-5）．

土地処分にともなう収入の変動や貸事務所の増減，とくに1927（昭和2）年からの金融恐慌と30年からの昭和恐慌の影響で，変動がはげしい．それでも，土地整理の進んだ地域では，29年から神田区，30年から深川区（31年は黒字）・芝区・向島がそれぞれ赤字になっている．東京地方では，麴町区（丸の内の貸事務所街）と京橋区（越前堀の倉庫・事務所用地）のみが黒

字であり,とくに丸の内地区が収益の大半を占めている(それでも28年を頂上に収益は減少傾向).また三菱合資では貸事務所などの建物について,厳格な減価償却を行っていることが特徴であり,この動きは経済恐慌期でも変わっていない.

(2) 社有土地の動き

次に,地所部管理の不動産面積(ただし月賦売却中で,移転登記未了分を含む)の異動をみてみよう.まず土地では(表3-6),1929(昭和4)年末に合計10万5268坪,丸の内が最大の5万5801坪,室蘭の2万4533坪,京橋区7726坪,神戸・西宮の計5958坪,神田区4005坪,大阪2985坪でつづき,他は1000坪以下である.このうち貸地が5万5060坪で合計の52.3%,社用地2万126坪(19.1%),道路敷6517坪(丸の内6119坪,京橋区398坪で6.2%),空地2万3564坪(丸の内5982坪,芝区470坪,向島550坪,神戸・西宮106坪,室蘭1万6454坪で22.4%)である.このうち貸地(ただし月賦支払中の売却地は移転未登記のために含まれる)では,丸の内が最大の2万6345坪を占め,室蘭8078坪・京橋区7293坪・神戸と西宮5852坪・神田区4005坪がつづき,大阪と内幸町は1000坪台,芝区・深川区・向島は1000坪以下に減少している.また社用地でも,丸の内が最大の1万7352坪(社有貸事務所の建設地など),大阪1032坪,北京779坪などである.

このほか表示されていないが,三菱合資所有で総務課が管理する不動産があり,1932(昭和7)年末で神田区駿河台・淡路町(社長旧邸跡地,24年三菱合資へ,36年大日本体育協会へ売却,現在は日立製作所本社地)の宅地2597坪(2筆,以下は坪未満は切りすて),神奈川県足柄下郡片浦村根府川(27年ごろ入手,33年片浦村に譲渡)で宅地1968坪(2筆)・畑3反7畝(2筆)・山林1畝17歩(1筆),福岡県遠賀郡折尾町(黒崎町とも17年から工場用地のため買収)で田41町7畝17歩(41筆)・原野9畝(1筆),八幡市黒崎町で田49町7反5畝11歩(399筆)・畑7町2反5畝3歩(150筆)・山林3町7反2畝17歩(26筆)・原野51町9反2畝13歩(104筆)・

表 3-6　三菱合資会社の社有土地表

(単位：坪，未満は切り捨て)

所在地	1929 年末			1936 年末	
	貸地	社用地	その他とも計	筆数	面積
麹町区丸の内（大手町・有楽町）	26,345	17,352	55,801	47	53,285
麹町区内幸町	1,216	—	1,216	—	—
京橋区越前堀	7,293	34	7,726	13	3,549
芝区愛宕町（田村町）	106	124	701	4	478
神田区三崎町	4,005	—	4,005	13	1,750
深川区松賀町（佐賀町）	108	—	108	1	108
府下向島	100	301	952	—	—
日本橋本石町	—	—	—	1	65
大阪市（西区西長堀）	1,953	1,032	2,985	2	324
神戸市（神戸区・林田区）	5,852		5,958	4	3,011
西宮市（西波止町）				1	2,946
室蘭市祝津町	8,078	—	24,533	2	24,533
八幡市黒崎町				628	388,282
福岡県折尾町				389	152,084
朝鮮・咸鏡北道城津郡				126	97,963
朝鮮・咸鏡北道清津府				162	359,422
朝鮮・咸鏡南道富寧郡				74	88,546
中国・北京	—	779	779	1	779
中国・漢口	—	499	499	1	499
満州・新京	—	—	—	18	(7,640)
合計	55,060	20,126	105,268	1,487	1,177,632 (7,640)

注：所在地の（　）内は 1936 年の新町名など．1929 年の「その他」は道路数・空地．空欄は不明．宅地以外の地目と新京（長期借地権，25,257 m³ で外数）は坪に換算．坪未満は切り捨てのため，地区の集計と合計が一致しない．『三菱社誌』35 巻 303 頁，37 巻 1178〜9 頁より作成．

雑種地 1 町 1 畝 10 歩（6 筆）・溜池 5 町 9 反 5 畝 2 歩（10 カ所）・池沼 2 町 9 反 2 畝 20 歩（23 カ所）・墓地 11 坪（1 筆）の計 122 町 5 反 4 畝 27 歩を数える．さらに総務課には朝鮮で 1918（大正 7）年から三菱製鉄の用地として買収し，小作や倉庫・学校・水道用地などに貸出中の土地がある．これらは咸鏡北道城津郡鶴南面に田 5 万 3911 坪（53 筆）・水田 3 万 189 坪（47 筆）・垈 5539 坪（25 筆）・林野 8324 坪（3 筆）の計 9 万 7963 坪（35 年 3 月には 8 万 2475 坪・買収原価 3 万 3472 円余），同道清津府浦項洞で田 24 万 1519 坪（100 筆）・垈 3183 坪（4 筆）・林野 1 万 5829 坪（13 筆）の計 26 万 531 坪

(35年には水南洞を含め35万5283坪・買収原価13万6736円),咸鏡南道富寧郡連川面・青岩面で田19万916坪(89筆)・垈5084坪(23筆)・林野1万8271坪(4筆)・雑種地1483坪(1筆)・墳墓400坪(1筆)の計21万6154坪(35年には連川面で8万8546坪・買収原価4万1427円)である(①35巻27頁, 36巻99・690~691・922頁, 37巻1004~1005・1121頁)。これらの結果,地所部管理とは別に,三菱合資の総務課担当分は32年現在で合計して宅地4565坪,田・畑・山林・原野など164町1反1歩,さらに朝鮮で田・畑・林野など換算57万4648坪(35年52万6304坪)に達している.

次に,その後も三菱合資の土地整理が進み,三菱地所会社が独立する前年の1936(昭和11)年末には(地所課のほかに総務課の管理地も含まれている),宅地では賦払い中の整理地を含むが,丸の内5万3285坪(29年にくらべて2516坪減)・室蘭2万4533坪(うち埋立地1筆2万4396坪・雑種地1筆137坪,増減なし)のほか,京橋区3549坪(うち道路敷5筆398坪,4177坪の減)・神戸3011坪(うち山林1筆106坪,変化なし)・西宮2946坪(増減なし)・神田区1750坪(2255坪の減)とつづき,芝区478坪(223坪の減)・大阪324坪(2661坪の減)・深川区108坪(変化なし)で,新しく日本橋本石町65坪(33年に東京市に貸付中の社有道路敷地と東京市からの借用地を交換)が加わり,内幸町(30年に全地整理)と向島(34年に残地売却)は皆無となり,東京・大阪両市での処分面積の大きいことがわかる(①35巻420頁, 36巻794・892頁など参照).

このほか,田・畑・山林・原野などを含め,八幡市黒崎町で627筆129町4反14歩(32年より6町8反5畝17歩の増加)と宅地1筆68坪余(累計38万8282坪,翌37年に日本化成工業—後の三菱化成に売却),隣接の福岡県折尾町で387筆50町5反3畝16歩(同9町3反6畝29歩の増加)と宅地2筆478坪(累計15万2084坪, 37年に日本化成工業に譲渡)を所有した.また朝鮮でも田・畑・林野などを,咸鏡北道城津郡で累計9万7963坪(32年と同量, 35年より1万5488坪の増加),同道清津府で35万9422坪(32年より9万8891坪の増加),咸鏡南道富寧郡で8万8546坪(32年より

12万7608坪の減), 合計54万5931坪を三菱製鉄会社の用地として所有していたが, 同社が34年に日本製鉄に吸収合併され, 翌35年に解散したため, 同社の業務を引き継いだ三菱鉱業へ37年8月に譲渡している (①37巻1291・1313~14頁).

さらに中国では, ひきつづき宅地を北京で779坪, 漢口で499坪を保有したほか, 33年以降に新たに新京で長期借地権7640坪 (2万5257m²) を入手し, 新植民地への進出を強めた. 以上の結果, 三菱合資の36年末の社有地は合計117万7632坪 (ほかに長期借地権7640坪) を数えた.

(3) 社有建物と恐慌・社制改革

他方, 三菱合資の業務用建物では (表3-7), 1929 (昭和4) 年末に合計84棟延べ4万5776坪 (建て1万2398坪) を所有している. このうち丸の内に43棟4万3529坪 (合計の95%, 建て坪1万1074坪, 貸付3万7824坪・社用786坪・空室4917坪) が集中しており, さらに社用の材料置場 (ビル・事務所の建築用) 7棟420坪 (建て400坪) も加わっている. このほか東京で芝区43坪・京橋区8坪 (いずれも管理所などの社用家屋), 大阪

表3-7 三菱合資会社の社有建物表

(単位:坪, 未満は切り捨て)

所在地	1929年末						1936年末		
	棟数	建て坪	貸付	社用	空室	延べ坪計	棟数	建て坪	延べ坪
麹町区丸の内 (大手町・有楽町)	43	11,074	37,824	786	4,917	43,529	44	11,043	58,044
麹町区材料置場	7	400	—	420	—	420	—	—	—
京橋区越前堀	1	8	—	8	—	8	—	—	—
芝区愛宕町 (田村町)	3	43	—	43	—	43	1	43	43
大阪市	3	101	—	15	113	128	—	—	—
朝鮮咸鏡南道富寧郡							1	24	24
中国, 北京	25	343	432	—	—	432	24	340	429
中国, 漢口	2	426	1,214	—	—	1,214	1	426	1,214
満州, 新京	—	—	—	—	—	—	21	2,551	8,634
合計	84	12,398	39,471	1,273	5,031	45,776	92	14,429	68,390

注:所在地の ( ) 内は1936年の変更町名など. 空欄は不明. 坪未満切り捨てのため, 各地の面積累計と合計は一致しない.『社誌』35巻304頁, 37巻1178~9頁より.

第3章　昭和初期恐慌と三菱の不動産業

で128坪（建て101坪，西区西長堀の岩崎家旧邸跡で社用15坪・空室113坪）を数えた．このほか，中国では貸付用として北京東端に25棟432坪（建て343坪），漢口長江ぞいに2棟1214坪（建て426坪）を保有していた．また表示されていないが，18年以後に三菱合資の総務課が管理した朝鮮の咸鏡南道富寧郡連川面倉平洞の三菱製鉄用地には，35年3月現在で朝鮮風木造平屋建て1棟24.8坪（買入価格1300円，家賃月5円60銭）の社有家屋があった（①36巻1004～5頁）．

次に7年後の1936（昭和11）年末になると，社有建物の合計は92棟延べ6万8390坪（建て1万4429坪）に増えている．とくに丸の内では貸事務所の新改築で5万8044坪（合計の85％，29年末にくらべ1万4515坪の増加）を数え，新植民地満州の新京では貸ビル・住宅用の21棟8634坪（建て2551坪）が新設された．他方，芝区や朝鮮咸鏡南道・北京（3坪の減少）・漢口の社有建物は変化なく，丸の内の材料置場と32年4月に地所課の越前堀管理所が閉鎖された京橋区，34年に処分した大阪では，社有建物がなくなっている（①36巻686頁）．

ところで，三菱合資と地所部の事業中枢地である丸の内地区では，関東大震災後の帝都復興の一環として1928（昭和3）年7月に東京市会で町界町名地番整理が議決され，翌4年4月から麴町区でも実施された．丸の内では，これまでの道三・銭瓶・永楽・八重洲町にかわって，新しく大手町1～2丁目・丸ノ内1～3丁目（丸ノ内のみのオフィスビルは木造なしの64棟，尽間人口2万7500余人）・有楽町1～2丁目に改め，初めて正式な丸ノ内という町名が生れた．これにともない，三菱合資で使用していた東・仲・西何号地という区画制度も廃止したが，事務所の館名は旧来のままとしている（⑤309～312頁，⑨123頁参照）．

他方，東京駅を中心とした山手・中央・総武線などの省線電車・鉄道も整備され，市電・地下鉄・バス・タクシーの発達や郊外の私鉄・住宅の開発が加わり，通勤サラリーマン族が出現しはじめ，1930年には東京で通勤ラッシュも始まったほどである．とくに都心に位置したビジネスセンター丸の内

地区の重要度は高まり，1927年の金融恐慌後の不況感を吹きとばす勢いで，29年には中山晋平作曲・西條八十作詞の『東京行進曲』(「恋の丸ビルあの窓あたり，泣いて文かく人もある」)が大ヒットした．そして菊地寛の原作は日活が映画化し，この主題歌を日本ビクターが発売，4カ月で10万枚(後に25万枚，当時は3000枚売れれば採算がとれたという)を売りつくし，これを歌った佐藤千夜子は流行歌手の第1号といわれた．このほか，世界1周のため同29年8月に日本を訪れたドイツの飛行船ツェッペリン伯号が，東京上空とくに丸ビル上空を飛来している(⑤ 325〜328・344 頁参照).

なお1929(昭和4)年7月に田中義一内閣が中国東北部の張作霖爆殺事件などで辞職したあと，民政党の浜口雄幸内閣(蔵相は三井合名理事の井上準之助)は緊縮財政と金輸出解禁の新政策を発表した．折悪しく同29年10月のニューヨーク株式市場の大暴落を契機に世界大恐慌が始まり，翌30年元旦の日本の金輸出解禁(時価より円高な相場)によって物価の大暴落と輸出の大減退や企業の操業短縮・倒産・休業が加わり，これまで経験したことのない昭和恐慌に突入した．このため，たとえば大学卒業生も就職難となり，30年の東大卒でも約70%が失業し，小津安次郎監督の映画「大学は出たけれど」が上映されたほどである(以下を含め，⑤ 354〜358 頁，⑳ 298〜300 頁参照).

また1930年4月にはロンドン海軍軍縮条約が調印されて軍需が減退する上に，翌31年には東北・北海道地方が大冷害で農業恐慌も併発し，不況はさらに深化した．たとえば，当時はエリートであった大学生(計約7万人)の32年度の卒業生累計2万182人のうち就職率は35%(33年度40%)にとどまり，一般の失業者(各年末)も29年の31万5269人(失業率4.54%)から，30年36万2050人(同5.25%)・31年47万736人(6.68%)・32年46万3403人(6.38%)に上昇し，33年にようやく37万8921人(5.11%)へ下降している．

こういった動きの中で，1930年10月のロンドン軍縮条約の批准に反対した一部の右翼勢力が昭和維新を唱えはじめ，同年9月には陸軍の青年将校の

中から桜会がら結成され，11月には東京駅で浜口雄幸首相が狙撃され（翌31年8月歿），翌31年1月には井上日昭が血盟団を組織するなど，国家主義的な運動も広がってきた．他方，政府は緊縮財政と国際協調外交を続けるとともに，30年6月に商工省に臨時産業合理局を設けて合理化と合同を奨励（33年に製紙・ビール合同，34年に日本製鉄への大合同が実現）したほか，翌31年4月には重要産業統制法・工業組合法を公布してカルテル結成を援助するなど，政府主導による経済統制と産業合理化の動きも進んだのである．

なお世界恐慌下の米国では，1931年5月にニューヨークのエンパイア・ステートビル（381m）が完成し，本格的な超高層建築（摩天楼）時代に入り，日本の建築・不動産業界にも大きな刺激を与えた．しかし日本では耐震構造の違いや19年4月公布の市街地建築物法などで，ビルなどの高さは33m（100尺）に制限されていたなどの結果，超高層ビルの普及は敗戦後の1960年代に持ちこされている．また丸の内地区では，同じ31年の10月に隣接する日比谷交差点東南部の三信ビル（三井合名・信託の共有で30年に竣工）の中にこの周辺最初のデパートである美松が誕生したが，昭和恐慌による経営不振がつづき，間もなく閉店に追いこまれてしまった．

以上のような経済不況は三菱にも及び，とくに軍需色が強いといわれる三菱系各社の中には業績の悪化に苦しむ企業が増え，1931年には三菱の合資および分系各社は昇給の停止を実施せざるをえなかった（同年かぎり）．しかし同31年9月の満州事変を契機にやがて軍需景気がおこり，とくに同年12月の犬養毅政友会内閣の高橋是清蔵相による金輸出の再禁止は円為替の暴落によって輸出の急増を招いた．以上の変動期に対応して，三菱合資では31年12月に職制の大改革を行い，新しく社長室を設けて執行部とし（従来の理事会は決議機関化），財務と人事は各直系会社の所管に移すことにした．そして翌32年3月には人事・資料（26年10月の査業課廃止後に新設，32年7月に新設の三菱経済研究所へ継承）2課を廃止し，これまで三菱合資が分系各社の幹部職員を一括採用していたものを各社ごとに分担させた．また同

32年7月には,これまで三菱合資が分系各社の資金調達を統合していたのを,各社が独立して責任をもつことに改めた.以上は,長びく不況にもかかわらず,三菱では新規産業や他企業の吸収・下請・系列化を行い,財閥の規模が拡大したことと,三菱鉱業・信託・銀行の一部株式公開と三菱電機・石油の米国資本導入などに対応し,財閥本社としての三菱合資の統括権の近代化を図ったものである(①36巻647頁,⑤358頁,⑳280～284・298～307頁参照).

ところで1931(昭和6)年12月の三菱合資の職制改正について,社長岩崎小弥太は29「年末病気療養中ノ処漸ク快癒ニ赴キ出社到候得共尚暫ク攝生ヲ要シ候ニ付社業ノ重要ナル事項ノ決裁ニ際シ輔翼機関トシテ当分ノ間本社職制ニ社長室ヲ置」(①36巻555頁)くとの社長通告を出している.これまで三菱全企業の陣頭指揮に当ってきた小弥太社長は,第1次世界大戦中から彼が主導してきた査業部(課)による海外進出も,その後の経済変動にもまれて大部分が失敗に終わった.さらに日本の労働運動や社会主義の思想の進展や平和協調主義と軍事侵略主義の対立などで,小弥太社長の英国仕込み(ケンブリッジ大留学)の理想主義と国家主義も,はじめて混迷と蹉跌に見舞われ,さすがに大正末期ごろには心身の疲労が潜行したようである(以下をも含め,④b81～99・325～328頁,⑳294～295・303頁参照).

とくに小弥太社長の従兄で彼が尊敬して止まなかった加藤高明(三菱初代社長岩崎弥太郎の女婿,なお国際協調の外相幣原喜重郎も同じく女婿で,加藤の義弟.三井と政友会,三菱と憲政会・民政党の相関がいわれた理由がある)が,首相在任中の1926(大正15)年1月に歿したことは,小弥太の失意を深め,さすがの彼も神経症を患うようになったという.すでに28年の2～4月に小弥太は修善寺・箱根・京都の別邸に静養し,一時は小康を得たが,翌29年3月に最愛の母早苗子(2代三菱会社社長岩崎弥之助夫人,後藤象二郎の長女)を失った.小弥太は父親似より,象二郎の豪放さを継いだ母親譲りの性格が強いといわれたから,その死による打撃は深かったであろう.ひどい不眠症にかかって,会社の業務からも遠ざかるようになり,同

29年5月以降には京都や箱根に静養することが多く，ついに30年4月から は神経症のため療養生活に入っている．

この間，三菱合資の運営は，木村久寿弥太総理事をはじめとする理事による集団指導体制が固まり，創業以来の三菱の社長独裁制は一時後退したのである．その後，小弥太社長には，さらに1930（昭和5）年10月に1人だけの弟俊弥（49歳，旭硝子会社の創立者）が，翌31年11月には残った姉繁子（松方正作（正義の次男）夫人）と，肉身の死亡が続いた．しかし小弥太はさすがに立ちなおり，ようやく快方に向かい，31年12月には三菱合資に出社し，「尚暫ク攝生ヲ要」するが会社職制を改正してまず三菱財閥の最高機関である社長室を新設したほか，前記の近代的な諸改革を実施したのである．

3 軍需景気と三菱の不動産業

(1) 軍需景気と満洲進出

1930（昭和5）年からの昭和恐慌は昭和初期以来の丸の内地区内外におけるビル過剰と相まって，三菱地所部の貸事務所経営にも強い制約を与えた．このため31～33年には，三菱による丸の内の貸事務所の新・改築は中絶せざるをえなかった（表3-1参照）．そして28～29年の八重洲ビル・丸ノ内ガラージビル・東7号館別館の新築にともない，30年6月に地所部の資金（会社の資本金にあたる）は870万円（22年4月より）から1600万円に増額されたが，恐慌にともなう業績悪化などに対処して三菱合資は31年12月に社制を大改革し，翌32年4月からの組織簡素化の一環として地所部はふたたび地所課に改組された．

そして空室の増加していた丸ビルの充実策の一案に，1932年10月から全国地方物産の東京進出と地域産業の振興をはかるため，商店街の空室に地方物産陳列所を計画，翌33年4月に1階北側約52坪に開設した．参加希望府県が予想外に多いため，7月にさらに第2陳列所を増設（約32坪）したほ

どである．その後も参加申し込みが続いた結果，35年10月に新しく丸ビル2階北側広間201坪余に拡張移転し，同年末には北海道ほか25府県を数えたが，同所による地方物産の陳列と販売は大好評であったという（①36巻766頁，37巻1029頁，⑤362頁）．

ところで1927（昭和2）年の金融恐慌や30年からの昭和恐慌への対策として，日本の支配者の中には当時内戦に陥っていた中国への侵略を軸に景気回復や国力拡大をはかる動きがあった．たとえば27～28年の満洲（中国東北地方）買収計画や第1～2次山東出兵，28年の張作霖爆殺事件などが強行され，30年のロンドン海軍軍縮会議を契機に軍人の一部や民間右翼は「昭和維新」を推進しはじめた．これらの動きが爆発したのが31年9月の満洲事変であり（翌32年1月上海事変），ついに強硬派は32年3月に満洲国を建設させ，国際世論の反対と撤兵決議をけって33年3月には国際連盟を脱退し，日本は孤立化の道を歩んだ．もちろんこれらの国家主義や侵略主義に反対し，国際協調と内需拡大を唱える勢力もあったが，右翼や軍部強硬派のテロやクーデターの攻撃をうけ，32年5月の五・一五事件を契機として斎藤実（海軍大将）内閣の発足によって，18年9月の原敬内閣以来の日本の政党政治は終わりを告げ，準戦時体制への動きが強まったのである（以下を含め，⑳297～310頁参照）．

他方，昭和初期の連続した恐慌にもとづく社会不安はやがて財閥などへの批判を高めたが，1931（昭和6）年12月の犬養政友会内閣による金輸出の再禁止は円安と輸出増をまねき，海外侵略にともなう軍需景気と相まって，日本は他国に先がけて世界恐慌から脱出しはじめた．しかし31年9月のイギリスの金本位制の停止から12月の日本の金輸出禁止までの間に，いわゆるドル買い問題がおこり，とくに政友会と結びつきの深かった三井財閥への反感が急増し，翌32年2～3月に幹部であった井上準之助（前蔵相，昭和恐慌の一因である金輸出解禁を実施）と団琢磨（三井合名理事長）が相ついで暗殺された．これを契機に，三井をはじめとする財閥転向（防衛策）が行われた．

これらの動きのなかで，1932（昭和7）年3月に発足した満洲国中央銀行の紙幣発行準備金に充てるため，日本政府の斡旋によって翌4月末に三井合名と三菱合資は各1000万円ずつを朝鮮銀行を通じて満洲国政府に融資することになった（利子は当初2年間5％，その後4％，44年5月に完済）（①36巻655～9頁）．同時に満洲国は国都建設計画をたて，長春に首都新京を建設することになり，日本政府はこれへの協力を三菱に要請した．三菱合資の岩崎小弥太社長は「常に国策に協力する信條」から，地所課理事の赤星陸治に命じて新京に一大貸ビルの新築を推進することになった．翌33年8月に赤星理事と技師長藤村朗は新京計画などを視察に満洲国へ出張し，10月に地所課員が現地に赴いて新市街の中心地・大同広場の近くに国有地6380m²（1929坪余）を長期借用，地階1階・地上4階の煉瓦・鉄筋コンクリート造の貸ビル建設することになった（以下を含め，①36巻783～9頁，37巻1036～42頁，⑤369～376頁参照）．

満洲国の運営には日本の軍部や右翼が力をもち，三井・三菱などの旧財閥を批判し，軍需産業中心の新興財閥と手を結んだ．しかし後者の及ばない分野では三井・三菱の協力をあおいだのであり，三菱合資もさらに1933年には日満合弁の満洲電信電話会社へ出資したり，翌34年には満洲国政府や満鉄などが設立した満洲石油に三菱鉱業・商事が出資したほか，三菱は日満製粉や満洲大豆工業の設立にも参加した．また35年11月には，三菱の重工業・電機・商事3社が計画し，合資本社が加わった資本金300万円の満洲機器股份有限公司を設立，奉天（現，瀋陽）に工場（設計監督は三菱地所課）を設けて機械の製作と修理などを行い，将来に備えた．さらに同35年12月に設立した満洲拓殖会社（北満洲に100万町を買収，満洲移民の促進を目的，資本金1500万円，うち満洲国政府と満鉄は計1000万円出資）に対して，関東軍参謀副長板垣征四郎陸軍少将（満洲事変・満洲国建設の首謀者，後に陸相，敗戦後A級戦犯として処刑）の申し入れと拓務省からの「内交渉」によって，三菱合資は三井合名とともに各250万円ずつ同社の株式を引き受けたのである．

これらを契機に，三菱系の各社も新植民地満洲への進出を強めており，これにともなう事務所需要などにも備え，三菱合資では東京の宮城前にある丸の内地区開発の前例にならい，満洲国の首都新京の中心街における貸ビル建設に着手した．同ビルは1933年11月に大林組の請負で起工され，冬期は結氷のために35年5月に完成，直ちに満洲電業・満洲採金・満洲石油・満洲中央銀行支店・三菱商事出張所など12社に全室が貸し付けられ，坪あたり賃料は月に事務室7円内外・地下室3円内外（ほかに冬期は暖房料）であった．さらに借室の申し込みが殺到したため，同年8月から増築（延べ3357坪余，工費87万6276円，坪あたり261円の予定）することになり，翌36年12月に完成（累計5977坪余，丸ビルの約1/3）して満洲電業ほか23口が入居し，康徳会館（満洲国の元号を採用，現在は長春市の人民政府庁舎）と命名した．同ビルは新京新市街の中心地に近く，周辺に大同自治会館・国都建設省・司法部・東洋拓殖・関東軍司令部・満洲中央銀行本店・満洲電信電話会社・日本毛織・東京海上火災・大興公司などのビルや庁舎が立ちならび，東京の丸の内地区になぞらえられた（①37巻1014・1021・1047・1171頁，⑤371〜4頁を参照）．

　このビルと同時に，三菱系会社の出張員のために社宅用のアパート建設も計画され，1934年5月に長期借地権3280m²（992坪余）を入手し，直ちに煉瓦造り2階建て貸家4棟（大型4戸建2・小型8戸建1・同4戸建1，計20戸，建て270坪・延べ557坪余）の建築にかかり，10月に竣工して白山住宅と命名した．同地は新京大同広場から約200mの公園に面した優良地で，当時の住宅払底と高家賃に悩まされていた地元で渇望の的となったというが，結局は満洲国の高官や公社公団の理事，三菱関係の支店幹部などが入居して，すぐに満室となった．希望者はさらに多数であったから，翌10年6月に付近で1724坪余の長期借地権を買収し，第2期5棟（大型4戸建2・同8戸建1・小型8戸建1・同12戸建1，計36戸，ほかに付属汽缶室1，延べ1058坪余）の増築にかかり，8月の竣工と同時に全部貸付済となった．第1・2期合計56戸の家賃は，旧大型85円・旧小型65円・新大型100円・

新小型65円（暖房料は含まない）であったが，希望者が殺到したという（なお，37年5月に第2期1棟8戸のうち，2階分4戸が焼失）（以下を含め，① 36巻920頁，37巻1048・1139・1176頁，⑤375〜6頁，⑥378頁を参照）．

他方，新京の発展はいちじるしく，土地の入手がしだいに難しい情勢となってきたため，三菱合資では1936年5月に白山住宅付近に約50戸の貸家建築用地2993坪余の長期借用権（坪あたり16円前後，約4万8000円の予算）を購入した．そして翌6月から第3期の増築アパート7棟（32戸，予算25万円）を起工し，12月に完成したがたちまち満室となり，家賃は大型85〜110円・中型75円・小型65円（暖房料は別）であった．さらに残地に第4期のアパート9棟（36戸・予算23万6740円）の増築を進め，翌37年12月に竣工したのである．なおこれらの康徳会館と白山住宅は，当初は三菱地所課が運営を管理していた．

(2) 丸の内地区の再築と整備

さて1932（昭和7）年末ごろからの軍需景気とともに，三菱系各社もしだいに活況をとりもどし，これらの本店などが集中した三菱本館も人員が増加して手狭まとなってきた．このため同館にあった合資地所課は，34年4月にまだ空室の残っていた丸ビルの8階へ移転した（ただし本館係のみはこれまでどおり本館に残置）．これとともに31〜33年には貸事務所の新・改築の行なわれなかった丸の内地区にも，再築の動きがはじまった（表3-1参照）．

まず1934年7月に三菱銀行本店の増築が開始され，旧館の北側にクラシック式鉄筋鉄骨コンクリート建て地下1階・地上5階（延べ4299坪，旧館と累計6938坪余）が工費522万余円で，三菱地所課の設計監督と大林組の施工で実施された（37年3月完成）．これと同時に，同地にあった三菱倶楽部（1903年発足，14年に統合した三菱各社の親睦・体育組織）の本部と武道・弓道場を移転し，丸ノ内2-12に仲13号別館（鉄筋鉄骨コンクリート造り一部地階・地上3階，建て501坪余，工費10万余円．現，三菱電機ビルの一部）を起工，翌35年4月に完成しており，三菱本社の所有家屋として

無償で使用させた．また34年10月には丸ビルの改装に着手し，窓枠を木製からスチールサッシュに替え，外部の化粧タイルの張り仕上げ，出入口の鉄製格子と木製扉をすべてブロンズに変えるなど，一段と美観を加え，翌35年11月に完了した．このほか，丸ノ内2-80の仲10号館8号（古河鉱業が書庫などに借用）と同館9号（日本電報通信社が転出）を連結して改修し，35年4月に新しく仲10号8号として竣工（鉄筋コンクリート地下1階・地上3階，延べ440坪），アメリカン倶楽部に貸し付けられた（①36巻884・908・920・928頁，⑤394～6頁参照）．

ついで1935（昭和10）年9月に三菱合資の本社別館（丸ノ内2-4，鉄筋鉄骨コンクリート地下1階・地上8階，建て449坪余・延べ3400坪，予算135万余円）が，地所課の設計と大林組の請負で着手された．前の本社旧館は18年4月に完成し，さらに21年8月に新館を増築したが，三菱系各社の膨張のため事務室が不足してきたため，裏空地（現，三菱重工業ビルの北半分）に別館を建てて地下道で連絡することになり，37年3月に竣工した．翌4月に前から予定された三菱商事が入居し，建物・敷地とも三菱合資から譲りうけたが，同館は敗戦後にGHQに接収され，一時アメリカ大使館もおかれた．

また丸の内への事務所が集中するにつれて，2・3階建て赤煉瓦建物の改築が進んだ．すでに1895（明治28）年竣工の第2号館などを土地1360坪とも借主の明治生命へ三菱合資が譲り，30年から旧館を取り壊した跡に，34年3月に地上8階・地下2階・延べ約1万坪の明治生命館（竹中工務店が施工）が竣工していた．これにつづいて，第6号館（仲10号館2～7号）を取り壊してその跡に仲10号館別館（丸ノ内2-8，鉄筋鉄骨コンクリート地下1階，地上7階，延べ1044坪余，工費予定40万円）を36年11月に起工した．これは借受人の古河電気工業の要請にもよったもので，翌37年12月の竣工とともに全室が同社に貸し付けられている（①37巻1021・1260・1312頁，⑤392・394・397頁）．

以上，三菱合資によるこの期の新・改築は，すべて貸付先のきまったいわ

ば注文貸事務所であったが，軍需景気などの拡大にともなう貸ビル需要の強化に対応し，1937年6月に丸ビルにつづく大ビル東京館（新丸ビル，延べ1万9104坪）の建設に着手するのである．

他方，昭和恐慌が深刻化した1931（昭和6）年以降も丸の内の貸事務所や官公庁・団体ビルなどが増加し（表3-1・2参照），貸事務所の契約口数も33年の1564（うち三菱は58％の909）から35年の1824（三菱は60％の1091），38年の2047（三菱は57％の1172）に上昇した．また隣接した有楽町では，29年に日本最大の日本劇場（4000人収容）が起工し，恐慌による資金難のために33年11月にようやく開場した．さらに関西で宝塚劇場などを経営していた小林一三が32年8月に東京に進出し，日比谷・有楽町の一帯に大娯楽街をつくる計画を実施，34年1月に東京宝塚劇場，同年2月に日比谷映画劇場（料金50銭均一の低額），翌35年6月に有楽座を開場，さらに35年末には高料金で経営難の日本劇場と37年には丸の内の帝国劇場をそれぞれ吸収合併し，小林王国を築いた．かくて丸の内内外は，会社・銀行・保険などの大企業が立地した産業中心地を加え，日比谷・有楽町の興行町，朝日・東京日日（現，毎日）・読売などの新聞街などが集中する一大繁華街に発展したわけである（⑤407～8頁，⑥374～6頁参照）．

このほか，恐慌と暗殺事件がつづいた1932年に，日本ビクターは「新小唄・丸之内音頭」（作詩西條八十・作曲中山晋平）を発表，丸ビルで揃いの浴衣を売り出して日比谷公園での盆踊り歌に活用された．折しも同年10月に東京市15区は周辺4郡を大合併して35区に拡大したが，ビクターではこの祝意をこめて歌詞を大東京にかえ，翌33年に「東京音頭」として売り出した．これは当時のすさんだ人々の心を捉え，前年末からの軍需景気と相まって爆発的ともいえる流行を生んで全国的に普及し，現在でもなお多くの盆踊りに愛唱されている（文献⑤359頁）．

以上に示された丸の内地区内外の展開は，1936（昭和11）年の1月の第2次ロンドン軍縮会議からの脱退，2月の二・二六事件を契機とした準戦時体制の確立，さらに同年8月の東京オリンピック開催決定（40年），11月の帝

国議会新議事堂の完成と日独防共協定の成立などを背景にさらに加速した。そして丸の内を含む36年5月末の麹町区における3階建以上の建物は199棟（建て約7万2000坪・延べ約35万2000坪）で東京随一，うち丸の内だけで建物51%・建坪約50%・延べ坪53%を占めていた。さらに38年末には丸の内だけで82棟（建て約3万8000坪・延べ約19万4000坪）を数え，木造の東京市役所や鉄道省旧庁舎などを加えると20万坪をこえた。うち煉瓦造は19棟のみで，他は鉄筋または鉄骨コンクリート造の近代建築であり，2階建は10棟（建て約1000坪・延べ3000坪弱）にすぎず，他は3階以上の高層ビルが主力であった。

そして1937年における丸の内の建物延べ坪数では，1万坪以上が丸ビル（1万8311坪）・東京海上ビル（1万5700坪）・鉄道省・東京中央郵便局（1万1089坪），9000坪台に明治生命館，8000坪台に日本郵船ビル，7000坪台に三菱銀行本店，6000坪台に三菱本館・東京駅，5000坪台に第一銀行本店・八重洲ビル累計11棟を数え，1000坪以上も40棟に及んだ。したがって丸ビルは，他の三越本店（1万5506坪）・帝国議事室（約1万5000坪）や大阪の大丸本店（1万2267坪）・南海ビル（約1万坪）などを抜き，当時東洋一の大建築であり，また貸ビルとして有名な東京海上ビル・明治生命館・日本郵船ビル・三信ビル・八重洲ビル・有楽ビル，大阪の大阪ビル・堂島ビル・大同生命ビルなどの2~3倍の床面積を誇った。しかも他の貸ビルが企業として点在したのにくらべ，三菱合資では丸ビルのほか八重洲ビルなどの貸事務所群を，37年末に丸の内地区に合計40棟（貸付可能3万9987坪・貸付総数954口）も所有するという圧倒的な優位を占めていた（以上，①37巻1336頁，⑨145~146頁，⑪160頁参照）。

以上のような丸の内の貸ビル・事務所の充実につれて，三菱合資社有の空地も少なくなり，建物が林立するようになった。同時に車や人々の往来も激増し，とくに東京駅前は鉄道の乗降客や自動車・市電・バスなどが混雑をきわめ，歩行が危険な例が多くなった。対策として三菱地所部では，1929（昭和4）年9月に東京駅乗車口（現，丸の内南口）と丸ビルの間に地下道新設

第3章　昭和初期恐慌と三菱の不動産業　　　　　　　　121

の請願を行ったが，敷地の所有が鉄道省・東京市・三菱の3者にまたがって調整が困難などの結果，翌30年1月に取り消しされた．しかしその後も交通量は増加し，35年7月にふたたび出願し，ようやく36年12月に許可となり，37年2月に起工された．そして同37年12月末に鉄筋コンクリート造の長さ55間（約100m）・幅4間（約7.3m）・高さ8尺（2.4m余）の地下道が完成し，工費（予算32万円，精算43万1100円）は三菱合資が支出，また三菱の土地所有権も無償で鉄道省に譲渡された．他方，東京駅降車口（現，丸の内北口）と鉄道省を結ぶ地下道工事も同時に施工され，翌38年2月に長さ150m・幅6m・高さ3mで竣工し，工費は東京市と鉄道省の折半であった（①35巻286頁，37巻1020・1322頁，⑤405〜7頁）．

(3) 不動産業界の組織化

ところで1927（昭和2）年3月の金融恐慌以後，各金融機関がかかえた不動産抵当債権は28年末に全国合計で57億8436万余円の巨額に達し，うち日本勧業銀行5億5002万余円・各府県農工銀行5億5833万余円・北海道拓殖銀行8709万余円（以上の不動産業金融機関で合計20.67%），他の金融機関が残りの約80%を占め，これら「不良債権」の処理が緊急の課題であった．このため勧業銀行・日本興行銀行などの提唱で28年7月に日本不動産協会を設立，日本・東京府農工・北海道拓殖・台湾・朝鮮・昭和（27年10月に設立，休業諸銀行の業務継承，本店東京，資本金1000万円，44年8月安田銀行に合併）の各特殊銀行のほか，三井・三菱・共済（現，安田）・住友の信託会社や第一生命・東京海上火災・東京建物・復興建築助成会社などが加わり，不動産業取引所と不動産業抵当証券の発行などを討議した．この計画はニューヨークの不動産協会の取引所などを参考にしたものであり，政府への働きかけなどの結果，31年3月に抵当証券法が公布された．しかし肝心の不動産業取引所については，不動産の回収や仲介手数料などをめぐって銀行側と信託側などの利害が対立，30年からの昭和恐慌にともなう地価暴落も加わり，日本不動産協会の活動もやがて事実上は消滅へ向かった（⑰

134～6頁, ⑱参照).

　他方, 1926 (大正15) 年3月の土地賃貸価格調査法の公布以後, 府県家屋税の課税標準となった賃貸価格が三菱合資でも社有建物について「不当ニ過大ノ決定」をうけ, さらに30年4月から実施された市税家屋税付加税の不均等課税も大建築物には重課となり, 貸事務所経営に重大な圧迫となった. これらに対し, 29年夏ごろから不動産業界の一部でビル所有者の協会組織の動きが進み, 翌30年2月にビルヂング茶話会が発足し, 大阪建物・幸ビル・東洋拓殖・日本郵船・三信建物・日本石油・東京海上火災・三菱合資地所部・内外ビル・第一生命・太平生命（後の日産生命）・帝国生命（後の朝日生命）・千代田生命・野村生命（後の東京生命）の14社（同年8月に東京建物が加入）で活動をはじめた.

　まず翌3月に東京の主要ビル経営者による東京市長・市会議長などへの不当課税撤廃の陳情に参加したが, 目的をとげないために9月にさらに異議申立書, 10月に訴願を提出,「次回賃貸価格ノ決定ニ当リ是正ノ用意アル旨」の内示をえたのである. その後のビルヂング茶話会は会員数も増加し, さらに家賃不払いのテナント対策やビル経営の合理化などの共同研に力を注いだため, 対外的な交渉力が弱くなり, 十分な活動はできなかったという. これに対し, より強力な東京ビルヂング協会の結成申し入れがあり, とくに虎ノ門・新橋・銀座・京橋方面で関東大震災後に復興建築助成会社から融資をうけて建築したビルの所有者たちが, 税問題や助成会社への金利引き下げなどで結束し, 茶話会のなかで強力な団体化を望む急進派を固め, 他の借室人への刺激をさけたい現状派と分れた. 協議の結果, 三菱地所部を含めた大勢は税金その他の利害関係のある問題を共同で漸進させ, 運動のなかで結束を強めるという現状派に固まった. このため急進派は, 助成会社に対する交渉などの関係もあり, ひとまず京浜ビルヂング協会として独立発足した（① 35巻409頁, ⑤ 364～5頁参照).

　つづいて 1934 (昭和9) 年7月に, 東京市地理課の職員や三井信託不動産業部などが中心になって不動産業懇話会が発足した. これは関東大震災後の

復興事業を施行した東京市が，土地区画整理にともなう換地の精算金や補償金を算出する過程ではじめて路線価式評価法などを定め，30年の事業完成後は市の都市計画課（後に地理課）が市内の地価動向や土地利用の推移調査を実施，その間に官民共同で不動産の研究機関を作ろうという機運が高まった結果である．第1回の会合は丸の内の中央亭で行われ，安田・川崎・三井・住友・鴻池・織田・関西・千代田・三菱・加島・国際の信託11社が参加し，毎月の講演会や討論会・視察会などを行った．名称を不動産協会との意見もあったが，28年発足の前述の日本不動産協会が有名無実ながら存続していたため不動産懇談会になったという．その後，同34年12月に三菱合資地所課と三井合名不動産課，35年に日本不動産・東京建物などの不動産業と共同信託，39年に日本勧業証券，40年に日本勧業銀行も加わり，41年9月には名称を不動産業協会（前記の旧協会が解消したため）と改めた．そして40年からは土地価格の調査に着手し，同年8月第1回・翌41年12月第2回を経て，42年4月から旧東京市（15区）全般へ発展して同42年12月に完成，地価調査の基礎を作るなどの成果をあげた（⑰146〜8頁，⑤487頁参照）．

第4章　昭和初期三菱の不動産経営と企業活動

　本章では，1927~36年ごろを中心に，地所部（課）の設計監理事業や三菱合資の海外不動産投資，分系会社である三菱信託の不動産事業を整理する．次に，これまで比較的に研究業績の少ない岩崎久弥（3代三菱合資社長）の東山農事を中心とした，南米・南洋・台湾・朝鮮の海外投資とその営業内容を分析した．最後に，三菱合資と地所部（課）の不動産経営の財務を整理し，これを三菱系分系会社の企業活動と比較しながら，それぞれの比重を推定しようとする．

1　三菱の設計部門と海外投資など

(1)　三菱地所部（課）の設計監理

　昭和初期の打ちつづく経済恐慌につれて，三菱地所部の経営において貸地・貸事務所とともに重要な収入源であった設計監理部門も，大正末期につづいて受注が減少していた．その主な工事の竣工実績をみても（表4-1），外部からは1928（昭和3）年の帝国鉄道協会のみであり，他は地所部の直営か三菱合資総務課や三菱倶楽部，あるいは三菱商事・銀行・石油など分系会社からの受注が大部分であった．このため地所部では技術者の減員を余儀なくされ，赤煉瓦建物の設備改善など「金をかけずにサービスの向上を計る営繕工事」に努め，さらに分系・関係会社の役員から住宅の設計監理さえ請け負ったほどである．ようやく32年末ごろから景気も回復しはじめ，新しく三菱鉱業・重工業（34年に造船・航空機が合併）・電機・化工機（35年開

表 4-1　三菱合資地所部（課）による設計監督の主要工事表

竣工年	三菱合資会社	その他からの受託
1927年	総務課（根府川社有地測量設計）	三菱倶楽部（葉山宿舎食堂）
1928年	八重洲ビル，総務課（八ッ山御邸）	帝国鉄道協会（増・改），三菱商事（新潟油槽所）
1929年	丸ノ内ガラージビル，東7号館別館，仲7号館（改），仲4号館（増）	三菱銀行（永代橋・名古屋・神田・三宮支店）
1930年	東7号館別館（改，丸之内会館）	三菱商事（大阪支店），日本ビクター蓄音器（鶴見工場）
1931年		三菱石油（川崎製油所）
1932年		三菱銀行（品川・四谷支店），子安学園（ミルクプラント）
1933年		三菱銀行（駒込支店），万国婦人子供博覧会（三菱館パビリオン）
1934年	新京白山住宅（第1期）	三菱鉱業（内幌ピッチコーク工場）
1935年	総務課（仲13号館別館，三菱倶楽部），新京康徳会館，丸ビル（改装），新京白山住宅（第2期），仲10号館8号（改，アメリカン倶楽部）	三菱化工機（工場），満洲機器会社（奉天工場）
1936年	総務課（三菱倶楽部尾久艇庫，染井建物移転・増築），新京康徳会館（増），新京白山住宅（第3期）	三菱銀行（大阪南・大阪船場・御堂筋・京橋・小樽支店），三菱商事（名古屋支店），日本化成工業（黒崎工場），横浜船渠（造機工場），刑務協会（会館），法曹会（会館）
1937年	本社別館（三菱商事ビル），仲10号館別館（改），新京白山住宅（第4期），東京駅〜丸ビル地下道	三菱銀行（本店，増），三菱重工業（名古屋航空機・横浜船渠・神戸事務所・東京機器大井工場），三菱電機（神戸製作所事務所），協同企業（タンク），台湾船渠（修船工場），三菱航空機病院，学士会館（増）

注：（　）内は工事場所などを示す．増は増築，改は改装など，無表示は新築．順不同で三菱合資の総務課受託は推定を含む．『三菱社誌』各年末「地所部（課）営業概況」，『丸の内百年の歩み』上巻367頁表5-5，『同』資料・年表・索引241〜2頁より，竣工年を基準に組みかえて作成．

業）や日本化成工業（34年開業，後に三菱化成）など軍需関係の分系会社，その他の企業や団体からの受注が増加してきた．

　このうち日本ビクターの鶴見工場は，1929（昭和4）年11月に起工して1年後に竣工したもので，日本最初にレコードの流れ作業を備え，機械・設備はすべて米国から輸入され，前述の「東京音頭」などもここで制作したとい

う.また三菱石油は 31 年 2 月に合資・鉱業・商事の三菱側と米国のアソシエイテド石油会社の折半出資で設立され,川崎の埋立地に製油所を建設することになった.これに先立って 28 年 2 月に,浅野造船所が計画中の鶴見扇島埋立地のうち 5 万坪(うち 2 万坪は三菱鉱業が使用予定)を三菱合資が坪 30 円で買収契約を行い,30 年 9 月に石油精製工場の用地とした.かくて同 30 年 11 月から埋立地約 2 万 4500 坪に三菱地所の設計監督で製油所が建設され,翌 31 年 12 月から最新の石油精製所が操業をはじめた.さらに,倉庫や油槽タンク基地・発電所などの追加工事も請け負っている.その後の軍需景気とともに設計監理の仕事は急増し,とくに 34〜35 年からは繁忙状態になり,分系会社や各方面からの受注額は 37 年に合計 2800 万円に達したほどである(以上,① 35 巻 410 頁・36 巻 493〜508 頁・37 巻 1336 頁,⑤ 366〜7 頁参照).

なお三菱石油の扇島埋立地のように,三菱合資が将来の営業用地のために先行取得した例として,ほかに 1917(大正 6)年から八幡市黒崎町と隣接の折尾町・洞海湾埋立地を入手し,34 年以後に日本タール工業(後に日本化成工業→三菱化成)に譲渡するなどしたが,前にふれたので省略する.ただし大正期に三菱系の各社が分立したあと,昭和期に入ると営業用地の取得は各社ごとに行う例もふえてきた.たとえば 27 年 3 月に三菱内燃機(後に航空機→重工業)の名古屋製作所では,陸軍の各務原飛行場(岐阜県)の一部を借用して格納庫を建設している.また翌 28 年 5 月にも三菱航空機は東京府の北多摩郡立川町の陸軍航空本部技術部の隣地 6057 坪を 4 万 279 円(坪平均 6 円 65 銭,ほかに移転費など 3624 円)で購入し,飛行機の組立工場・格納庫の用地としており,いずれも陸軍との関係が深い(① 35 巻 25〜6・136〜7 頁).

さらに 1937(昭和 12)年 6 月には,三菱鉱業が工業研究所の移転用地として埼玉県大宮町で大宮南部耕地整理組合などから,約 5 万 1000 坪を補償費などとも合計約 39 万円で,また横浜市鶴見区生麦地先埋立地 1 万 5000 坪を南樺太炭貯炭場用地として,横浜市から 82 万 550 円で,それぞれ購入し

た．また同37年6月には三菱倉庫が神戸支店所管の和田構内の土地建物と設備一切を，三菱重工業に360万円で譲渡し，代用地に神戸税関第6突堤基部5707坪を借り受けるなど，三系分系会社内部での土地取引もみられた（①37巻1286～7頁）．このほか三菱重工業の名古屋航空機製作所では，37年7月に陸海軍からの航空機増産の要請をうけ，大江工場を大拡張して海軍機体工場とし，別に隣接用地約6万坪を買収して陸軍機体工場を建設したほか，同時に発動機製作所を分離して翌38年に大幸町の7万4000坪に名古屋発動機製作所を新設するなど，軍需生産への傾斜を強めたのである（⑤459～460頁）．

　次に三菱合資の総務課などが管理したとみられる岩崎社長の旧邸宅や別荘などは，表示されていないが，4代社長小弥太が29～36年に住んだ麻布の鳥居坂邸（戦災で焼失），35年に完成した小弥太別荘の熱海「陽和洞」（中條精一郎の設計，42年に敷地のうち7万余坪を成蹊学園に寄贈）などの名建築があり，ばく大な給与・配当などの一部を投じて「時代の記念建築を後世に遺」そうとしたという．なお小弥太は，26年4月から地所部に委託して品川区に八ッ山御邸を起工し，28年4月に追加工事を終えたが，翌29年4月に隣接地4470坪を三菱信託の手で宅地に分譲している（①35巻169頁，⑤416頁，⑧48頁）．

　また芝の高輪別邸1万5400余坪は，明治以降に海軍省用地を経て伊藤博文邸となり，1889（明治22）年に岩崎久弥（3代社長）が購入して隣接地を拡大，1900（明治33）年に2代社長弥之助が別邸として譲りうけ，洋館・大農園を付設した日本家に居住した（歿後は夫人が29年まで利用）．なお三菱合資が社員親睦や社交のために利用していた深川別邸（清澄園）が関東大震災で焼失（翌24年に同園を東京市に寄付）したので，25年5月から代りに高輪邸の洋館を同様の目的で使用した．そして岩崎小弥太家と三菱合資秘書役が管理していた同邸を，33年8月から三菱合資の地所課に移した．さらに37年に地所会社が独立すると，同邸を管理していた高輪係はふたたび三菱合資にもどったが，翌38年2月には小弥太は高輪邸の地所（1万5709

坪余)建物すべてを三菱社(37年12月に三菱合資が改称)へ譲渡(代価121万6626円)し,同邸を開東閣と命名した(①37巻1408～10・1444頁,38巻1973～4・1982頁,⑤416・447頁参照).

このほか3代社長岩崎久弥家でも,1927(昭和2)年に岩手県盛岡郊外の小岩井農場の西南端に夏期の別邸「聴禽荘」(設計は大正時代に地所部に在籍した津田鑿)を完成したほか,38年4月には文京区上宮上前町にある先代弥太郎購入の六義園のうち,約3万余坪を東京市に寄付(10月に開園)している(④301・407頁).

また久弥の長男彦弥太(26年3月に久弥出資のうち5000万円の分与をうけて三菱合資に入社,34年4月から同社副社長)も1929年に北多摩郡国分寺に別荘を設けた.同地は中央線国分寺駅に南接し,当時南満洲鉄道会社の副総裁であった江口定條(もと三菱合資の社員,17年9月に合資査業部の初代専務理事)が13年から別邸としていたものを購入,津田鑿の設計で本館や茶室などを追加し,戦争中には倉庫を建築して貴重品を保管したという.戦後,彦弥太の死去などで宅地開発の計画がおきたが,同地の自然を守る会などの運動で74年に東京都が買収,79年4月から都立の殿ケ谷戸庭園として一般に開放されている(一部の土地を他に分譲したため,現在面積は2万1123m^2)(⑤416頁,⑳215頁,「都立殿ケ谷戸庭園」の資料などを参照).

次に三菱合資の総務課委託による1927(昭和2)年の根府川社有地(33年に片浦村に譲渡)の測量設計(ほかに同年に三菱倶楽部の葉山宿舎食堂)や35年の三菱倶楽部ハウス(仲13号館別館)の建設,36年の三菱倶楽部尾久艇庫と染井建物移転・増築(岩崎久弥家から無料貸与中の豊島区巣鴨の三菱倶楽部運動場のハウス・庭球コート〔①37巻1026・1049頁〕)など,三菱地所の受託工事には三菱倶楽部関係が多い.前述したように,三菱合資の各場所ごとに組織されたクラブを1914(大正3)年9月に三菱倶楽部へ統合(本部東京,26支部)したもので,各部が分系会社に独立した後も会員の親睦や体育・趣味などの交流を行っていた.

とくに1927年1月から三菱では健康保健法(22年4月公布,26年7月施

行)にもとづいて各社に健康保険組合を設け,保険給付の費用負担の一部として三菱倶楽部の厚生施設などの充実をはかったようである.しかし同部は財団法人(41年1月から)でなかったため,不動産などの財産を所有できず,三菱合資が中心となって倶楽部の地所建物の取得や建設・維持管理などを行ったとみられる.たとえば,34年7月起工の倶楽部ハウス(延べ501坪余)は三菱合資所有の家屋として新築(工費10万1517円)され,無償で使用させた.また同年の荒川区尾久町の倶楽部艇庫(木造2階・延べ179坪余,宅地395坪借入)も,建築費1万6183円は三菱合資が負担(ほか設備費とも合計2万9600円)し,社有家屋として無償貸与している(以下を含め①35巻1頁,36巻906・922頁,37巻1003・1122・1145・1266頁,⑤395～6頁を参照).

　さらに1934(昭和9)年8月には三菱合資は福祉施設建設のため75万円を三菱倶楽部に交付し,翌35年3月には愛知県知多半島富貴海岸(予算1万円内外・土地2000坪見当)・神奈川県葉山(予算4万円・1600坪)・長崎県雲仙小地獄(1万円・約450坪)・兵庫県六甲山(予算6600円・473坪)・大分県別府と亀川(建物とも2万7000円・1300坪余)に保養所の建設と土地取得を決定し,また西宮の寮舎(予算4万5000円)兼倶楽部(1万4500円)を改築することを決めた.そして36年1月には,これらの福祉施設8カ所の敷地買収・建築・設備費に計45万円を支出,残り30万円は基本金として元利積立のうえ将来に備え,毎年の経常費約3万円は三菱合資と分系各社で適当に按分負担することになった.このため1937年中に開所中の知多荘(愛知,富貴海岸)・六甲山寮(兵庫,六甲山上)・塩屋寮(兵庫,明石・塩屋海岸)・別府寮(大分)・定山荘(北海道,札幌郡)の5寮舎について,その維持経常費の累計1万2389円を地方別の三菱倶楽部の会員数を基礎に,三菱合資 12.59%・鉱業 40.36%・重工業 20.18%・銀行 8.07%・倉庫 4.04%・電機 6.45%・商事 8.07%・信託 0.24% に修正して分担することになった.

(2) 三菱合資の中国土地投資

　三菱合資の海外社有地のうち，植民地であった朝鮮の咸鏡南・北道と満州の新京については前に述べたので省略し，まず中国での動きを概観してみよう．

　北京では，1909（明治42）年11月に三菱合資は出張員を派遣して上海・漢口・北京・天津などの造船・鉱業事業を報告させ，翌10年7月に東単で地所家屋（敷地779坪余，事務所1棟88坪余，住宅19棟239坪余，ほか門・回廊・土塀つき）を買収・改築のうえ同年12月に北京出張員事務室を開設した（13年から三菱合資営業部に所管がえ，独立後は三菱商事）．20年に三菱商事北京支店が廃止されたので，改めて三菱合資の駐在員とし，不動産の管理は合資総務課にかわったが，26年12月末からは地所部の所管に移された．さらに33年4月には合資の駐在員も廃止され，北京所在の建物管理は東方人寿保険公司（三菱合資と明治生命などが設立した中国むけの保険会社）に委託され，その不動産管理はふたたび合資総務課に戻ったらしく，地所課は単に建物の減価償却分を合資から受領するにとどまったという．しかし36年11月からは，北京の土地建物は三転して地所課に所管がえされている（①36巻796頁，37巻1176頁，⑤454頁参照）．

　次に漢口では，1917（大正6）年3月に三菱合資は英国人Sir Robert Edward Bredonから長江ぞいに土地499坪余，建物2棟（建て426坪余・貸付1214坪余）を買収し，合資漢口支店が管理していたが，翌18年11月からは建物の管理は地所課に移り，三菱商事が借用していた．やがて26年7月には中国で動乱が広がって蒋介石の国民党革命軍による北伐が開始され，9月には同軍は漢口などを占領した（翌27年2月に武漢国民政府樹立）．同時に日本の中国干渉（満洲買収計画や27～28年の山東出兵など）に対する排日運動も深まり，27年4月には中国人と日本陸戦隊が衝突する漢口事件もおきた．そして同27年11月には漢口の中国国民党革命軍政治部から出火し，付近の三菱所有建物の一部が類焼，損害956両余は三菱海上火災保険から補塡された．出火建物を改造のうえ，翌28年4月に同建物は三菱商事漢

口支店から日清汽船その他に一時転貸されたが，経済不況の影響で31年には大部分の転借人が流出したなどの結果，商事に対する賃料を30年10月にさかのぼって値下げしたほどである．また31年中には家屋ぞいの長江が増水して被災したので，12月に修理して翌32年1月に竣工しており，同年の満州・上海事変による影響はなかったという（①35巻57・169頁，36巻562・688頁，⑤453頁，⑥371頁参照）．

このほか三菱合資は，南京の長江対岸にある浦口に後述の8社共同で土地を保有していた．これは日本政府（外務省）の勧誘と在中国公使・領事らの保障で，1913（大正2）年10月に三井物産上海支店の石炭部中国人買弁の名義で土地615畝（代価銀50万両）を買収したのにはじまる．19年末に138畝（銀8万両）を買い増し，23年3月に税関用地14畝を譲渡するなど，27年2月現在で705畝（約13万1000余坪）を数えた．当初は沼沢地で長江の水が溢れ，増水期には土壁が崩落するので18～19年に堅固な岸壁を築造した．当地は長江北岸に位置し，津浦鉄道浦口駅と近接した優良な港湾・商業見込地で，護岸・埋立・土地買収などの投資は34年3月までに139万965円に達した．組合員は三井物産・大倉商事（以上各2口）・大倉組（以下各1口）・三菱合資・台湾銀行・東亜興業・日清汽船・中日実業の8社10口で，代表は創立以来28年3月まで中日実業，以後は東亜興業が担当した．しかし将来の有望港湾用地であるため，大正初期に中国の大総統袁世凱（13年10月～16年6月）は外国人の所有・借用・担保などを否認したが，南京駐在領事団や北京公使団の抗議によって中止に終っている．やがて27年3月には，中国の国民党革命軍が南京を占領し，各国の領事館を襲撃した南京事件がおきたが，これに先立つ同年2月に浦口土地組合では外相幣原喜重郎に「揚子江好個ノ我勢力地圏ニ一大動揺ヲ」招かないよう，土地所有権と担保権の確保や浦口開港などの陳情書を提出したほどである（①22巻6～7頁，36巻878～9頁参照）．

(3) 三菱合資の南洋土地投資

第1次世界大戦中に参戦した日本は，ドイツ領のマリアナ・マーシャル・カロリン諸島などを占領（後に委任統治領となる），これを契機に南洋開発熱がわきおこった．三菱合資でも1914（大正3）年に庶務部長木村久寿弥太が中心になって海外派遣者を採用，南米・南洋・マレー半島・満州各地に派遣して企業調査を実施した．その1人窪田阡米は日本の軍艦に便乗して南洋事情を調査し，16年5月に個人名義でイギリス領北ボルネオ東海岸州のタワオに約5500エーカーを租借してヤシやゴムの栽培に着手した．この事業は岩崎小弥太社長も援助し，合資査業課（海外の調査・投資のため17年9月に査業部を新設，翌18年4月に課）の投資として実施され，やがてタワオ農園としてココヤシ栽培に主力をおき，32年には3800エーカーに植付けした（不良地を返還して翌33年は約2000エーカー）．このほか周辺のサンダカン（21年に南洋拓殖会社の所有農園を約17万円で買収，32年のヤシ植付けは約500エーカー）や，西海岸のウエストン（20年に独人ホフマンから約8万円で買収，32年のヤシ栽培は約700エーカー，33年340エーカー）・東沿岸州のバロン（28年3月に租借，マニラ麻の栽培は32年200エーカー）でも農園を取得した．

その後も三菱合資査業課の監督下に事業を拡大（たとえば1919年から木材の伐出と販売）したが，投資の割には（三菱合資の南洋農業への投資額累計は，19年の47万円から21年122万円，25年148万円，26年225万円に増加，27年以後は整理されはじめたが28年は238万円のピーク）収益が少ないため，22年9月にオクムラ・クボタ・カンパニー（資本金250万円，うち払い込み125万円，出資は三菱合資の岩崎小弥太社長・木村久寿弥太理事・奥村政雄査業課長と窪田の4人）を設立，奥村と窪田が業務執行社員となった．そしてコプラ・ココア・コーヒー・茶・ゴムなどの栽培や，林業・牧畜と農産物の加工・販売などを行い，本部業務は丸の内の三菱本館内で実施された．さらに29年3月にはクボタ・カンパニー・リミテッドに改組したほか，32年12月にはタワオ・エステート・リミテッドと改称しており，

おそらく創始者の窪田が死去したための措置であろう（32年の役員名に窪田がなく，株主も窪田満枝に変わっている）（以下を含め，①35巻241頁，36巻669～684・774・786頁，37巻1005～6頁，⑳219・224頁参照）．

なお1932年7月現在の同社の資本金は100万海峡ドル（10万株，うち2万5002株発行）で，主な株主は岩崎小弥太1万8750株・木村久寿弥太2500株・奥村政雄1250株（翌33年は佐藤梅太郎1197株に変更）・窪田満枝1251株（35年は釘沢一夫）・永原伸雄500株（33年749株）・伊藤信愛580株・熊田与四郎251株（33年は伊藤進50株・岩井肇5株に変更）であり，大部分は三菱合資の名義株とみられる．農園経営のほか大阪商船の南洋航路タワオ港代理店も兼ねたが，同32年9月には事業方針を改めてマネージャーと嘱託を新任，タワオ農園は約半数の不良地を返還して2666エーカー（うちヤシ栽培2095エーカー）におさえ，今後5年間にさらに10万2312海峡ドルの補助を願った（この額には同社の三菱銀行からの借入金35万円に対する支払利子は含まれていない）．また翌33年9月からは同社産のゴムは三菱商事神戸支店へ送り，日本むけの委託販売をはじめている．

また1935年3月の同社概況による，4農園の合計面積は租借1万7873エーカー（うちタワオ2233・サンダカン1万5000・ウエストン340・バロン300）・植え付け3123エーカー・生産2733エーカー（うちタワオ1882・サンダカン516・ウエストン200・バロン135）を数え，土地の評価価格は42万141海峡ドル（タワオ28万574・サンダカン11万1575・ウエストン1万3920・バロン1万4072）であった．生産総額は最近の数年平均でコプラ約1万6000担（35年はウエストンは中止のため予定1万4000担）で，シンガポール・日本市場で三菱商事が委託販売したが，不況のために相場が惨落して大打撃をうけ，35年からようやく回復中．マニラ麻は年産約1600担で，34年に100エーカーを拡張中であり（2700担以上へ），ヤシ殻炭は「毒ガス吸収用活性炭原料トシテ軍部方面へ納入」し，さらに工業方面への進出を研究中．ゴムはタワオ農園の一部で植え付け，採液スモークドシートとして三菱商事が日本で委託販売しているが，年産3万ポンドにすぎない（価格上昇

第4章　昭和初期三菱の不動産経営と企業活動

で収益増大).ヒマ(ヒマシ油原料)とトバ(駆虫剤原料)なども試作中のほか,大阪商船の代理店業務は月1回の往復定期船路で月平均輸出300トン・輸入200トン見当を取り扱っていた.また営業成績は,ヤシの生産期が経済不況によるコプラ相場の漸落期とぶつかり,木材事業の損失も重なって打撃をうけたが,農園の整理と経費節約・コスト低下につとめ,「最近数年間稀有ノヤシ園受難期ニ処シ」,32年は9万890海峡ドルの損失,33年6521ドルの利益,34年6500ドルの損失(予想)にとどめたという.なお同社役員は取締役が佐藤梅太郎・伊藤信愛,監査役が永原伸雄・釘沢一夫にかわり,現地の従業員合計は日本人が支配人以下15名,外国人5人,常備の苦力約160人であった.

その後のタワオ・エステード・リミテッドは,1940(昭和15)年6月に三菱商事が管理することになり,同社から取締役2名(うち常務1)・監査役1名を入れて,実際の業務を執行した.さらに太平洋戦争中の42年2月にはタワオ産業株式会社と改名したが,これはイギリス領ボルネオを日本軍が占領したので同社をイギリス法人から日本法人にかえ,資本金を300万円(全額払いこみ,三菱社と三菱商事が折半出資)とした結果である.同社はさらに日本陸軍の命令で他のイギリス法人(敵産工場)の委託経営にあたり,木材・タンニン材の伐採開発や黄麻栽培などの事業をも行ったが,その運営は三菱商事が担当した(①38巻1653・1911・1964頁).

このほか三菱合資による南洋土地投資には,オランダ領セレベス島のプートンにおける真珠養殖業がある.日本の真珠養殖は御木本幸吉によるアコヤ貝の半円真珠につづき,彼の女婿の西川藤吉(京大理学部教授)と藤田輔正(同助手)が真円真珠の方法を発見した.藤田はアコヤ貝より10倍も大きい南洋産の白蝶貝に植栽を試みようとし,三菱合資社長の岩崎小弥太がこれを援助した.藤田は1916(大正5)年から適地を調査し,20年にプートンに真珠養殖試験所を設け,三菱合資査業課がこれに出資と援助を行った.25年ごろに半円真珠,28年に球形(真円)真珠の養殖生産に成功し,市場販売と企業採用の見込みが立ったため,これまでの三菱合資総務課所管を改め,

32年3月に合資出資の下に現地にプートン(鳳敦)真珠会社(養殖試験所の業務を継承)と日本に南洋真珠会社を設立した.前社が生産した真珠を後社が買入れて販売するもので,後社の資本金は30万円(1/4払い込み),常務に伊藤信愛(前記タワオ・エステート・リミテッドの取締を兼務),取締に大越政虎と小川平三が選任された(①36巻643~4頁, ⑳226~7頁).

なおプートン真珠から南洋真珠への生産・入荷量は,1932年(両社設立前を含め)に遊離(球形であろう)真珠2万4467頸・半径(半円であろう)1100頸・介殻(貝殻であろう)113担余,33年に遊離1万5624頸・半径4800頸・介殻117担余,34年に遊離1万9739頸・半径30頸で,年によって変動が多かった.また南洋真珠会社の販売高(円未満切りすて)は,32年(設立前を含む)に遊離15万3018円・半径3952円・介殻4349円・合計16万1320円, 33年が遊離18万3143円・半径5520円・介殻6663円・合計19万5328円, 34年に遊離23万7910円・半径1万3596円・合計25万1506円に上昇しており,真珠の質にもよるが生産量の少ないほど,またとうぜんながら半円よりは球形真珠の方が高値であった.この結果,両社の利益は創立時の32年は南洋3755円・プートン2451円,合計6207円にとどまったが,33年には南洋6万4661円(配当8%)でプートンの損失8799円を補って合計5万5862円に増加,34年には南洋6万8000円(概算)・プートン1万5372円,合計8万3372円に拡大した(①36巻924頁を参照).

その後の南洋真珠会社は,同社を実質的に経営した三菱合資が三菱社へ改編する過程で,1937(昭和12)年7月に取引関係の深い三菱商事に移管され,南洋真珠の資本金30万円のうち10万円が合資から商事に肩代わりされた.さらに三菱社と商事が出資した南洋真珠は,41年8月に解散(清算事務所は三菱本館内,翌42年5月に清算完了)し,パラオ養殖場を閉鎖した.太平洋戦争をひかえ,おそらく真珠への批判や売り上げの減少が背景にあったのかもしれない.またオランダ領セレベス島にあった子会社の鳳敦真珠会社(オランダ法人)は,その株式を三菱社と三菱商事に肩代わりして存続した.その後の営業内容は不明であるが,日本軍が同島を占領するとオランダ

第4章　昭和初期三菱の不動産経営と企業活動

法人を日本法人に変えることになり，42年10月に資本金200万円（全額払い込み，三菱社・三菱商事の折半出資）の鳳敦産業会社を設立，海軍当局からの委託経営として天然アスファルトの採取やチーク材その他の木材の開発，カポックの集荷などに従事し，三菱商事がその運営に当たった（①37巻1289頁，38巻1933・1964頁を参照）．

(4) 三菱信託の不動産事業

　三菱合資の地所部（課）による不動産経営のほか，三菱合資から独立した分系会社や三菱各社と3代社長岩崎久弥が投資した関係会社のなかでも，不動産投資に力を入れた企業が多かった．以下では，それらのうちで資料が入手できた三菱信託と久弥系の東山事業について簡単にふれておきたい．

　日本における信託業は明治30年代（1897～1906年）に欧米から輸入され，1904年の東京信託の設立（1906年に初の会社組織）を契機に全国に普及し，21年末の信託会社総数は，488を数えた．しかし業務の内容は金融・無盡・不動産・証券など千差万別で信用薄弱なものが多いため，22年4月公布の信託法・信託業法（23年1月施行）によって，資本金100万円以上の公共的性格の強い財産管理の運用機関に改められた．この結果，24年の三井信託をはじめ，25年の共済（後の安田）・住友信託など大資本を背景とした有力信託に改変または開設され，28年11月には合計37社に整理された．

　三菱系でも東京海上火災保険の各務謙吉会長らが提唱し，27年3月に資本金3000万円（うち払い込み1/4）の三菱信託が設立され，総数60万株のうち三菱系45％（三菱合資10万・東京海上火災6万・明治生命―岩崎久弥系4万・三菱銀行4万・岩崎久弥2万・岩崎小弥太1万）を除く33万株が一般公募され，「社会的資本の動員」による株主1526名という大会社が発足した（以下を含め，⑦3～8頁，⑧48～50頁，⑰136～139頁，⑳283頁参照）．

　三菱信託では当初から不動産部を設け，親会社である三菱合資の地所部出身者を入れ，まず土地家屋の管理業務をはじめた．たとえば三菱合資の深川区松賀町にある越前堀の土地整理の一部については，さっそく開業時の

1927（昭和2）年4月から翌28年まで三菱信託が管理の代理業務を委託された（①35巻55・167頁）ほか，岩崎両家や一部の三菱縁故者の物件に限って不動産の管理を行った．これは昭和初期の経済恐慌で土地家屋の取引が沈静したことが背景にあったが，景気の回復とともに三菱信託は不動産の取り扱いを広げ，とくに32～33年以降は積極的に活動をはじめた．そして不動産の売買仲介や土地分譲のほか，不動産の信託や管理代理をもふやした結果，三菱の取引高は他の信託会社をしのぎ，三菱信託不動産部の「地位と名声」をおおいに高めたという（なお三菱信託は29年10月に三菱合資の関係会社から分系会社へ昇格している）．

そのうち不動産の売買仲介は，1931（昭和6）年から着手し，年々に取扱の件数・金額が増大し，35年11月末の取扱金額は100万円をこえ，宅地と建物の店舗などが中心であった．これらのうちで大口は府中（東京）競馬場の用地買収であり，32年に目黒競馬場の移転問題がおきた時，移転先の最適地を東京府北多摩郡府中町に求め，耕地など1134筆20万2151坪（約66万8270m²）を数百名の地主から坪あたり80銭から1円で買収した．地主の一部に反対などがあり，結着までに1年余を要したが「昼夜兼行の買収活動」で成功し，三菱信託「不動産部の存在は大いに評価され」たという（⑧48頁）．

次に宅地分譲があり，すでに明治末期から大正期にかけて大阪や東京の近郊あるいは箱根・軽井沢などの別荘地で，信託会社や電鉄あるいは田園都市・箱根土地会社などによる上層階層むけの開発販売が拡大していた（㉓55～58頁）．さらに昭和初期の恐慌期になると，改組された信託会社のなかで「換金難に悩んでいた土地所有者のために整理分割の上，一般に売り出した分譲地」がふえてきた．たとえば三井信託は1932（昭和7）～33年から38年ごろにかけて，東京の麻布霞町・同竹谷町・豊多摩郡井萩町や鎌倉・逗子などでさかんに高級住宅地の分譲を行い，住友信託も29～30年に兵庫県の西宮で大々的な宅地分譲を実施したという（⑰137～8頁）．

そして三菱信託でも，1929（昭和4）年から宅地分譲に力を入れ（表4-2），

第4章　昭和初期三菱の不動産経営と企業活動

表 4-2　三菱信託の分譲地表（1936 年 11 月現在）

契約年月	契約者	分譲地名称	所在地	契約面積 当初	契約面積 年累計	契約期間 年,月	坪当り売却単価	手数料
年　月				坪	坪(件)	年,月	円	%
1929. 4	岩崎小弥太	八ッ山	品川区北品川 6	4,470	4,470(1)	8. —	70～112	2
1930. 9	井野久太朗	三　　鷹	北多摩郡武蔵野市西窪	11,701	11,701(1)	6. —	17～19	8
1931. 10	富士瓦斯紡績	大　　島	城東区大島 5	5,405	5,405(1)	6. —	34～45	10
1932. 11	伊集院兼高①	高円寺	杉並区馬橋 2	8,533	8,533(1)	4. —	28～37	9
1933. 6	旭硝子①	鉢　　山	渋谷区鉢山町	2,213		3. —	67～75	3
. 7	田中平一	三軒茶屋	世田谷区三軒茶屋	3,594		3. —	28～32	8
. 9	麒麟麦酒	千代崎町	横浜市中区千代崎町	4,620	12,842(5)	4. —	25～31	4
. 9	荘田達弥	余丁町	牛込区余丁町	422		3. —	118～125	5
. 11	倉持長吉①	第2阿佐谷	杉並区馬橋 2	1,991		3. —	33～39	8
1934. 6	伊集院兼高②	第3阿佐谷	〃　〃	3,239		2. 5	37～48	5
. 6	山内豊景	中　　野	中野区本町通 4	1,230	5,410(3)	2. —	46～55	5
. 6	長瀬富郎	指ケ谷	小石川区指ケ谷町	940		2. —	107～115	5
1935. 2	福島繁太朗	熱　　海	静岡県熱海町	5,370		1. 10	49～51	9
. 6	三野村利三郎	逗　　子	神奈川県逗子町	1,605		2. 3	50	5
. 7	箱根小塚温泉土地	箱　　根	〃　足柄下郡仙石原村小塚山	18,160	27,856(5)	2. —	8.5～12.6	8
. 10	津田英学熱	五番町	麹町区五番町	1,579		2. —	135～200	4
. 11	辻一郎	麻布東町	麻布区東町	782		2. —	70～95	5
1936. 3	倉持長吉②	熱海倉沢	静岡県熱海町伊豆山倉沢	3,733		2. —	45～68	9
. 4	旭硝子②	高樹町	赤坂区青山高樹町	974		2. —		8
. 5	日比谷商店	王　　子	王子区王子町	2,401		2. —	70	5
. 7	津田信太朗		淀橋区戸塚町 1	1,580	23,887(7)	2. —		
. 10	熊倉良助		神奈川県藤沢町鵠沼	8,325		2. —		
. 11	梶原伸治		品川区五反田 5	3,829		2. —		
. 11	三上忠右衛門		北多摩郡三鷹村上連雀	3,044		2. —		

注：空欄は不明．契約者の番号は同一者の順番．契約期間は終期までの年・月数で月未満は切りすて．面積は坪未満は切りすてのため，累計値と一致しない場合がある．
　　三菱信託銀行『三菱信託銀行六十年史』49 頁より作成．

　まず三菱合資社長岩崎小弥太の八ッ山分譲地（品川区北品川，開東閣の西隣接地）4470 坪の受託販売をはじめた．おそらく小弥太が 26 年 4 月から八ッ山に新邸を建築しはじめ，28 年 4 月に完成（①35 巻 169 頁）した後，余剰地を分譲委託したものであろう．以後 30～32 年は各 1 件，33 年に 5 件 1 万 2842 坪，34 年に 3 件 5410 坪，35 年は 5 件 2 万 7856 坪で面積最大，36 年は 7 件（最大）2 万 3887 坪を数え，8 年間に累計 24 件 10 万 104 坪に達してい

る．委託者は岩崎社長や旭硝子（小弥太の弟俊弥が1907年に創立）・富士瓦斯紡績・麒麟麦酒（2者は前社長岩崎久弥系の関係会社）などの三菱関係や，伊集院兼高・山内豊景らの華族，田中平一・倉持長吉・福島繁太郎などの資産家，さらに箱根小塚温泉土地会社や津田英学塾が含まれている．また所在地は東京区内16・郡部2，静岡県熱海2，神奈川県の横浜・逗子・箱根・藤沢が各1となっている．

次に契約面積の最大は箱根の1万8160坪，三鷹の1万1701坪が次ぎ，8000坪台2・5000坪台2・4000坪台2・3000坪台5・2000坪台2・1000坪台5で，1000坪以下4（最低は余丁町422坪）となっている．また契約期間は最初の八ッ山が8年で最長であったが，6〜4年と縮小し，33年は3年が大勢，34年からは2年が一般的となった（最短は35年熱海の1年10カ月）．なお坪あたりの売却価格は，判明分で五番町135〜200円・余丁町118〜125円・指ヶ谷107〜115円・八ッ山70〜112円の高級分譲地が上位にあり，鉢山・麻布東町・王子の中級地が70円台前後から以上，他は30〜50円台が多く，郊外の三鷹の17〜19円と箱根の8.5〜12.6円が最低であった．このほか受託分譲にともなう三菱信託の手数料は，八ッ山の2％が最低でおそらく三菱社長に対する特別待遇なのであろう．他は大島の10％，高円寺・第3阿佐谷・熱海・熱海倉沢9％と華族の伊集院兼高と熱海の別荘地は高率であり，8％に三鷹・三軒茶屋・第2阿佐谷・箱根・高樹町が上位にある．ついで5％が余丁町・中野・指ヶ谷・逗子・麻布東町・王子，4％が千代崎町・五番町，3％が鉢山分譲地となっている．手数料の決定基準は不明であるが，三菱との縁故度や分譲地の開発・販売の難易度，あるいは委託者の要求度などが複合したものであろう．

このほか三菱信託では，不動産の管理をも代行した．このうち管理信託は受託者である信託会社の責任が重く，登記などにかなりの手数と費用が必要とされ，三菱信託の取扱高は1929（昭和4）年11月末にようやく累計100万円をこえたが，36年11月末でも209円にとどまったという．他方，管理代理の方は所有権の移転や信託登記の必要がなく，手続きも簡単であるため，

第4章 昭和初期三菱の不動産経営と企業活動

表4-3 三菱信託の信託報酬と受入手数料
(1935年12月～36年11月)
(単位：円，未満切りすて)

信託報酬	金　　　銭	1,044,506	受入手数料	不動産売買	27,711
	有価証券	15,016		諸　媒　介	68,578
	不　動　産	6,659		募集引受	228,550
	そ　の　他	393		利払配当	15,339
	計	1,066,464		債権取立	940
受入手数料	保　　　護	3,389		株式名義書換	275
	証券管理	393		そ　の　他	38
	証券売買	5,418		計	360,082
	不動産管理	9,440	合　　計		1,426,546

注：前掲書61頁の表（上・下期別）を集計して作成．各項目の合計が一致しないが，原文のままとした．

　取扱高は27年5月末の260万余円から28年5月末には800万円近くまで急増した．しかし金融恐慌などでその後は300～400万円台に落ち，36年11月末には371万円を示した．なお36年5月末の不動産信託の1口あたり受託高は平均約8万円を数えたが，大口には北村五郎兵衛の50万円が最高であったという（⑧50頁参照）．

　最後に，三菱信託における不動産業務の比重を信託報酬と受入手数料の動きから眺めてみよう（表4-3）．1936（昭和11）年度（35年12月～36年11月）の信託報酬106万6464円のうち，97.9％は金銭信託で有価証券1.4％，不動産はわずか6659円（0.6％）にすぎなかった．ただ両者合計142万6546円の25.2％を占める受入手数料のうち，不動産の管理9440円（手数料計の2.6％）・売買2万7711円（同7.7％）・諸媒介6万8578円（同19％）に対し，宅地分譲の募集引受は最大の22万8550円（同63.5％）であり，不動産関係は手数料計の実に92.8％を占めるが，不動産の信託報酬を加えても合計の23.9％にとどまった．これに対して，金銭信託による報酬だけで合計の73.2％に達しており，これが信託収益の大半を占めていた．

　これは当時の金銭信託の期間は2年で，銀行定期の最大6カ月よりも長く，とくに配当率が銀行預金を上まわっていたなどのため，金銭信託の優位がつづいた結果である．たとえば，28年11月末の全国信託財産の合計12億

6800万円のうち，その79%にあたる10億378万円は金銭信託であり，金融恐慌期の28年11月から30年11月までに銀行預金が4億2009万円の減少に対して金銭信託は1億7496万円の増加を示し，また全国信託財産も32年5月に14億5175万円，36年11月には22億4258万円に急増していった（⑦14・19・24頁）．そしてこれらの動きのなかで，三菱信託における受託宅地の分譲は29～36年の間に10万坪をこえ，また不動産関係の報酬・手数料は36年度において合計の約1/4を占めるなどの成果をあげている．

2 東山事業の海外投資

三菱合資の3代社長岩崎久弥は，本務とは別にばく大な資産と収入（たとえば三菱合資の配当だけでも年900万円）を個人的に多くの企業（三菱製紙・麒麟麦酒・明治屋・富士瓦斯紡績・明治生命など）に投資し，とくに農牧業に力を注いで小岩井農場（岩手県盛岡郊外，1899（明治32）年から，13年に3464町）や末広農場（千葉県印旛郡，1912年から，319町），拓北農場（北海道宗谷郡，14年に8096町を買収）と朝鮮の東山農場（1906年から，13年に4051町）などを経営していた．16年7月に久弥が引退して岩崎小弥太が三菱合資の4代社長になると，同年10月に久弥は岩崎家庭事務所を私設して個人事業と家政を管理することにし，これらの農場も同事務所の支配下に入った．さらに三菱合資の各事業部が分系会社に独立する動きにつれて，岩崎久弥は19年10月に東山農事株式会社（資本金500万円，翌20年に1000万円）を創立し，三菱と久弥家の農牧事業を統合した．すなわち三菱合資がそれまで所有していた新潟県蒲原平野1000余町の小作農地を引き継ぎ，久弥が経営した東山・拓北農場を加えた3地域の小作経営を管理したほか，小岩井・末広農場の経営を同社に委託したのである．しかし大正中期以後におきた小作争議などの影響をうけ，東山農事は新潟県と北海道の農地を売却しはじめ，26年に北海道の出張所，35年に新潟県の支店を廃止し，朝鮮の経営に重点をおいた．そして昭和期に入ると，岩崎家庭事務所はさら

第4章　昭和初期三菱の不動産経営と企業活動　　143

に，南米ブラジルや南洋スマトラなどへの海外進出を断行した（④ 267～269・491～493 頁，㉑ 323～331 頁参照）．

(1)　南米ブラジル

　すでに 1921（大正 10）年ごろに三菱合資は八巻連三を，23 年には東山農事も坂本正治を南米に派遣して拓殖の可能性を検討しはじめ，24 年 7 月には三菱合資査業課はブラジルのサンパウロ市に駐在員をおいて南米進出を計画した．しかし 26 年 10 月に査業課が廃止され，サンパウロ駐在員は東山農事に転じた．東山農事では大正末期から北海道と新潟県の農地処分を開始しており，かわりの投資先を求めていたといえる．岩崎久弥はその間もブラジルやアルゼンチンの経済事情を調査させ，「海外において農牧拓殖事業を開く熱意に燃え」南米を最適地と認めたという．そこで久弥は三菱合資査業課のブラジル開発計画を継続することになり，26 年 8 月には山本喜誉司（査業課員，19 年以後の中国綿花栽培の技術指導にあたり，27 年以後は東山農事に転出，作家芥川龍之介の義兄）と水上不二夫（三菱合資で米国の綿花売買に従事した経験を活用）をブラジルに派遣して事業着手の準備を進めた．当初の目的は綿花事業の育成であったが，現地調査の結果，コーヒー栽培が有利となり，これに切りかえたという（④ 513～514 頁，⑳ 222・227 頁参照）．

　そこで 1927（昭和 2）年にブラジルのサンパウロ州カンピナス市（サンパウロ市の西北約 80km）郊外に地味肥沃な外人所有の 3 農場約 3700 町を買収，カンピナス農場（40 年の住民 234 戸・1190 人，場長山本喜誉司，職員 5・傭員 4・外人傭員 2）と称し，コーヒー・植林・柑橘のほか牧畜・桐油・綿花・玉もろこし・米作などを経営した．このうち柑橘が主業で 30 年から栽培して 40 年には 4 万 5000 本を数え，ラランヂヤ・ネーブルオレンジ・グレープフルーツ・レモンなど年 3～4 万箱を産し（ブラジル屈指という），38 年から輸出をはじめて英国むけは 1 万 7000 箱であった．また 40 年にはコーヒー 25 万本（年産 60kg 入り 4000～5000 俵），植林はユーカリ樹を育成して薪炭や木炭を供給したほか，牧畜は肉用の牛 500 余頭（38 年 7 月の全ブ

ラジル畜産共進会で牝牛が優秀賞）と豚を飼育した．さらに28年にはサンパウロ州のピンデダモニアンガバ市付近で6271町を買収，コーヒー・牧畜・米作を目的にピンダ農場（40年の住民220戸・1025人，場長高木三郎，職員1・傭員3・外人傭員5）を設けた．このうち日本式の稲作に成功して約600町（40年現在，さらに拡張計画）を栽培，1万3000〜1万4000俵（籾）を収穫して精米や酒造用として販売した．またコーヒーは年産1400〜1500俵，牧畜は主に牛で2200頭を数え，マンジョカ芋（澱粉の一種）は年産17万2000貫で製粉工場において製粉後に販売した．そして28年11月に以上のカンピナス・ピンダ農場を併せてモンテデステ（東山という意）農場（33年に資本金2000コントスの有限責任会社を組織）と総称したが，コーヒー栽培や牧畜・米作の改良などで現地に貢献した点が多いといわれ，さらに関連企業へも進出した（以下を含め，②1939・40年，④514〜519頁参照）．

このほか1928（昭和3）年にはサンパウロ市の外港サントス市にカーザ東山（水上不二夫の姓を用いて水上商会と別称，ブラジル会社法にもとづく合名会社）を設立，日本人移民むけにコーヒーの仲介・委託販売業（コムミサリオ）と金融業を開業した．同社は35年に組織変更してカーザ・トーザン・リミターダ（有限責任持分会社，資本金1000コントス—37年に3500コントスに増資）となり，支店をサンパウロ市とリンス市に設けたほか，その後の事業拡大にともなって39年にリオデジャネイロ市とマリリア市（サンパウロ市の西北約360km），40年にプレシデンテ・プルデンテ市（マリリア市西北約200km）にも支店を増やした．当時サンパウロ州には多くの日本人移民が苦闘しながら開拓をつづけていたが，そのなかで成功したコーヒー農園も大部分が100万本以下の小経営で輸出単位にならないため，奥地では悪質なコムミサリオへ「たたき値」で手放していたという．さらに生産者は生活に必要な換金のために，コーヒー担保の金融や前借り・青田売りをもコムミサリオに依存せざるをえない不利な条件におかれ，その金利は年20〜40％の高利であったという．これに対してカーザ東山の金利は，銀行

第4章　昭和初期三菱の不動産経営と企業活動　　　　　　　　　145

利息と同じ年12%であり，日本人移民のために金融の便をはかり，奥地に住む小農民の生産物を集荷して輸出単位にまとめる委託販売を実施したため，移民開拓者におおいに歓迎されたといわれる．この結果，カーザ東山は日本人が経営する唯一のコムミサリオとして発展し，設立後わずかの間に飛躍的な成功とばく大な信用を築くことができたのである．

　そして1933(昭和8)年にはカーザ東山の金融部門は有限責任持株会社カーザ・バンカリア・トーザン・リミターダ(資本金200コントス，39年250コントスに増資)として独立，本店をサントス市(カーザ東山の事務所で営業)においた．さらに37年にはサンパウロ市(後に本店となる)とリンス市，39年には奥地のコーヒーと綿花の中心地マリリア市とプレジデンテ・プルデンテ市にもそれぞれ支店を設け，主に定期と小口の預金を受け入れた．利用者の大半は農業者で40年の預金総額は1万コントス以上にのぼり，それまで日本人移民の集結地帯であるサンパウロ州でも日本人経営の銀行が皆無であっただけに，邦人の大歓迎をうけ，カーザ東山によるコムミサリオ金融業務とともに，日本人移民の経済発展をおおきく支えたといわれる．

　つづいて1934(昭和9)年にはインドウストリア・アグリコア・カンピネーラ・リミターダ(カンピナス農産加工会社，資本金200コントス)を設立，カンピナス農場のなかに工場を新設して清酒醸造を開始した．サンパウロ州にはピンガ酒という現地酒があったが，強烈なために日本人移民でアルコール中毒になる者がふえ，この予防として日本酒の供給が計画されたという．ピンダ農場に台湾種を輸入して水田を作り，日本人技術者によって醸造精製され，最初の100石から36年1000石，38年2000石に拡張して邦人1世に大歓迎をうけ，東麒麟と東風なる商標で一般にも販売された．

　さらに1937(昭和12)年にはサンパウロ市にあった外国人経営の絹織物工場を買収し，テセラゼム・デ・セダ・パウリセア・リミターダ(資本金1000コントス)を設立した．40年には織機約80台を備え，1日に広幅物2000m(月約5万5000m)を生産したが，原料は日本の生糸を輸入して日本の技術を応用し，大部分は富裕上流階級むけの高級絹織物であり，一部は

付属の精練場で羽二重に仕上げた．さらに絹織物の小売店を開設して一部製品の卸売と小売を行うなど，ブラジル人の間でも好評であったという．

このほかカーザ東山では，サンパウロ市に鉄工場を設けて送風機や板金切断機・偏心圧縮機・研磨砥石機などの工作機械の製作と販売を行ったほか，肥料・鉱山・地所など多角的な事業に進出し，まさにブラジルにおける小型の三菱財閥というべき活動を試みた．そこでこれらの事業を総括指導するため，1937（昭和12）年にブラジル東山事業総支配人（初代は君塚慎，40年から山本喜誉司）をおき，さらに39年からは南米事業はカーザ東山の呼称のもとに統合し，支配人をカーザ東山総支配人と改称した．同社は三菱合資にも比すべき南米全事業の本社機能を併せもち，39年以後はこれまでの傘下企業を総務（39年はコムミサリオ部）・商事・地所（所有土地の管理など）・工業（以下3部は40年から）・農事・銀行の6部に固めたのである．そして40年には職員46名（39年16名）・日本人傭員52名（同14名）・外国人傭員112名（同32名）を数えた（以下を含め，②1939・40年，④517～519頁参照）．

このうち商事部が営業したコムミサリオでは，コーヒーの受託販売と委託主への農業金融をも兼ね，奥地の鉄道沿線ぞいの主要地に代理店網を張りめぐらし，絶大な信用をえたという．開業して10年の経験をつんだ結果，1940年のコーヒー受託取扱高はブラジルのコーヒー総輸出量の約1％，日本人移民の生産コーヒーの約28％を数えた．また商事部は農産物や農用器具の販売のほか，貿易業にも進出して日本産の生糸・綿糸・毛糸・鉄製品・農具・農薬・肥料・一般雑貨などの輸入販売のほか，ブラジル綿花の対日輸出を行い，ブラジルと日本の貿易拡大に貢献しており，さらにチリ・アルゼンチンなどの隣接諸国と米国の第三国貿易にも従事したのである．

(2) 南洋事業

岩崎家庭事務所では南米事業につづいて，1929（昭和4）年からオランダ領東インドのスマトラ島に進出したほか，イギリス領マレー半島で33年に

第4章　昭和初期三菱の不動産経営と企業活動　　　　147

共同出資のゴム園を経営した．

　まずスマトラでは，1929年に岩崎久弥は佐藤某を派遣してオイルパーム（油椰子）の栽培事業を調査させた．当時の南洋（今の東南アジアやメラネシア・ミクロネシアなどを総称）ではゴム・ココヤシ・砂糖キビ・茶・麻などが主要な作物であったが，久弥はマレー半島やジャワなどの外国資本が優勢な地方や現地人企業と抵触する部門をさける方針のため，スマトラのオイルパーム事業を選んだという．とくにオイルパームはココヤシと異なり，第1次大戦後に新しく登場した熱帯油脂作物であり，アフリカのコンゴーから種苗がジャワに流入され，これをベルギー人が工業化したのが南洋最初という最新産業であった．しかもその用途は石けんや蠟そくの原料，鉄板錫メッキの錆止め・人造バター・パーム仁油など多方面にわたり，生産費も低いうえに面積あたりの油収穫量もあらゆる植物にまさり，ココヤシの1haあたり1トンの2倍以上といわれた．しかし収穫直後に搾油精製せねばならず，ヤシ園のなかに工場を建設する必要から大資本を必要とした（以下を含め，④506〜509頁，②1939・40年を参照）．

　これらの事情から岩崎久弥の意図が満たされたので，さらに東山農事会社の坂本正治を派遣して成案をえ，1929（昭和4）年にスマトラ島メダン市にオランダ領東インド商法による東山栽培株式会社（資本金400万ギルダー）を設立した．そして同年12月に同島東海岸州コタナピンに1万2000haの地権を獲得（33年に未開墾のまま返還），さらに31年には同州ラブアンビリク港（パネと俗称）近くのパネに5917haの世襲借地権（75年間）を入手した．後者はパネ港（当時シンガポールから週3便の船路があり，3日間で到着）からさらにブルモン川を遡る約9kmにある川沿いの地点に位置し，苛酷な熱帯ジャングルのなかでただちに困難な開拓がはじまり，地名にちなんでアヂャム園と名づけられた．

　当時の日本人企業の多くはゴムなどの在来作物が中心であったが，アヂャム園ではオイルパームのみを植えつけし，完了した38年10月には約50万本に達し（なお33年に借地のうち，都合により2377ha余を放棄），39年末

の植付面積は3231ha余（うち成熟して採取可能は1423ha余）を数えた．なお同地方の土地は不毛で，農園の従業員は開墾に多大な辛酸をなめ，とくに水質に塩分が多くて工業用水にむかないため，難工事の末に長い水路を掘って引水するとともに農地に灌漑した結果，周辺の土地数十万町が開拓可能地になったという．

そして1937（昭和12）年5月には，農園内にドイツのクルップ式によるパーム油搾油工場が竣工（年産1000トン，38年に第1次拡張，39年に第2次拡張）し，その年生産量は37年519トン，38年1556トン，39年3165トン，41年7500トンに上昇したほか，副産物のパーム仁は38年に195トン，39年698トン，40年880トンを示した．このうちパーム油は英国系のガマリー商会が代理店となって欧米に輸出し，パーム仁は三菱商事のシンガポール支店が欧米むけに一手販売を行った．

以上，南洋におけるオイルパームの最初の日本企業といえるアヂャム園（東山栽培会社の経営）に対し，岩崎久弥は約800万円（1929年換算）を投下し，現地支配人（初代は梶田均，37年から宮地勝彦）のほか，40年に職員14名，外国人雇員数名，ハワイなどからの使用人は実に1000人以上を数えたのである（以上，② 1939・40年，④ 508～509頁を参照）．

次に岩崎久弥の南洋事業には，マレー半島のゴム園経営がある．同園は1906（明治39）年に久弥の友人愛久沢直哉がシンガポールの対岸ジョホール州のペンゲランに開設したもので，当時ゴム事業は欧米人のみが着手していた時代に日本人でいわば最初に南方開発を先行した例といわれた．愛久沢は東京大学を卒業後の1894（明治27）年に三菱合資に入社．間もなく退社して日本の植民地となった台湾に赴き，総督児玉源太郎や民政長官後藤新平のもとで総督府の計画した南方進出の別働隊として活躍したという．中国福建省の厦門・潮州間の鉄道建設に従事したほか，1902（明治35）年には厦門に三五公司なる商社を経営し，1906年に前記の英領マレー半島に進出した．このゴム園経営には岩崎久弥が資金を援助し，以後に両人は協力してゴム園の発展に努力，植樹地はさらに同じジョホール州のバトバハ・クライブ

ッサールに広がった．3農園の合計は約4万エーカー，ゴム栽培は約3万4000エーカー，年産1000ポンドに達し，現地の従業員も昭和年代には職員約60名，労務者約5000名を数えた．そして製品はシンガポールに運んで，三菱商事支店と前記のガマリー商会が代理となって販売していた（以下を含め，④510～512頁参照）．

　同農園は創業以来，愛久沢の個人経営であったが，1933（昭和8）年12月に愛久沢と岩崎久弥（子息の彦弥太・隆弥・恒弥などを加えた）らの共同出資にかわり，英国会社法にもとづくコンソリデーテッド三五公司リミテッド（資本金500万海峡ドル，本社シンガポール）を設立，基礎を固めていよいよの発展を図った．しかし40年8月に愛久沢が75歳で病死したため，岩崎久弥がその遺業をひきつぎ，三五公司を自分の東山農事会社の傘下に加え，同年にジョホール州ラヤンラヤンに「2600年ゴム園」を増設した．なお40年の従業員数はペンゲラン1167人・バトバハ2793人・クライブッサール1230人・「2600年」237人であり，年産生ゴムはペンゲラン127万1538ポンド（売上高44万5000海峡ドル）・バトバハ559万1484ポンド（同約195万7000海峡ドル），計224万7578海峡ドルに達した．41年12月の太平洋戦争後はシンガポール攻防戦などのために操業を停止したという．なお41年12月末の4ゴム園合計の有形資産は土地689.5万海峡ドル・建物53万ドル・工具器具8.8万ドル・備品8.8万ドルの合計751.4万海峡ドルであった（④512頁，②1939・40年を参照）．

(3)　台湾と朝鮮

　次に台湾では1908（明治41）年から岩崎久弥の個人事業として竹林経営をはじめ，11年から久弥系の合資会社三菱製紙所（後に三菱製紙株式会社）が三菱台湾竹林事務所の名称で製紙材料の供給を行った．32年1月に図南産業合資会社（本社は台南州斗六街）として独立したが，ひきつづき三菱製紙の支配下にあった．やがて同社の事業を36年11月に東山農事会社が買収し，39年5月に図南産業株式会社（資本金60万円，全額東山農事の出資）

に改組している．所有地は台南・台中両州で1万4365町余に及び，竹林などの造林や桐油製造（工場は斗六街）を行った．このうち竹林は40年に7824町を数え，大部分は会社直営（一部は小作）で竹林・筍などを販売し，伐採高は年150万本以上を数え，跡地は畑地や油桐・杉などの混合林と台湾桐などの植林地にかえ，造林地は2151町余に及んだ．

また植付約1000町の中国産油桐の桐実を桐油工場で搾油し，40年に桐実2000石（昭和10年代は約2500石）・精製桐油約45トン（同，約11万斤で台湾総生産の80％，品質優秀という）を生産，三菱商事と菱三商会をへて日本の塗料工場に販売したが，軍需原料むけがふえて油桐地の拡張と搾油工場の設備改良が実施された．このほか，コーヒー（アラビカ種）を栽培して年産約200俵を数え，紅茶（インド原産のアツサム種）やチーク・タガヤサンなど特殊用材も植栽，39年からは松樹から松脂の採取（毎年1万本の切りつけ）をも開始したのである（以上は，④494～495頁，②1939・40年を参照）．

他方，岩崎久弥は1907（明治40）年1月に朝鮮で東山農場を創設し，本部を京城，支部を京畿道水原・全羅北道全州・全羅南道栄山浦におき，大部分は水田小作により，三菱合資に経営を委託していた．しかし19年11月に発足した東山農事会社がこれを直営することになり，東山農場の名称を同社朝鮮支店と改め，本部を水原に移し，出張所を京畿・全北・全南（40年に各農場に改称）においた．事業の主体は水田小作であり，40年における3農場合計面積は約5000町に及び，小作人約3500人，小作料の年収約4万5000石（籾）に達した．各農場の産米は大部分を所属工場で玄米に脱穀調製し，主に大阪へ積みだして三菱倉庫会社に委託処分させたが，東山米の名称で摂津・讃岐などの優良米と同じく酒米などに歓迎されたという．支店長は伴野雄七郎（東山農場時代の場長）・中屋堯駿・斉藤延・徳弘国太郎とつづき，40年の職員は53名を数えた（以下を含め，④490～494頁，②1939・40年を参照）．

また朝鮮では，1940（昭和15）年4月に東北部の江原道の京元線ぞいの

平康郡で約2000町を買収, 農業・牧畜・林業を目的に城山農事株式会社 (資本金70万円, 本店は水原) を設立した. そして現地の城山農場は京城より約40里に位置し, 標高360m以上の高原地帯であったから水田には不適であり, 畑作に大麻や亜麻などを新植し, 燕麦・玉もろこし・馬れいしょ・飼料作物などの増産をはかった. また牧畜では養豚や育馬のほかに緬羊・牛・兎の飼育を計画, 林業では防風林をかねた落葉松の植林を約250町に実施した. しかし間もなく戦争体制に突入したため, 十分な成果をあげることができなかったという. なお城山農事会社の本店事務はすべて東山農事会社の朝鮮支店が代行し, 城山農場は東山農事会社の各場所に準じて取り扱われ, ここでも三菱合資の統括方法が応用されたのである. しかし城山農業会社は44年4月に,「事業運営ノ都合ニヨリ」その経営は朝鮮無煙炭株式会社に委譲されている (東山農事株式会社「事業報告書」第26回による).

(4) 東山農事会社の営業内容

さて三菱合資と岩崎久弥が経営していた農牧林業を統括した東山農事は, 1926 (大正15) 年から国内の新潟県と北海道の農用地を処分しはじめ, 久弥の個人経営である小岩井・末広農場を受託したほかは, 事業の中心を朝鮮の東山農場においた. このほか岩崎久弥は27年からブラジルのカーザ東山, 29年からオランダ領スマトラ島の東山栽培に進出したが, 遠地で創立そうそうの企業であるため, 当初は岩崎家庭事務所が管理したようである.

やがて1936年には台湾の図南産業会社を東山農場が買収して経営にあたることになり, さらに38年4月に小岩井農牧会社 (資本金200万円, 専務は坂本正治) が発足して小岩井農場を買収してその経営を担当すると, 小岩井農牧の本店事務はすべて東山農事が代行することになり, 小岩井農場は東山農事の各場所に準じて取り扱われることになった. さらに40年4月に発足した前述の朝鮮の城山農事会社でも本店業務は東山農事の朝鮮支店が代行し, 城山農場は東山農事の各場と同じ扱いとなった. また40年には, 岩崎久弥が出資していた英国領マレー半島の三五公司をも東山農事の傘下に入れ

表 4-4 東山農事会社の貸借対照表
(1935 年 12 月末)
(単位:円,未満切りすて)

資　　産		負　　債	
未払込資本金	3,000,000	資　本　金	10,000,000
固 定 財 産	3,687,909	法定準備金	430,000
地　　所	(3,650,702)	配当準備金	1,711,000
建　　物	(35,163)	特 別 基 金	486,625
機　　械	(1,488)	退職慰労基金	171,687
起 業 費	(556)	別途積立金	264,460
有 価 証 券	3,423,645	勤 倹 預 金	364,112
貯 蔵 金	877	仮 受 金	6,690
穀　　　　物	206,318	未 払 金	24,367
貸　　　　金	64,724	前期繰越金	246,837
仮 払 金	35,215	当期利益金	627,800
未 収 入 金	119,725		
諸 預 金	3,788,643		
現　　　　金	4,518		
合　　　　計	14,331,578	合　　　　計	14,331,578

注:東山農事会社「事業報告書」第17回より.(　)内は
内訳数.円未満切りすてのため,各項の累計と合計数は
一致しない.

ている.

したがって 1940 年ごろの東山農事は, 朝鮮の東山農場を直轄し, 台湾の図南産業とマレーの三五公司の運営にたずさわり, 小岩井農牧と城山農事の本店業務を代行しながら, 岩崎久弥の末広農場を受託するという広い業務を担当していた. これ以外のオランダ領スマトラ島の東山栽培とブラジルのカーザ東山は東山農事の直接統括下にはなく, 岩崎家庭事務所に属したいわば東山農事の兄弟会社の関係にあったといえる (以上は, ②1939・40 年, ④493～494 頁を参照).

そこで利用できた東山農事の事業報告書から, 当時の経営内容を整理してみよう. まず, 1935 (昭和 10) 年末の貸借対照表によると (表 4-4), 未払込資本金を除く資産額 1133 万 1578 円のうち, 首位は諸預金の 378 万 8643 円 (33.4%), 地所 (365 万余円) などの固定財産 368 万 7909 円 (32.5%) と有価証券 342 万 3645 円 (30.2%) がつづき, 関係会社などへの諸投資と

第4章　昭和初期三菱の不動産経営と企業活動　　153

表4-5　東山農事会社の損益計算書（1935～38年）

(単位：円, 未満切りすて)

年　次		1935	1936	1937	1938	累　計
支出	穀物原価・販売費	262,768	268,280	266,325	311,811	1,109,184
	本　社　営　業　費	314,989	343,611	388,782	442,896	1,490,278
	支　払　利　息	18,306	23,481	21,176	16,845	79,808
	雑　　　　損	102,905	175,663	77,656	96,541	452,765
当　期　利　益　金		672,800	686,924	752,492	845,159	2,912,375
収入	穀　物　売　却　代	692,965	693,719	752,096	941,571	3,080,351
	収入利息・預金収益	149,744	138,344	96,768	87,743	472,599
	所有株式配当金	234,996	269,294	345,759	389,429	1,239,478
	雑　　　　益	249,063	396,602	284,809	294,510	1,224,984
	合　　　　計	1,326,770	1,497,961	1,479,434	1,713,254	6,017,419

注：東山農事会社「事業報告書」第17～20回より作成．毎年1月1日から12月末まで．ただし1937年の支出項目は，写し違いなどのために27,000円多いが，そのままとした．また円未満切りすてのため，各項目の累計が合計と一致しない．

預金の比重が高いことがわかる．また東山農場からの小作米が重要な収入源であるため，地所も高率を占め，穀物と貯蔵品の合計が20万円をこえることも特色といえる．そして資本金を除く負債額433万1578円のうち，配当準備金が最大の171万余円（39.5％），前記繰越と当期利益の累計が87万余円（20.2％）を数えるなど，会計内容がきわめて安定していたといえる．

　次に東山農事の1935～38年の損益計算書をみると（表4-5），収入合計は35年の132万余円から36・37年は140万台，38年には171万余円に上昇している．35～38年の4年累計601万余円のうち，最大は穀物売却代の308万余円（51.2％），所有株式配当金の123万余円（20.6％）と雑益（内容不明，あるいは傘下会社からの代行料や受託料などであろうか）の122万余円（20.4％）がつづき，利子収入も47万余円（7.9％）を示した．また4年間の支出累計では穀物原価・販売費は110万余円（穀物売却代から差し引くと収益167万1167円で，収益率は54.3％という高率），本社営業費が149万円で収入累計の24.8％にすぎない．また支払利息は8万円弱で利息収支は実に39万2791円の収益となる．雑損45万余円の内訳は不明であるが，関係会社の代行や受託などにともなう支出とすれば，雑益122万余円との差77

万2222円がそれらによる収益といえるであろう．そして4年間の利益合計は291万2375円に達し，収入合計に対して48.4%という高率を示したのである．なお東山農事の役職員は，35年末の取締役3（38年5）・監査役2（同）・正員53（55）・准員15（19）の計73名から38年には81名へ増えている．

3　三菱の不動産経営と企業活動

次に昭和初期の経済恐慌から軍需景気の時代にあたる，1927（昭和2）

表4-6　三菱合資と地所部（課）の損益表（1927～

		項　目	1927年	1928年	1929年	1930年	1931年	1932年
地所部（課）	収入	地　所　建　物	4,409,810	4,622,925	4,727,278	4,450,115	3,874,559	3,399,321
		そ　の　他	993,815	9,120,692	55,296	5,452	11,494	1,007
		設　計　監　督	2,489	35,305	1,875	5,363	11,462	
		区画整理補償	20,281	558,242	53,339	—	—	
		地所売却益	970,154	8,525,169				
		計	5,403,625	13,743,618	4,782,574	4,455,568	3,886,054	3,400,329
	支出	地　所　建　物	905,410	1,030,383	1,314,547	1,261,032	1,082,055	1,014,436
		営　業　費	357,060	458,503	577,883	493,851	445,739	383,134
		そ　の　他	320,821	792,919	222,897	246,492	149,908	158,627
		立　退　料	88,000	—	—	100,000	2,221	
		区画整理徴収	65,024	573,603	57,636	—	—	
		利　息	164,174	161,273	158,155	146,492	147,686	
		計	1,583,291	2,281,855	2,115,327	2,001,375	1,677,703	1,556,198
	原価償却		546,225	585,945	591,722	596,758	593,639	571,571
	純益		3,274,109	10,875,817	2,075,524	1,857,433	1,614,711	1,272,558
三菱合資	収入	地所部納付金	3,274,109	10,875,817	2,075,524	1,857,433	1,614,711	1,272,558
		地所売買益	1,684	186	3,283,446	95,064	271,640	
		有価証券収入	9,076,826	10,137,906	22,947,556	8,155,993	5,510,311	
		その他とも計	12,365,194	21,077,188	28,947,462	10,742,949	7,748,051	
	支出	地　所　建　物	3,457	3,678	40,797	4,643	6,339	
		営　業　費	4,275,024	8,678,303	12,351,621	4,237,715	5,337,173	
	純益		7,041,164	10,973,558	14,413,235	6,438,410	2,344,324	1,538,338

注：空欄は不明．有価証券収入には株式売却益・公債償還金などを含む．支出の地所建物には売却損得税・営業収益税増99,209円を含む．主要な項目のみを掲示した．『三菱社誌』各年末の営業報告

第4章 昭和初期三菱の不動産経営と企業活動

～36年の三菱合資の不動産経営を整理してみよう．ただし財閥の防衛期といわれた32～34年の財務明細は発表されていない．

(1) 地所部（課）と三菱合資の損益

まず地所部（32年4月から地所課）の収入のうち（表4-6），中心である地所建物は27～30年の400万円台（最大は29年の472万余円）から31～35年は300万円台（最低は33年の335万余円）に下落し，ようやく36年に407万余円に回復している．またその他の収入は変動が大きく，とくに地所売却益（27年97万余円，28年852万余円，29年以後は三菱合資の勘定に参入）と区画整理にともなう減歩地の補償収入（27年2万余円，28年55万余円，29年5万余円）によって上下し，設計監督料もまだ少額（最大は28年の3万余円，32年以後は不明）にとどまっていた．

他方，地所部の支出では，地所建物関係が1927年の90万余円から以後100万円をこえ，29年に131万余円の山を示したあと減少しはじめ（32年に最低の101万余円），33年ごろからの貸事務所需要の増大とともに上昇，36年には140万円をこえた．営業費の支出もこれとほぼ同じ働きを示し，27年の35万余円から29年に57万余円の山，32年に38万余円の谷になったあと，33年から上昇に転じ，36年には69万余円を数えた．またその他の支出も区画整理による増歩額などの徴収（最高は28年の57万余

36年）

（単位：円，未満切りすて）

1933年	1934年	1935年	1936年
3,355,101	3,424,836	3,778,196	4,071,453
27	4,042	2,128	3,926
3,355,128	3,428,879	3,780,324	4,075,379
1,152,396	1,139,552	1,317,443	1,420,801
①479,879	441,183	606,425	694,105
131,952	123,374	—	4,263
1,764,228	1,704,111	1,923,868	2,119,171
571,571	558,196	552,601	577,706
1,019,327	1,166,572	1,303,845	1,378,502
1,019,327	1,166,572	1,303,845	1,378,502
		196,730	502,146
		18,457,273	20,852,017
		19,762,589	22,773,030
		264,020	483,392
		8,059,958	8,127,226
5,075,799	2,138,393	10,540,580	13,893,759

などを含む．①地租・家屋税増82,579円と所から作成．

円）と立退料（27年8万余円，30年10万円，32年以後は不明）によって上下したが，利息は各年14～16万円台を示した（32年以後は不明，あるいはその他の計や営業費のなかに組みかえられたのかもしれない）．

地所部の収支差引から，減価償却費（主として貸事務所の建物に三菱では明治期から一定の償却率を計上してきた）を除いたものが純益であり，地所売却益や区画整理費の精算などの大小，とくに貸事務所の収支増減によって左右された．そして27年の327万余円から翌28年1087万余円の山を示したあと下向，33年の101万余円を谷に上昇しはじめたが，36年でも137万円にすぎなかった．

これらの地所部（課）の純益は，すべて三菱合資に対する納付金となる．さらに三菱合資管轄の地所売却益（最大は29年の328万余円，32～34年は不明）を加えたのが，合資の不動産収益の実額となるわけである．しかしこれに対して有価証券収入（配当や売却益・償還金などを含む）は，27年の907万余円から28年1013万円，29年2294万円の巨額に達し，30年815万円・31年551万円に落ちたあと（32～34年は未公表），ふたたび35年1845万円，36年2085万円に急昇している．持株会社としての三菱合資の資産力の大きさを知るとともに，経済恐慌の最中あるいは軍需景気の上昇とともに，三菱系の分系・関係会社の株式公開あるいは未払資本金や増資金の充当など，さらに政府や軍部などの要請にもとづく満洲などへの出資や貸付など，多大な資金需要に対応したことを察知できよう．とはいえ，三菱合資の収入計のうち，地所部（課）納付金と地所売却益を合した不動産収入は，27年26.5％，28年51.6％（最高），29年18.5％，30年18.2％，31年24.3％と相当の比率を占めていた（32～34年は未公表）．ただし有価証券収入が急増した35年は7.6％，36年は8.3％に落ちている．

また三菱合資の支出のうち，地所建物はおそらく地所部（課）管轄以外の総務課などが管理した不動産（たとえば社長旧邸や三菱倶楽部，福岡県八幡市や満洲新京・南海真珠など）関係の費用とみられ，27年の3457円から上昇し（29年は4万余円の山），31年は6339円（32～34年は未公表）であっ

たが，35年には26万余円，36年には48万余円に急増している（詳細は不明）．このほか営業費支出は増減差がはげしく，27年の427万円から28年867万円・29年1235万円に急昇，30年は423万円に戻ったあと，31年は533万円にふえている（32〜34年は未公表）．さらに35年には805万余円，36年には812万余円に激増しており，三菱合資における日本内外の営業活動が拡大したことを反映しているのであろう．

たとえば，営業費支出の一部である三菱合資の寄付金も1927年の56万余円（1266件）から29年には110万円余（1342件）の山を示したが，30・31年は80万円前後にとどまった．しかし財閥批判の高まりとともに，32年は150万余円（以下，件数不明），33年214万余円，とくに三井の防衛策に対応して34年には実に955万余円（うち600万円は三菱重工業の増資公開によるプレミアム全額分）を数え，35年も442万余円，36年に275万余円を示し，27〜36年の寄付金累計は2433万余円に達している．これらの寄付金の増大が，三菱合資の営業費上昇の一因となっていたのであろう（⑳312頁参照）．

(2) 三菱合資と地所部（課）の資産負債

次に，三菱合資のなかの地所部（課）の位置を推定してみよう．以前の三菱合資にあった鉱山・炭坑・造船・営業・銀行・保険などの事業部は，大正期にすべて独立して分系各会社となり，ひとり土地家屋の維持管理と運営にあたる地所部（課）のみが，本社に残されていた．これは土地家屋の不動産が三菱合資の資産と致富の主要な原資であるとともに，丸の内地区という最強の貸事務所経営を所有する三菱合資をもってしても，これらの不動産だけでは地所企業としては独立できなかった事情を反映していたといえる．

そこで三菱合資の財産目録の1929・36年を比較すると（表4-7），29年の資産合計1億9346万円のうち地所部は資金（資本金にあたる）・貸金・取引勘定の累計1212万余円で全体の6.3％から，36年には資産合計2億1793万円のうち地所課は累計1613万余円で7.4％に微増を示した．また地所部

表 4-7　三菱合資の財産目録（1929・36 年末）

(単位：円，未満切りすて)

資産			負債		
項　目	1929 年末	1936 年末	項　目	1929 年末	1936 年末
地所部（課）資金	8,700,000	16,000,000	資　本　金	120,000,000	120,000,000
〃　〃　貸金	1,300,000	—	積　立　金	30,000,000	44,631,629
〃　〃　取引	2,128,100	137,981	繰　越　金	7,037,799	17,709,628
土　　　　地	3,998,304	2,770,172	退職手当基金	1,847,086	3,662,542
建　　　　物	910	—	借　入　金	—	1,420,774
起　業　費	—	567,111	公　益　資　金	2,475,718	—
出　資　金	3,111,292	212,020	共　済　預　金	2,548,487	—
有　価　証　券	139,890,026	173,943,951	勤　倹　預　金	2,881,172	4,397,972
分系会社貸金	13,960,000	—	雇人貯蓄預金	13,685	24,953
貸　　　　金	853,112	8,135,539	預　り　金	1,259,564	1,241,282
仮　払　金	4,238,942	110,176	関係会社取引	295,293	18,357
未　収　入　金	2,695,286	936,330	未　払　金	9,300,589	8,976,752
分系会社取引	5,113	—	未払寄付金	—	1,414,000
支払未決算	2,463,189	59,931	収入未決算	1,136,185	—
貯　蔵　品	5,802	3,532	支払手形	256,728	541,270
金　銭　信　託	—	3,081,800	当　期　利　益	14,413,235	13,843,759
銀　行　預　金	9,718,740	3,000,000			
三菱銀行当座	136,125	8,431,205			
現　　　　金	3,866	1,900			
受　取　手　形	256,627	541,270			
合　　　計	193,465,547	217,932,924	合　　　計	193,465,547	217,932,924

注：類似の項目は一括した．取引とは三菱合資との一時的な貸借，小払準備金と正金は現金，保証債務（見返）は受取（支払）手形とした．『三菱社誌』各年末の財産目録から作成．

（課）の管理以外で，三菱合資の総務課などが直轄する社有地（社長旧邸や三菱倶楽部用地，福岡県の事業予定地や海外投資地など）は，29 年の 399 万円から，36 年には地所課移管などで 277 万円に減少，社有建物も 29 年に 910 円を計上していた．

これに対して，三菱合資の最大資産は株式・公債などの有価証券であり，29 年の 1 億 3989 万円（全体の 72.3％）から 36 年には 1 億 7394 万円（同 79.8％）に上昇し，これからの配当利子あるいは売却益が，前述したように合資収入の圧倒的比重を占めたことを明示している．なお 29 年に 311 万円を数えた出資金は，36 年には 21 万余円に激減し，起業費の 56 万余円を加

えても低落しており，おそらく株式などに切りかえたのかも知れない．

このほか分系諸会社への貸金は1398万円を示し，これに地所部と一般を加えると合計の8.3％を数え，36年には813万余（3.7％）に減少した．また昭和初期の金融恐慌を反映し，29年の仮払金は423万円，未収入金269万円，支払未決算246万円（3項累計939万円で合計の4.9％）に及んだが，景気回復中の36年には3項累計110万余円（合計の0.5％）に激減した．さらに銀行預金は，当座を含み29年の985万余円（合計の4.5％）から，36年には1451万余円（金銭信託308万余円を加えると，全体の6.7％）に上昇している．

他方，三菱合資の負債では，まず資本・積立・繰越金の累計が29年の1億5703万余円（合計の81.2％）から36年には1億8244万余円（同83.7％）に上昇しており，借入金（29年はゼロ）が36年に142万円にすぎないことともに，財務内容が比較的に安定していたことを暗示する．

なお，退職手当基金（29年184万円，36年366万円）のほか，三菱合資では公益資金（29年247万余円，36年は移管のためゼロ）や共済（29年254万余円，36年は移管のためゼロ）・勤検（29年288万円，36年439万円）・雇人貯蓄・預り金などの社内預金の保管額が大きく，累計すると29年に917万余円（合計の4.2％），36年に576万余円（同2.6％）を示した．このほか未払金は29年に930万円，36年に897万円を数え，とくに32年ごろからの一般からの財閥批判とその後の財閥防衛にともなう寄付金の激増のため，36年には未払寄付金141万余円を計上していたことが特徴的である．

(3) 三菱各社の企業活動

まとめとして，三菱分系会社と地所部（課）の比重を，それぞれの純益から整理し，企業活動の一端を推定してみよう（表4-8）．ただし各社によって会計年度が一致しないが，一応の傾向をうかがいうるであろう．

まず1927（昭和2）～36年における各社の純益累計は，首位が三菱銀行の9679万余円であり，金融恐慌中にも業績が上昇して27年の756万円から29

表 4-8 三菱合資と分系会社の純益・資本金・

年度など		三菱鉱業	三菱製鉄	三菱造船	三菱航空機	三菱電機	三菱石油
純益	1927年	7,721,522	53,179	3,335,650	653,631	30,151	—
	1928	7,497,447	107,761	3,774,541	612,540	655,570	—
	1929	6,690,077	38,736	3,499,086	610,509	125,700	—
	1930	2,973,387	△308,764	1,570,752	611,960	58,646	—
	1931	2,938,736	△493,424	295,283	555,517	△575,861	△195,323
	1932	6,157,681	792,532	25,355	661,435	(1)△613,228	427,167
	1933	11,697,728	(2)△6,307,637	1,233,420	1,449,101	1,015,246	△608,293
	1934	12,793,043	△400,708	1,937,707	765,633	1,727,061	△154,126
				三菱重工業 3,858,201			
	1935	17,641,180	—	7,004,429		2,558,187	675,740
	1936	16,866,148	—	9,813,007		3,108,014	1,557,889
	累計	92,976,949	△6,518,325	42,267,757		8,089,486	1,703,054
合計年度		4〜3月	4〜3月	11〜10月 (1934年から1〜12月)	11〜10月	11〜10月	4〜3月
資本金(万円)	1929年	10,000〈3,750〉	2,500	5,000〈2,000〉	500	1,500〈450〉	—
〈うち未払〉	1936	10,000〈2,500〉	—	6,000		1,500	700
株式配当(%)	最低年	31上〜34上 4	27上〜 0	31上〜 0	33下〜 7	27上〜33下 0	31上〜32上, 33上〜35下 0
	最高年	33下〜36下 12	34年日本製鉄へ	27上〜29下 8	27上〜31上 10	35下〜36下 10	32下, 36上〜下 6
株主数	1927年	6,618	18	20	13	16	1931年 16
	1936	6,719	1934年 9	10,791		19	16
従業員数	1927年	36,662	1,311	15,776	2,353	2,437	1931年 199
	1936	30,682	1934年 111	36,234		4,305	321

注：空欄は不明．△は欠損．三菱航空機は1928年4月まで三菱内燃機，1934年6月に，三菱重工業（造株主・従業員数で1927年・36年に不明な会社は至近年の人数とした．従業員数は職員と雇員・職工．は34年下期から7％．(1) 三菱電機会社『建業回顧』から下期を△67,705円に補正．(2) 製鉄合同（課）の資金勘定．『三菱社誌』各年末の「各社財産目録・損益・株主数・人員表」と表13，三菱地

年には1167万円の山を示したが，さすがに昭和恐慌の波をうけて30・31年は770万円前後に後退した．しかし巨大銀行への預金集中や軍需景気などで，はやくも32年以後は1000万円台（34年は最高の1178万円）に回復し，三菱財閥の資金需給を支えたといえる．

第2位は三菱鉱業の9297万余円であり，昭和期の恐慌で1927年の772万円から下向し，30・31年は半額以下の290万円台に急落した．しかし32年

第4章 昭和初期三菱の不動産経営と企業活動

株主・従業員数（1927～36年）

(単位：円，未満切りすて：人)

三菱商事	三菱倉庫	三菱銀行	三菱信託	三菱海上火災保険	三菱合資	地所部（課）
1,836,014	1,091,177	7,568,297	227,162	631,858	7,041,164	3,274,109
2,922,838	1,106,449	8,370,037	808,836	801,071	10,973,558	10,875,817
386,382	1,162,699	11,674,247	641,751	668,756	14,413,235	2,075,524
389,050	877,619	7,653,818	710,689	728,543	6,438,413	1,857,433
△1,794,142	878,378	7,721,545	683,709	723,625	2,344,324	1,614,711
1,397,272	888,019	10,468,765	1,007,061	729,560	1,538,338	1,272,558
2,622,068	893,062	10,613,866	1,229,043	1,313,081	5,075,799	1,019,327
2,307,280	(3)208,506	11,778,689	1,382,715	1,116,960	2,138,393	1,166,572
2,317,471	605,903	10,563,632	1,343,184	1,499,029	10,540,580	1,303,845
2,834,384	711,358	10,382,721	1,433,297	1,770,684	13,893,759	1,378,502
15,218,617	8,423,170	96,795,617	9,477,447	9,983,167	74,397,563	25,838,398
4～3月	1～12月	1～12月	12～11月	11～10月 (1934年から1～12月)	1～12月	1～12月
1,500	1,000	10,000〈3,450〉	3,000〈2,250〉	500〈375〉	12,000	(4)870
3,000〈750〉	1,000	10,000〈3,750〉	3,000〈2,250〉	500	12,000	(4)1,600
28下～32上 0、36下～ 12	34下 0、27上～34上 8	31下～36下 8、28下～31上 10	27上～29下 0、32下～36下 6	27上～36下 12		
20	15	18	1,417	19	3	—
18	10	3.498	1,720		3	—
2,059	1,630	1,133	1929年 74	231	783	1926年 469
3,342	1,563	1,724	(116)	(292)	(293)	(170)

船が改称）へ合併．三菱海上火災保険は1933年に直系会社を分離されたが，そのままとする．鉱夫などの合計，ただし（ ）内は職員数のみ．株式配当は年数と上・下期別，三菱重工業による損失10,678,088円を含む．(3)関西風水害により損失694,123円を含む．(4)地所部所『丸の内百年のあゆみ』資料・年表・索引76頁より作成．

には回復して615万円，33年以後は1100万円をこえ，35・36年には1700万円前後という三菱系では最大の純益をあげた．工業原材料としての石炭や金属類を産出する三菱鉱業が主力であったことがわかる．

　第3位は日本最大の軍需会社といわれた三菱重工業であり，合併前の造船（34年4月に重工業と改称）と航空機（28年4月までは三菱内燃機，34年6月に重工業に併合）を合計すると4226万円に達する．しかし合併前の三菱

造船は27～29年の300万円台から，ロンドン海軍軍縮条約による造艦制限と昭和恐慌によって，30年は半分以下の157万円，31年29万円，32年にはわずか2.5万円に落ち，まさに損失寸前の悲鳴が聞こえるほどである．しかし軍需景気とともに33年には123万円，三菱重工業に改称する前の34年度は上期だけで193万円の純益（27年度からの累計は1667万1794円）をあげた．他方，三菱航空機は25年から陸軍の軍縮などがあったとはいえ，新戦法の航空機充実が進行したため，恐慌下にも60万円台（31年のみ55万円に低落）の純益をあげ，軍備増強とともに33年には倍増の145万円，合併前の34年前期だけで76万円（27年からの累計592万326円）に達した．そして三菱重工業に改称・拡大した34年後期には実に385万円（前後の造船・航空機分を累計すると34年中に656万1541円），35年700万円，36年981万円と飛躍的な純益の拡大を生んだ．

　第4位は三菱商事の累計1521万円であるが，同社は景気変動の波を直接に受けている．すなわち1927年の183万円から28年には292万円の山をむかえたが，世界・昭和の大恐慌で29・30年は38万円台に急落，31年には実に179万円の欠損を示している．しかし翌32年は139万円に回復，33年の262万円以後は230万円台を維持し，36年には283万円に上昇した．

　第5位は三菱海上火災保険の998万円であるが，同社は1933年5月に三菱の関係会社である同業の東京海上火災保険および明治火災海上保険（岩崎久弥系）と連繋を強めるため，三菱合資の所有する三菱海上火災の全株式7.5万株を東京海上に譲渡し，かわりに東京海上の増資株10万株（500万円）を三菱合資が引きうけ，三菱海上火災は三菱の直系会社から分離している（①36巻769～770頁）．なお三菱海上火災の純益は恐慌期にも比較的に変動が少なく，27年の63万円から28年に80万円の山を示し，29年に66万円に下向したあと，30～32年は72万円台を維持し，33年は131万円に上昇，34年111万円に後退したが，35年149万円，36年177万円に上昇している．

　第6位の三菱信託も累計947万円の純益をあげ，同様に不況に強い性格を示す．開業した1927年には22万円にすぎなかったが，28年には80万円の

第4章　昭和初期三菱の不動産経営と企業活動　　163

山を示し，恐慌期の29～31年も64～71万円を維持，32年には100万円で上昇に転じ，以後しだいに増加して36年には144万円を示した．

　第7位の三菱倉庫は累計842万円で，不況期の滞貨需要などのために比較的に変動が少なく，他の業種会社と異なった動きとなっている．27年の109万円から微増して29年に116万円の山となったあと，さすがに30年に87万円に下落したが，31～33年は88万円前後を維持した．34年には関西風水害による損失69万余円のため20万円となり，35年は60万円，36年は71万円にとどまった．

　第8位は三菱電機の累計808万円であり，景気変動の影響がもっとも強かった．産業用や家庭用の電気製品という最先端の生産部門であるが，金融恐慌や軍備縮小などで1927年に3万円の純益が，翌28年には65万円に急増，29年には12万円に急降したあと，昭和恐慌で30年は5万円余に落ち，31年は損失57万円，32年にも61万円の赤字がつづいた．しかし軍需景気をテコに，33年には101万円に急増，以後も年々増加して36年には310万円を示したのである．なお三菱電機では，27年4月に小田原急行鉄道会社（東京新宿―小田原間，現在の小田急電鉄）の変電所据置・車輛ぎ装・電線路工事を完成して開通させたほか，翌28年6月には同社の神戸製作所が鉄道省から受注した純国産の電気機関車EF52型2輛を納入，以後も東海道線の急・直行旅客列車の標準型として使用された（①35巻26・142頁）．

　第9位は三菱石油であり，創業時の1931年の赤字19万円のあとは32年に42万円の純益を示したが，33年は60万円の大赤字，34年は損失15万円とつづき，35年に67万円に回復したあと，36年には155万円の純益をあげた．恐慌と軍需の伸縮で波乱をくりかえしたが，開業から36年まで6年間の純益累計は170万円を数えた．

　最後は三菱製鉄であり，恐慌と軍縮の影響をもっとも強くうけ，1927年の純益5万円から28年は10万円のあと，29年は3万円台に落ちこみ，30年は赤字30万円，31年は49万円の損失を示した．軍需景気を軸に32年にようやく79万円の純益をあげたが，製鉄大合同による34年1月からの日本

製鉄会社への吸収にそなえ，三菱製鉄は33年に合併にともなう損失1067万余円を含めて実に630万円の赤字を計上，35年4月の三菱製鉄の解散のために34年にも40万円の純損となった．この結果，27年から34年までの8年間に累計651万余円の損失となったわけである．

以上，三菱系の主要会社の純益を本社である三菱合資と比較してみると，持株所有などを通ずる重複利益が含まれているとはいえ，合資の1927～36年の累計は7439万円を示し，三菱銀行と三菱鉱業の額を下まわっている．これは三菱合資の純益が所有の不動産や有価証券の売却益（株式公開などにともなうプレミアムを含む）など，さらに32年ごろからの財閥批判や海外侵略の強化などによる三菱合資の献金や寄付金の増減，さらに分系・関係会社への設立や未払の資本金と増資などにともなう出資の大小，これらに大きく影響された結果といえる．

たとえば三菱合資の純益は，27年の704万円のあと，不動産と有価証券の売却益を含んで28年1097万円（地所売却益852万円），29年1441万円（同328万円と株式売却益1389万余円）に急昇したが，昭和恐慌期の30年に643万円，31年は234万円，32年に153万円に急落している．軍需景気とともに33年に507万円へ復帰したあと，34年は213万円に下がり（32～34年の三菱合資の損益計算書は未公開のため内容が不明），所有株式の増加と有価証券の売却などの多い35年には1054万円（収入のうち有価証券の配当利子は1452万余円に増加，株式売却益146万余円，三菱製鉄の解散による株式益227万余円），36年には1389万円（株式売却益871万余円）に急昇している．

最後に三菱合資地所部（課）の純益をみると，1927～36年の累計は2583万円を数え，三菱銀行・鉱業・重工業には及ばないとはいえ，三菱商事以下の7社をこえている．これは28年の地所売却益852万円を含む1087万円の比重が大きく，それが地所部（課）の管轄を離れて三菱合資に直接計上された29年以後は純益も激減している．そして27年の327万円を山に（28年は除く），以後は恐慌にともなう貸事務所需要の減退につれて減少し，29年

第4章　昭和初期三菱の不動産経営と企業活動　　165

の207万円から33年の101万円の谷に落ちている．それでも不況に弱い鉱業や石油の採取精製，製鉄や造船・航空機（重工業に合併）と電機・商事にくらべ，地所の純益は安定していたのであり，不況に強い銀行・倉庫・信託・海上火災保険と並び，あるいはそれ以上に三菱合資を支えていたといえる．そして地所は34年の116万円から純益が回復しはじめ，35・36年には130万円をこえている．これは三菱地所が，立地条件のもっとも優れた東京丸の内に近代的な貸ビル・事務所を管理し，これを中軸に不動産経営を行うことができた結果といえる．

(4) 三菱各社の資本収益率・配当・株主・従業員

次に各社の資本金（ただし未払いを除く払い込み資本金で1936年度基準）あたりの純益累計（1927〜36年）を試算してみると，1万円あたりの純益は三菱海上火災保険（払い込み資本金500万円，29年は125万円）が最高で1万9966円，2位が銀行（同6250万円）の1万5487円，3位が信託（同750万円）の1万2636円とつづき，金融関係が圧倒的に高いことがわかる．4位は鉱業（同7500万円で最高，29年は6250万円）の1万2396円，5位は倉庫（資本金1000万円）の8423円，6位は重工業（6000万円）の7044円，7位は商事（払い込み資本金2250万円，29年は1500万円）の6763円とつづき，8位電機（資本金1500万円，29年の払い込み1050万円）は5392円，最後は石油（700万円）の4054円（開業後6年間を他社なみの10年分に試算）であった．これに対し本社の三菱合資（資本金1億2000万円）は単純計算で6199円にとどまっている．なお地所課は合資からの資金1600万円（29年は870万円）を資本金とみなすと実に1万6148円を数え，海上火災保険に次ぎ高額を示しており，三菱合資の財務基盤を強く支えていたといえる．

また分系各社のこの期の株式配当をみると，1927年の金融恐慌や30年からの昭和恐慌，32年からの軍需景気の影響で，業種によって大差がみられる．まず三菱海上火災保険は景気の好不況にかかわらず27〜36年に最高

12%の配当をつづけ,経済変動に強いことを明示している.次は三菱鉱業で大正末期からの慢性不況で27年上期は8%だが,27年下～29年上期は9%に戻り,恐慌とともに31年下期まで4%まで下降,32年から好転して33年下期以降は最高の12%を持続し,好況と軍需に強いことがわかる.また三菱商事も変動が激しく,27年上期の5%から27年下～28年上期は6%のあと,金融恐慌の28年下～32年上期の連続8期は無配,32年下～35年上期は8%に回復したが,35年下期6%・36年上期無配に落ち,ようやく36年下期以後に最高の12%を示した.

他方,三菱銀行は比較的に安定し,1927～28年上期の9%から,金融恐慌期からの多銀行への資金集中を背景に28年下～31年上期は10%を維持したが,昭和恐慌の影響などで31年下～36年下期には銀行として最低の8%に落ちている.また三菱航空機は軍備縮小や経済恐慌にもかかわらず,当時の最先端兵器への需要拡大によって,27年上～31年上期まで10%を維持したが,31年下～33年上期は8%,33年下～34年上期は7%に落ち,三菱重工業に吸収合併している.そして三菱電機は景気変動の波に左右され,27年上～33年下期の連続14期は無配であり,ようやく34年上期に6%,34年下期8%の配当を行ない,35年以降は最高の10%を持続した.このほか三菱造船は,1922年のワシントン海軍軍備制限条約や30年のロンドン海軍軍縮条約の影響を強く受け,27年上～29年下期の最高8%配当から,30年上期6%・同下期5%に落ち,31年上～33年上期は5期連続の無配であったが,軍需景気とともに33年下期5%,34年上期7%に復し,34年9月以後は三菱重工業と改称して7%の配当を続けた.さらに三菱倉庫は景気変動への対応力が強く,32年上～34年上期の15期連続で8%の配当を行ったが,34年下期には室戸台風による関西風水害で69万円の損失を出して無配に落ちた後,35年上・下期は5%,36年上・下期は6%に復配している.

このほか,1927年3月操業の三菱信託は,当初から29年下期まで無配であったが,業績の安定とともに,30年上～32年上期5%を配当,32年下期以降は6%を続けている.また31年2月に創立した三菱石油も,31年上

第4章　昭和初期三菱の不動産経営と企業活動　　　　167

～32年上期は無配であったが，32年下期に6％の配当を行ったあと，33年上～35年下期は再び無配に落ち，36年になってまた6％に復している．そして三菱製鉄は，ばく大な投資にもかかわらず収益が少なくて無配つづきであり，製鉄大合同によって34年に日本製鉄会社に吸収合併された（以上，⑳300頁参照）．

　なお三菱各社の株主数について，1927年と36年を比較してみよう．三菱鉱業は1920（大正9）年3月に三菱系でもっとも早く株式を一般公開したため，27年には6618人，36年も6719人という多数の株主をかかえていた．次は27年の創立時に一部の株を公開した三菱信託が，同年の1417人から36年には1720人を示している．また三菱銀行も29年3月の増資のときに一部の株を公開したため，株主数は27年の18名から36年には3498名に急増した．さらに34年に三菱造船が三菱重工業と改称して三菱航空機を合併した折，株式をプレミアムつきで公開したため，27年の株主数（造船20名，航空機13名）から，36年には実に1万791名へ激増を示した．これら以外の製鉄と電機・石油（2社は外資と提携），あるいは商事・倉庫などは三菱合資や岩崎久弥・小弥太，さらに三菱分系会社を中心とした閉鎖的な株式の相互持ち合いが主体であり，株主数はすべて20名以下である．とくに本社にあたる三菱合資は歴代の岩崎社長家の独占であり，資本金1億2000万円を久弥9000万円，小弥太3000万円で分ち，26年3月に久弥はうち5000万円を長男彦弥太に分与（久弥は4000万円）して合資に入社させ，株主は2名から3名になったにとどまっている．

　他方，三菱各社の従業員数は職員のほか雇員や職工・鉱夫などを含め（役員は除く），1927年の最大は三菱鉱業の3万6662人であり，ついで造船の1万5776人がつづき，2000人台に電機・航空機・商事，1000人台に倉庫・製鉄・銀行があり，海上火災保険231人と創業時の石油199人（31年），信託が74人（29年）を数えた．とうぜんながら，鉱夫や職工などが主力の採取や製造部門が多人数で，事務系が少数で運営できたといえる．そして軍需景気とともに，36年には三菱重工業が3万6234人で首位に上り，回復の遅れ

た鉱業が3万余人にとどまった．日本製鉄に合併した三菱製鉄と倉庫が減少したほかはすべて増加し，とくに軍需を背景にした電機が4305人（27年の77％増）と商事が3342人（同62％増）に急昇を示した．

これらに比べ，本社である三菱合資は1927年に職員365人と雇員など418人の合計783人の大所帯であったが，恐慌期の合理化などで36年の職員は293人（うち地所課170人）に縮小した（雇員などは不明）．地所の職員は26年に180人（27年は不明）であったから，27年の196人を山に減退して33年に155人の谷に落ち，景気回復とともに微増したことがわかる（雇員などは不明〔⑥76頁を参照〕）．

なお1936年の従業員1人あたりの純益額を試算してみると（雇員などの不明な会社は除く），1位は銀行の6022円が抜群であり，石油の4853円がこれにつぎ，重工業1166円・商事848円・電機721円を数え，鉱業549円・倉庫455円が低位を占めていた．

第5章　日中戦争と三菱の不動産業

　本章では，1937（昭和12）年7月から始まった日中戦争下の三菱の不動産業を取り扱う．戦争に先立つ37年5月に，三菱合資は残された唯一の事業部門であった地所課を三菱地所会社に独立させ，軍需景気に対応する新丸ビルの新築など，不動産事業の充実を図った．同時に，三菱合資は戦時増税策などに対応して株式会社三菱社へ改組し，持株会社としての機能純化と株式公開に踏み切った．

　しかし戦争の長期化は，軍需優先による鉄材などの使用制限から，三菱地所の新丸ビル工事は中止となった．やがて丸の内地区では禁止されていた木造貸事務所が，貸室需要の膨張からはじめて出現したのである．これらを加えた，三菱地所の日中戦争期の丸の内の不動産経営（国家統制による賃貸料の値上げ抑制や防衛体制の強化など）の内容と，軍備増強を目的として三菱系各社の施設拡張に三菱地所が設計監理や建設工事などを通じてディベロッパーとして実力を鍛えた事情を整理した．

　このほか，三菱地所以外で資料を入手できた三菱社と三菱信託の不動産取引などにもふれた．とくに三菱重工業・電機・鉱業・化成などの「日本最大の軍需企業」を軸とした三菱財閥が，好むと好まざるとにかかわらず，結果的には政府の戦争遂行に協力せざるをえなかった過程の一部を整理しておいた．

1 三菱地所会社の独立と三菱社

　持株会社となった三菱合資も,地所部（課）だけは唯一の事業部門としてひきつづき直轄していたが,昭和恐慌期の業務改革や1930（昭和5）年以後の家屋税や地租の増徴などの動きにつれて,地所経営を独立させる計画が検討されはじめた.たとえば32年2月には,三菱合資では「三井・安田・住友及び米国における土地建物の経営組織」という調査報告が行われている.

　とくに1936（昭和11）年2月の二・二六事件以後は,日本政府による準戦時体制の強化に拍車がかかり,その一環として翌37年3月には臨時租税増徴法・法人資本税などの増税新法が公布された.三菱合資でも節税対策としての事業部門地所課の分離が必要となり,さらに軍需景気にともなう貸ビル需要の堅調に応じて,新丸ビルの建設を計画,その実施組織として三菱地所の独立と合資の三菱社への改組が進行した（以下を含め,⑤379～391頁,⑥378～379・383頁を参照）.

(1) 三菱地所株式会社の分立

　かくて1937（昭和12）年5月に三菱地所会社が創立され（資本金1500万円・30万株,うち750万円払い込み）,三菱合資は所有不動産のうち丸ビルの建て2191坪余と同敷地2964坪余（うち道路敷124坪余）および営業用什器など,芝区愛宕町2丁目の管理所（建て42坪余,敷地124坪余）を合計984万3298円で譲り渡した.さらに地所課がこれまで管理してきた,合資社有の約40棟の貸ビル・貸事務所（丸の内所在）とその他土地など不動産の営業管理業務を,合資から委託をうけて経営することになった.その代価として三菱地所は,毎年の土地建物総収入の6割相当を三菱合資へ上納し,土地建物の公租公課と建物の減価償却は合資が,修理・改善その他の経費は地所がそれぞれ負担することになった.また資産に影響のおきる大改修は両社が協議のうえ施工し,地所から合資への上納率の改定も,必要に応じて協

第5章　日中戦争と三菱の不動産業

議することとした（以下を含め，①37巻1270～1285頁参照）．

　そして1937（昭和12）年6月から三菱地所は営業を開始し，初代会長（当時の三菱では本社の三菱合資のみが社長で，他の分系会社はすべて会長）に赤星陸治が選ばれた．また新会社の負担をなるべく軽減するため，これまでの地所課のうちで本館・建築・高輪（開東閣）の3係はそのまま三菱合資にとどまり，三菱地所は新しく庶務・営業・会計・営繕の4課をおき，当初の人員は職員（正・准員）111名，雇員など237名の計348名で発足した．なお本社に残置された建築係も新丸ビル建設などの業務関連から，同年11月には三菱地所に合流することになり，営繕課を吸収して建築課（職員33名）と技師長を新設している（なお三井不動産会社の分立は41年7月，資本金300万円）．

　また三菱合資が所有し，地所課が管理していた新京の康徳開館と白山住宅についても，1937（昭和12）年9月にその土地建物を現物出資して康徳吉租公司を設立（発起人岩崎小弥太・赤星陸治ほか9名，資本金250万元・5万株），薫事長（会長）は赤星が兼ねて10月に開業し，三菱地所の子会社として経営することになった．同年の借室需要は旺盛（申し込みは会館15口約500坪，住宅43口）で，会館の貸付率99％（空室43坪余），住宅は保留1戸をのぞいて全部貸付済みであり，職員10名（うち三菱地所からの出向2名）・雇員33名で運営した．翌38年3月には新会社法（満洲国）の施行で康徳吉租株式会社に改め，39年12月には満鉄所有地を取得するため（後述）に資本金を320万元（6万4000株）に増資し，全額を三菱地所（第2回の株式払い込み金の一部を充当）が引きうけている（①37巻1296頁，38巻1556頁，⑤376～377頁，⑥381頁参照）．

(2)　三菱合資から株式会社三菱社へ

　丸ビルなど以外の土地建物を所有した三菱合資は，1937（昭和12）年12月に株式会社三菱社へ改組した．すでに大正期からの三菱分系会社の独立後，事業規模の拡大につれて一部分系会社の株式公開がはじまったが，その勢い

は三井にくらべて遅れていたといえる．その理由は，昭和恐慌期の財閥批判は三井への風あたりが最大で，32年の三井幹部の暗殺などを契機に三井は方向転換に最大の努力を注ぎ，翌33年の三井報恩会の設立やばく大な寄付金，さらに持株公開などによる三井防衛策を推進していた．これに対して財閥2位の三菱は，造船・航空機（34年に重工業へ統合）・電機・鉱業・石油・化成などの軍需部門が強いなどの結果，財閥批判は三井よりは薄かったといえる．三菱でも寄付金などは増大したが，具体的な組織改革や株式公開の動きは三井よりも弱かったのである．

しかし1936（昭和11）年からとくに準戦時体制と国家総動員への流れが加速しはじめ，37年3月には財閥3位の住友が本社である合資会社を住友本社へ改組した．このため社長独裁的な色彩の強い三菱も，ようやくその組織改革に着手せざるをえなくなった．すでに26年3月に3代社長岩崎久弥は三菱合資の持株9000万円から5000万円を長男彦弥太（34年4月に同社副社長）に分与して合資に入社させ（ほかは4代社長小弥太の3000万円）たが，37年3月に久弥はさらに次男隆弥と三男恒弥にそれぞれ1500万円を分与（久弥の残りは1000万円）して，合資の社員（合計，以上5名）とさせた．また合資の株式会社化に備え，同37年10月にも，久弥は同社理事の三好重道以下7名に各5万円を譲渡（ほか合計60万円を分与，久弥の残は940万円）して社員を増員している（以下を含め，①37巻1260・1302・1409頁，38巻1692頁，⑤413～415・482～483頁，⑳307～320頁を参照）．

かくて1937年12月から三菱合資は株式会社三菱社となり，それまでの社長室会（31年12月に設置）は取締役会，理事会は常務会に改組され，新しく分系各社との協議・打ち合わせのために三菱協議会を設置した．この結果，三菱社は持株会社として完成し，とくに各社の資金需要の激増や増資・未払資本金の徴収，子会社などの設立や経営参加などを調整することになった．そして一般公開による増資と社債発行にも力を注ぎ，翌38年6月には三菱社は社債3000万円（三菱銀行・信託の引き受け）をはじめて発行したほか，同年7月には三菱社所有の三菱商事株の一部を一般に分譲している．なおこ

の三菱社の38年2月の幹部報酬は，年報（月割支給）で社長15万円，副社長5万円という日本最大級の高額さであった．

やがて40年5月には三菱社は資本金の倍額増資（2億4000万円，240万株へ）を行い，新株（1株100円）をプレミアム50円つきで一般公開し，1億8000万円を入手した．新株主は約2万人を数えたというが，1万株以上の主要株主は岩崎彦弥太（副社長）48万，岩崎小弥太（社長）28.5万，岩崎隆弥15万，岩崎恒弥15万，岩崎久弥7.5万の岩崎一族（以前の持株の一部を縁故者に分譲，5名の累計114万株で総株の47.5%）につづき，明治生命8万，東京海上火災5.5万，第一生命5万，三菱信託3万5810株，日本生命3.5万，日本郵船3.5万，千代田生命1.5万の三菱系会社や主要生命保険会社（以上7社の累計30万5810株，総株の12.4%）で占められた．かくて三菱社は岩崎一族の私的支配から離れ，「国策遂行のために統制機能」を強化する特殊会社へ純化したが，増資認可の際に大蔵省は同社の配当を従来の10%から8%に下げることを条件としている．

2　三菱地所の貸ビル・事務所建設と丸の内

(1)　新丸ビルの起工と中絶

1933（昭和8）年ごろからの軍需景気期に加え，40年には東京オリンピックや万国博覧会の開催が予定され，丸の内地区を中心に貸ビルやホテルなどの建築計画が進行した．三菱地所課でもこの好機をとらえ，丸ビルを上まわる大ビルの建設を具体化しようとした．

すでに1935年ごろから政府は東京オリンピックに備えてホテル建設を三菱合資に要請し，日本郵船ビル裏（現在の三菱商事ビル別館敷地）に計画した地所課では，ホテル建築視察のため技師2名を米国に派遣したほどである．また三菱合資では翌36年1月に，所有していた岩崎弥之助の旧邸（神田駿河台の土地，23年9月の関東大震災で焼失）を大日本体育協会に譲渡し，最大8000人収容の室内競技場などが新設される予定であった（38年7月の

オリンピック返上で中止，敗戦後に岸記念体育館が建てられ，現在は日立製作所の本社）。他方，丸の内では大正期にジャパンホテルの構想もあったが，第1次大戦後の不況で流産となり，またオリンピックむけに三菱が計画したホテルも施工されなかった。かわりに新橋に第一ホテルが三菱地所の設計監理で改築工事が行われ，38年4月に開館している（⑤428～429頁）。

　三菱合資ではオリンピックと万国博覧会に備え，新しく東京駅前に昭和を代表する東洋一の大ビルを構想し，36年5月から設計をはじめて翌37年3月に完了した。そして三菱合資から独立した三菱地所会社の最初の大事業として，37年6月に新丸ビルが着工された。同地は東京駅前から宮城へ向かう行幸道路をはさんだ丸ビルの北側で，三菱合資所有の空地2789坪余を借用して鉄筋鉄骨コンクリート造り地下2階・地上8階（建て2565坪，延べ1万9104坪）を建設し（大林組と請負契約），工費約1000万円で40年3月の竣工を予定した。東京館と命名されて工事は順調に進んだが，37年7月にはじまった日中戦争を契機に日本は戦争経済に突入し，鉄鋼の使用制限にともなう「不急不要」なビル建設への抵抗が強まってきた。

　やがて37年9月公布の臨時資金調整法と軍需優先の鉄鋼工作物築造許可規則の施行にもとづき，同年10月に三菱地所は新丸ビルの自発的な建設中止を決定した。当時，大蔵省も新庁舎を霞ヶ関に工費500万円で新築中で工事の1/3を終えていたが，これの中止が討議されたという。三菱の新ビルも4割ほど工事が進んでいたが，周囲の道路維持と隣接ビルの沈下防止のために基礎工事部分だけは完成させる必要があり，政府の許可をえて38年末まで工事を継続して完了させた。なお在庫として残っていた東京館新築用の貴重な鋼材（鉄骨・鉄板）2930トンは，三菱地所が設計監理を引きうけていた三菱重工業の名古屋航空機製作所の陸・海軍用機体工場などの急増設のため，不足していた所要鋼材（約1万600トンのうち3000トンのみ入手）を補充すべく，商工省の許可をえて39年1月に同製作所へ提供している（以下含め，①37巻1286頁，⑤401～404・438～439頁参照）。

　また工事を中断した東京館は，太平洋戦争末期の1943（昭和18）年8月

第5章　日中戦争と三菱の不動産業　　　　　　　　175

に警視庁消防部長から防火用水として貯水する要請があり，同年12月に土圧対策も兼ねて約5万トンを注水し，約3000坪の貯水池が誕生した．しかし池水が腐って臭気が発生して苦情がおこり，蚊の発生対策も加えて鯉の稚魚5万匹をはなち，44年春ごろからは養鯉の釣や食用もみられた．敗戦後は占領軍が消毒のためにDDTを散布したので鯉は死滅したが，51年3月から新丸ビルとして工事が再開され（建て2453坪，延べ2万104坪余），翌52年11月に完成している．

(2) 木造貸事務所の建設

1937（昭和7）年7月からの日中戦争の本格化につれて，翌38年には鉄材・セメントなどの使用制限のためビルの新増築はすべて禁止された．他方，国家総動員体制と統制経済の強化によって，国策会社や配給統制組合などが続々と結成され，事務所需要が急増したために事務所難は重大な社会問題とさえなってきた．しかし三菱では丸の内の事務所街は英国や米国の近代的なビジネスセンターの建設を目標に煉瓦造りやコンクリート造りの防火建築を基準としてきた．さらに都市計画法にもとづいて，丸の内地区は可燃物建設を認めぬ甲種防火地区に指定（25年4月）され，33年3月の同法改正で宮城を取りまく美観地区に含まれていた（以下を含め，⑤ 422～424頁，⑨ 137・147頁参照）．

そして当時の丸の内地区には総面積（丸の内1～3丁目約6万5000坪，大手町・有楽町約8万坪）の約1割にあたる1万5000余坪の空地（ビジネス地区の25％）が残っていたため，空前の事務所難の一時的な緩和策として警視庁もついに木造建築を許可せざるをえなくなった．かくて三菱地所でも1939（昭和14）年4月にさっそく木造事務所の建設を計画，翌5月にまず日本郵船ビルの南側空地に2階建て1棟（建て888坪・延べ1776坪，工費46万2000円）を起工し，わずか3カ月後の8月に完成して日本製鉄会社と鉄鋼連盟へ賃貸して鉄鋼会館（現在の三菱商事ビル別館敷地）と命名した（表5-1）．

表 5-1　三菱地所・丸の内内外の建物表（1937～44 年）

年次	三 菱 地 所	丸 の 内 な ど
1937 年	3. 三菱本社別館 (3,400) 6. 東京館（起，19,104，新丸ビル） 12. 仲 10 号館別館 (1,044)・白山住宅（4 期，9 棟 36 戸）	4. 三菱銀行本店（増） 12. 鉄道省庁舎・帝室林野局
1938 年		4. 第一ホテル　10. 東日会館 11. 第一生命館　12. 東京放送会館・大正生命館　○東京府議会局新庁舎
1939 年	8. 鉄鋼会館 (1,776)	7. 産業組合中央会館　8. 糖業会館　○明治生命・東京 中央郵便局（開局）
1940 年	11. 奉天満鉄教習所（約 1,540）	○日本放送協会会館（放送会館）
1941 年	1. 国際電気通信館 (1,561)・第二鉄鋼会館 (698) 8. 機械工業会館 (1,586) 11. 造船会館（44 年 2 月に仲 9 号館別館，297） 12. 世界経済館 (294)	[12. 東京市，金属回収開始]
1942 年	2. 東 9 号別館（増，65）　6. 京城三菱ビル (1,067)	[○東京府，工場の分散疎開指示]
1943 年	6. 材料倉庫（後に仲 27 号館，125）	[11. 東京都，帝都重要地帯疎開計画]
1944 年	2. 造船会館 (1,162)	[1. 内務省，建物疎開命令]

注：建物名の左数字は完成月など，○印は不明．括弧内は，起業・増築などの別と延べ坪数．
　　［　］内は参考事項．
　　『三菱社誌』各年末「事業概況」，三菱地所『丸の内百年の歩み』上巻 422・429・449～452 頁，『同』資料・年表・索引 380～1 頁より作成．

　つづいて三菱地所は翌 1940 年 6 月以後の 3 棟をはじめ，木造 2 階建ての貸事務所の建設計画を続行した．そして翌 41 年の 1 月には国際電気通信会館（三菱銀行本店東側空地―現在は東京ビル，建て 768 坪・延べ 1536 坪，工費約 60 万円，国際電気通信社へ賃貸）と第二鉄鋼会館（明治生命館の北隣―現在は千代田ビル，建て 341 坪・延べ 682 坪，工費約 28 万円，日本製鉄・鉄鋼連盟へ賃貸），8 月に機械工業会館（大手町常盤橋寄り―現在は日本ビル，建て 796 坪・延べ 1586 坪，工費約 60 万円，日本鉄鋼製品工業組合連合会へ貸与），11 月に造船会館（明治生命館の東側―現在は明治生命別

館,建て144坪・延べ297坪,工費約12万円,造船組合連合会に貸与,同会が44年2月に転出後は仲9号館別館に改称して三菱重工業へ賃貸),12月に世界経済館(大手町常盤橋河岸寄り－現在は日本ビル,建て147坪・延べ294坪,工費約12万円,日本経済連盟の予定を世界経済調査会に変更して貸与)と,41年中に実に5棟の木造貸事務所を完成した.これらはあらかじめ将来の賃貸人の希望にもとづいて建設を開始しており,いずれも戦時経済に不可欠な国策会社や統制組織,あるいは軍需会社が対象であった(以上,①38巻1527・1574・1655頁,⑤424頁などを参照).

そして1941(昭和16)年12月に太平洋戦争がはじまると,資材や資金・労力などが軍需優先のため,木造事務所の新増築さえ困難となってきた.しかし事務所需要はいよいよ増大していたから,建物空間の活用さえ実施された.たとえば三菱社所有で地所会社が管理中の東9号館(もとの第1号館)1階東南側は銀行部時代に吹抜け部分(64坪余)であったが,当時入居していた三菱重工業艦船課が事務室拡張のため,木造の2階床を新設することを強く要求してきたという.建設申請をしても許可がえられないので,三菱地所も当初は拒絶していたが,後ろだての海軍省の命令で海軍が一切の責任を負うという条件で,1階事務室は執務したままで将来の原形復帰を前提に2階床を施工し,42年2月に終了している(⑤425頁参照).

このほか翌1943年6月には,丸の内1-8(現在は日本興業銀行本店)に煉瓦造りおよび木造の2階建て材料倉庫(延べ125坪)を竣工した(⑥188頁)が,これは主に防空用の資材や道具などの保管を目的にしたために建築が許可されたのであろう.さらに当時の最重点産業であった造船業を統括する造船統制会(前身の造船組合連合会時代から41年11月竣工の旧造船会館297坪を賃借中)の強い新館建設要求があったのであろう.三菱地所は43年3月に丸の内1-2(日本工業倶楽部北側,現在は永楽ビル)に木造2階建て1棟(一部地階,建て568坪・延べ1162坪,工費予算60万4500円―坪あたり520円,実費67万2071円)の事務所建設を決定した.同年8月に起工して翌44年2月に完成し,造船統制会に引き渡して造船会館の名をつぎ,

旧館は仲9号館別館と改称して三菱重工業に賃貸した（①39巻2076・2164・2233頁参照）．

　他方，外地でも三菱地所による貸ビルの建築が進んだ．まず満洲の奉天（現在の瀋陽）では，満鉄が1906（明治39）年から都市計画を実施し，交通や商工業の中心地として人口100万を超えていたが，そのビジネスセンターにあたる中央広場に三菱ビルが計画された．39年に三菱地所は同地に土地建物を所有する満鉄と交渉し，約3000坪（大和区富士町）の土地と建物1棟（煉瓦建て平屋，一部2・3階，延べ1482坪）を入手する代償（70万円）として地所が相当額のビルを建築し，これと土地を交換することになった．同年6月に康徳吉租（三菱地所の現地子会社）会長赤星陸治名義で満鉄総裁大村卓一と契約，ただちに三菱地所の建築部長が派遣され，満鉄が指定する市内大和区橋立町に鉄道従業員教習所1棟（煉瓦造り3階建て，延べ約1540坪，工事予算65万2500円，設計監理費1万6000円）を新築することになった．設計は三菱地所が担当して同年10月に着工，翌40年11月に完成して建物は満鉄に引き渡された．そして39年10月には，代価分に相当する70万円を康徳吉租の増資にあてる（資本金が250万円から320万円へ）こととし，全額を三菱地所が引きうけたのである（以下を含め，⑤451～452頁，⑥380～385頁）．

　しかし中央広場の旧満鉄所有地に三菱ビルを建設する計画（地下つき地上6階建て）は，鋼材やセメントなどの資材が入手できる見込みがなくなり，ついに実現できなかった．そこで旧満鉄の建物は軍の依頼で臨時に宿舎に使用したほか，1942（昭和17）年7月に建物の改修工事を終え，満鉄や日満商事・三菱海上火災に貸し付け，子会社の康徳吉租の増収を図ったという．

　さらに新京（現在の長春）でも，1939（昭和14）年に満洲航空から申し出があり，大同大街に1200坪の土地を譲り受け，三菱ビルを建設して同社に賃貸することになった．翌40年に鉄筋・銑鉄など434トンの割り当てを受け，基礎工事を行う予定であったが，その後の物資動員計画にしたがって満洲むけの割り当て分が制限されたため，計画は実現しなかった（⑤

452~453 頁参照).

　また北京でも，1938・39 年に陸軍から三菱に西部市街地でビル建築を依頼されている．三菱地所の藤村技師長らが現地を訪れ，北支派遣軍参謀長の山下奉文中将から直接に「北京丸ビル」の建設を要請されたという．そこで39 年 2 月北京西部の新都市計画予定地に土地 1 万坪を購入し，貸事務所（建て 1200 坪，延べ 6000 坪）建設の計画を立て，願書を提出した．その後，計画は進んだが，敷地が確定しないうえ，資材の入手や送金などでも交渉が難航し，これもついに同年 7 月に中止（北支那開発株式会社の通知）されてしまった（① 38 巻 1517 頁，⑤ 455 頁）．

　他方，朝鮮の京城（ソウル）では，1942（昭和 17）年 6 月に三菱ビルが完成した．同ビルはすでに 37 年ごろから建設が検討中であったが，41 年 4 月に三菱商事などの事務所難を緩和するために木造事務所の建設が決定された．同地は市役所前の広場に面した中心街（太平通 2 丁目の一等地）で，明治生命（岩崎久弥系）の所有地約 700 坪を借りうけ，臨時資金調整法などにもとづく許可をうけ，工費約 52 万円で 41 年 7 月に起工された．資材難のために工事は遅延したが，翌 42 年 6 月に木造 3 階（建て 362 坪・延べ 1067 坪）の三菱ビルヂングが完成し，三菱商事その他に貸し付けられた．なお同ビルは，敗戦後の 45 年 9 月に占領軍に接収されている（① 38 巻 1773・1939 頁，40 巻 2537 頁，⑥ 499 頁参照）．

(3)　三菱地所の丸の内経営

　1937（昭和 12）年 5 月に分立した三菱地所は，経営重点の 1 つを丸の内貸事務所においた．当初は三菱合資から分譲された丸ビルと開業後の同年 11 月に完成した仲 10 号館別館（古河電気工業に賃貸）の 2 棟のみが三菱地所の所有であり，地所課時代から管理していた他の 38 棟は三菱合資から借用して運営（これらの土地建物収入の 6 割相当を合資へ納付）することになった．

　判明した 1937~42 年の貸付状況をみると（表 5-2），丸ビルでは貸付可能

表 5-2 三菱地所の丸の内貸事務所表 (1937～42 年)

区分	年次(年)	棟数	貸付可能面積(坪)	貸付率(%)	月あたり貸料(円)	坪あたり、毎月平均貸料(円)	貸付口数
丸ビル	1937	1	13,708	97.5	115,408	9.24	420
	1938	1	13,659	100	127,597	9.69	428
	1939	1	13,704	99.8	129,977	9.70	440
	1940	1	13,723	100	131,114	9.74	425
	1941	1	13,723	100	131,099	9.74	421
	1942	1	13,722	99.8	132,536	9.90	423
新規	1937	1	762	100	5,955	7.81	1
	1938	1	762	100	5,955	7.81	1
	1939	2	2,538	100	23,715	9.34	2
	1940	2	2,538	100	23,715	9.34	2
	1941	7	6,921	100	78,049	11.28	7
	1942	7	6,921	100	78,049	11.28	7
直営館	1937	8	11,471	100	87,430	7.64	277
	1938	8	11,471	100	91,915	8.02	273
	1939	8	11,483	100	91,968	8.02	269
	1940	8	11,493	100	92,037	8.03	265
	1941	8	11,500	100	93,142	8.10	264
	1942	8	11,515	100	93,184	8.11	262
非直営館	1937	30	14,045	99.8	62,999	4.50	256
	1938	30	14,045	100	65,016	4.63	253
	1939	30	14,061	99.9	63,536	4.66	256
	1940	30	14,071	100	65,564	4.68	261
	1941	30	14,075	100	65,739	4.67	263
	1942	30	14,206	100	66,797	4.70	262
計	1937	40	39,987	99.1	271,792	7.05	954
	1938	40	39,938	100	290,483	7.39	955
	1939	41	41,788	99.9	311,196	7.50	967
	1940	41	41,827	100	312,430	7.51	953
	1941	46	46,221	100	368,029	7.96	955
	1942	46	46,365	99.9	370,566	8.04	954

注：坪あたり賃料は事務室・地下室・店舗（丸ビルのみ）の累計平均．新規は三菱地所の独立後に新築したもの（仲10号別館は1937・38年は非直営館に含まれていたのを分離補正），直営館は地所が管理人をおくもの（丸ビルが累計されているものは分離して計算），非直営館は管理人のいないもの．いずれも各年末現在，坪・円未満は切り捨てのため，累計と計が一致しない．『三菱社誌』各年末の地所「建物貸付調」より作成．

面積は1万3700坪前後（合計の34〜29%）でほとんど満室状態であり，貸数420口台（最高は39年の440，同44%前後）の坪あたり月賃料（事務室・地下室・店舗の平均）は37年の9円24銭から微増して42年に9円90銭を数え，月あたり賃料収入は37年の11.5万余円（同42.5%）から42年に13.2万余円（同35.8%）を示した．また地所所有の仲10号館別館（37・38年は非直営館に算入されていたのを分離）のほか，39・41年に木造貸事務所の新築を加えた新規は，37年の1棟から41年に7棟にふえ，貸付可能面積も762坪（合計の1.9%）から6921坪（同14.9%），貸付は1口から7口，坪あたり平均賃料は37年の7円81銭から，木造が多いにもかかわらず，39年には丸ビルなみの9円34銭，41年には最高の11円28銭へ，月あたり賃料も39年の2.3万円（同8.7%）から7.8万円（同21.1%）にそれぞれ上昇している．

次に三菱合資（三菱社）から借用して地所が管理人をおく直営館は8棟で変化なく，貸付面積は1万1500坪前後で毎年満室の盛況を示し，貸付口数は277から262に微減したが，坪あたり賃料は7円64銭から8円11銭に上昇し，毎月の賃料も8.7万円（合計の32.2%）から6.6万円（同25.1%）を示した．他方，明治以来の煉瓦建てが中心で三菱地所が管理人をおかずに賃借人の共同管理による非直営館は30棟で最大数を占め，貸付面積も1万4000坪余でほとんど丸ビルをしのぐが，坪あたりの平均賃料は最低の4円70銭前後（最高で38年の4円85銭）で新規や丸ビルの半分以下であった．貸付口数は260前後を上下し，月あたり賃料は39年の6.3万円（合計の20.4%）から38年の7万余円（同24.4%）などへ変化がみられた．

以上を累計すると，三菱地所が所有・受託した丸の内貸事務所は，1937〜42年の6年間に40棟から46棟，3万9987坪から4万6365坪（16%増），貸付口数は950前後で坪あたり平均賃料は7円5銭から8円4銭（14%増），月あたり賃料は27.1万円から37万余円（36.6%増）のそれぞれゆるやかな増加にとどまった．その理由は，前述したように戦争経済の進行にともなう貸事務所の新増築制限に加え，戦時統制が強化されて地代家賃の

上昇が抑えられた結果である．すでに38年4月には経済統制の基本法である国家総動員法が公布され，同年7月には2年後の東京オリンピックさえ返上した．さらに翌39年10月には地代家賃統制令が公布され，その賃料が原則として38年8月の時点に凍結された．とくに39年9月に第2次世界大戦が勃発し，翌40年1月に日米通商条約が失効するとともに，日本の戦争準備が加速し，同40年11月の宅地建物等価格統制令でその価格が39年9月の水準に抑制された．他方，40年7月公布の家屋税法で増税となったから，三菱地所などの貸事務所業者は賃料・価格の凍結と増税の板ばさみとなり，41年2月にようやく東京府が地代家賃の限定値上げ（新増築の場合など）を認めたほどである．同時に41年3月には借地法・借家法が強化されて貸地貸家業者の権利が制限されるなど，不動産業の冬の時代が深まったといえる（⑤421〜422頁など参照）．

さて以上の戦時体制の強化は，丸の内地区にも大きな社会的変化を与えた．日中戦争が本格化した1937（昭和7）年9月には関東防空訓練連合大演習が実施され，三菱地所でも別に独自の防護組織を編成して避難演習を行ったほか，軍は首都防衛の見地から丸の内にも民間の防衛施設の建設を働きかけはじめ，翌10月には三菱本館の屋上に防空監視所が設けられた．さらに内務省は市町村の下部組織として町会の整備を要求，区役所の勧めもあって三菱地所が丸の内にビルを所有する各社に呼びかけ，38年8月に丸ノ内町会が新設された（初代会長は三菱地所会長の赤星陸治）．会員の大部分は法人と賃借人で，官公署との連絡や都市美・防空の調査と施設，警防・衛生・交通・土木などの事項を討議し，また軍の要請で各ビルごとに特設防護団を組織した（⑤上巻420・427頁，⑥379頁，⑨523〜524頁参照）．

他方，不動産業界では軍需優先にともなうビル建設の抑制や課税の不合理是正，さらに1939年10月の地代家賃統制令と電力調整令による料金改定，防空施設や防護団組織などの難関が山積してきた．これらへの対策は，30年2月に発足したビルヂング茶話会（既述．丸の内を中心に京橋・日本橋・芝区の主な貸ビル経営者23社で結成，三菱地所も参加）では対外的な交渉

第5章　日中戦争と三菱の不動産業

力が弱いため，うち21社が発起人となって39年8月に東京ビルヂング協会を創立（初代会長は三菱地所の赤星会長）した．そしてまず実状にそわない地代家賃統制令に対してたびたび当局に陳情書を提出，一般の住宅や貸間と賃貸条件を異にする貸ビル業への是正を求めた．さらに各地のビルヂング協会と連合する方針を定め，翌40年2月に日本ビルヂング協会連合会を結成した（初代会長は同じく赤星）．参加者は東京22名・大阪10名・神戸3名・京浜6名（名古屋は参加保留）で，ビル経営の死命を制する地代家賃統制と電力調整，さらに39年から実施中の鉄製品の回収運動などに対処した．連合会は翌41年4月に法人として認可され，強力な全国組織となったが，その成果については41年2月の東京府による地代家賃の限定値上げ以外は，未調査である（①38巻1538頁，⑤485～487頁参照）．

また1934年7月に官民一体で発足した不動産懇談会（既述）は，信託会社や三菱地所・三井不動産・東京建物などが参加し，この時期では40年から土地価格の調査に着手し，同年8月に第1回の調査を完了した．そして翌41年7月には名称を不動産協会と改め，同年12月には第2回の地価調査を終えた．さらに翌42年4月には旧東京市（15区）全体の地価調査に広げ，同年12月に完成している（⑰147～148頁参照）．他方，37年7月に東京オリンピックと万国博覧会（40年予定）を返上したあと，40年の皇紀2600年を奉祝するため，39年11月から丸の内西方の宮城外苑の整備事業（現在の皇居前広場）が各地からの勤労奉仕によって開始されている．

3　三菱各社の不動産業

(1)　三菱地所の設計監理

1937（昭和12）年7月に日中戦争が本格化するとともに，陸海軍から航空機や兵器・軍需品の生産増強が要請され，三菱各社では工場の新増設が急伸した．三菱地所ではこれらに必要な工場用地の調査や買収に奔走し，さらに新増設工場や厚生施設などの設計や建設に全力をあげ，ディベロッパーと

表 5-3 三菱地所受託の設計監理建築物（1937〜41 年）

年次	受 託 建 築 物 な ど
1937 年	三菱重工業（名古屋航空機製作所・海軍機体工場・横浜船渠事務所・神戸事務所・航空機病院・東京機器製作所大井工場），三菱電機（神戸製作所事務所），協同企業（タンク），台湾船渠（大型修船渠工場），学士会館（増築）
1938 年	三菱重工業（名古屋発動機製作所大曽根工場・名古屋航空機製作所陸軍機体工場・東京機器製作所丸子工場），三菱石炭液化（内幌鉱業所），三菱石油（川崎製油所），三菱鉱業（清津工場），東京鋼材（広田工場所），満洲光学工業（日本光学系，奉天工場），第一ホテル
1939 年	三菱銀行（小倉支店），三菱鉱業（直島製錬所・大宮研究所），三菱重工業（川崎機器製作所），三菱電機（大船工場），日本光学（川崎久地第 5 工場），東京鋼材（深川工場），三菱商事（奉天社宅）
1940 年	三菱重工業（神戸造船所総合事務所・奉天事務所・長崎兵器製作所大橋工場），三菱商事（燃料部仁川油槽所），三菱銀行（大阪支店合宿所），樺太人造石油（帝国燃料低温乾溜工場・大宮研究所），満洲電気化学工業（日本化成系，工場），満洲飛行機（各種住宅）
1941 年	旭硝子（清津工場），三菱鉱業（清津製錬所），三菱電機（福山工場，神戸製作所大阪工場），三菱重工業（長崎製鋼所平壌機器工場・長崎兵器製作所・水島航空機製作所），三菱石油（川崎製油所研究所），三菱銀行（小倉社宅），三菱海上火災保険（大阪支店合宿所），三菱商事（甲陽寮，増築），日本建鉄（船橋工場），昭和電工（横浜工場），堺化学（合宿所），大阪市（市営北加賀屋労働者住宅，第 1 期）

注：三菱地所開業後の主な受託完成建物，三菱地所有は除く．（　）内は受託先ごとの事務所名など．三菱地所『丸の内百年のあゆみ』資料・年表・索引 242〜243 頁の表を，『同』上巻 429・460〜465 頁，『三菱社誌』年末「事業概況」より補正．

　しての実力を築きはじめた．とくに前述したように地代家賃統制令などで貸ビル・事務所の賃貸料収入が抑えられたため，三菱地所の収入増大には設計監理部門の果たした役割が大きかった（以下を含め，① 459〜467 頁参照）．

　そこで他会社から受託した三菱地所の 1937〜41 年の主な設計監理建築物の動き（表 5-3）を，その敷地などの選定・買収と併せて概観してみたい．まずそのうちで受託先の大手である三菱重工業は日本最大の軍需工場といわれ，すでに 1936 年 5 月に名古屋航空機製作所が陸軍の九七式司令部偵察機（第 2 号は朝日新聞社の神風号として訪欧飛行，37 年 5 月から量産，生産累計 437 機）を完成したのをはじめ，同年 12 月に陸軍の九七式重爆撃機（累計 1503 機），翌 37 年 3 月に陸軍の九七式軽爆撃機（同 636 機）を製作し，

第5章　日中戦争と三菱の不動産業

日中戦争に活用されていた（①37巻1141・1170・1258頁）．この名古屋航空機製作所へ37年7月に陸海軍から航空機の増産要請が行われ，前章で既述したような大江工場（海軍機体工場，39年1月に海軍の零式艦上戦闘機——いわゆる零戦を完成，累計3873機）などの大拡張が三菱地所の設計監督で行われた（①38巻1524頁）．さらに第2次の増設計画が進み，三菱地所は41年10月に知多半島の上野町と大府町に約60万坪の農地山林を買収，地上整備の設計監督をも担当したのである（⑤460頁）．

また三菱重工業の長崎造船所では，1934（昭和9）年12月のワシントン海軍軍縮条約の破棄と36年1月の第2次ロンドン軍縮会議脱退の前後からの無制限建艦競争時代への突入にともない，軍艦や船舶の大増産に着手していた．たとえば，すでに34年末に海軍軍司令部の要請で巨大戦艦武蔵（排水量7万2218トン，時速27ノット，長さ256m・幅38.9m）の基本計画に着手，37年3月に船型を決定して翌38年3月に起工した（同型の姉妹艦大和は37年11月に呉海軍工廠で起工，41年12月に竣工）．なお戦艦武蔵は40年11月に進水，42年8月に竣工したが，44年10月にフィリピンのジブヤン海で米国海軍の魚雷20本を受けて沈没した（また大和も45年4月の沖縄戦に参加，種子島西方で撃沈された）（①37巻1419頁，38巻1682頁，39巻1949〜1950頁）．

これらの建艦競争にあわせて兵器を提供する三菱重工業の長崎兵器製作所では，39年9月に海軍から生産力倍増の要請を受けた．しかし旧来の浦上工場では拡張の余地がなく，長崎市の北端大橋町に約6万坪の土地を買収，42年4月までに約1万6000坪の新工場（高性能魚雷を製造）を建設することになった．さらに40年には海軍から第2次拡張による50％の増強が要請され，大橋の新工場に建物約5000坪を増設することになり，その設計を三菱地所が担当して41年春に完成した．なお45年8月に投下された原爆によって，この大橋・浦上工場をはじめ付近の諸施設がすべて壊滅し，三菱は製作所長以下7952名の死傷者を出している（⑤463頁参照）．

他方，三菱重工業の名古屋航空機製作所では，日中戦争の拡大につれてそ

の後もたびたび軍から生産増強を命令され，増設を続けたが，もはや拡張の余地がなくなった．そこで新しく他の場所に飛行場を備えた工場を建設することになり，1940年11月に三菱地所に協力を求め，敷地130～200万坪の候補地を探した．やがて工場誘致に熱意の強かった岡山県水島地区が適地ときまり，41年4月に進出が決定した．同地は高梁川河口の海岸を埋め立てた工場用地33万坪・飛行場用地31万坪・河口一帯の陸地66万坪・合計約130万坪を数え，海軍が資金調達や土地買収・資材入手などを行い，三菱重工業に工場を貸与するという官設民営方式が採用された．

建築予定の建物は機械工場1棟・部品工場2棟・組立工場2棟とその後の増設を加え延べ8万坪を数え，爆撃対策として工場間隔を100m離し，電力・蒸気・空気などの配管はすべて地下に埋設したほか，三菱重工業が費用を負担した厚生施設を含めると建物は延べ約11万坪にも達したものである．同所は新しく水島航空機製作所と命名されたが，三菱地所が以上の建設と設計監督を担当し，統制中の建設資材の配給入手から職人の食糧・寝具などの手当などに悪戦苦闘したという．なおこの水島地区は45年6月に大空襲を受け，工場と事務所は大きな被害を蒙ったが，敗戦後の復興は早く，広大な敷地を背景に水島工業地帯として発展していくのである（以上，⑤460～461頁参照）．

このほか，1937～41年に三菱地所が三菱重工業から受託した主な設計監理の建築物などは，表5-3によると神戸事務所・神戸造船所総合事務所や横浜船渠事務所・川崎機器製作所・東京機器製作所（大井・丸子工場）などがあげられる．また外地では，満洲の奉天事務所や朝鮮の長崎製鋼所平壤機器工場にまで及んでいる．

他方，三菱重工業に次ぐ軍需産業部門に成長した三菱電機からも，三菱地所は1937年に神戸製作所事務所の設計監理を受託した．この神戸製作所はさらに京阪神地区に無線機工場の建設計画をたて，阪神間の塚口地区に10万坪の土地を買収，40年12月に大阪工場を設置した．そして従業員の大量移動のために大規模な社宅と寮の新設が必要となり，三菱地所はこれらの建

第5章 日中戦争と三菱の不動産業

設を全面的に協力したという（⑤463頁）．

さらに三菱電機では，東京工場で研究製作中の磁石や偏光板・航空機用レシーバーなどの製造を行うため，1939年8月に神奈川県大船で土地約3万5000坪（松竹映画会社所有地約1万5000坪，農家所有約2万坪）を約40万円で買収した．9月に同地に工場5棟1424坪と事務所1棟340坪（予算40万円，ほかに機械設備など予算80万円）を新築することになった．そして東京工場を吸収して大船工場に集合し，これらの設計を三菱地所に委託したのである（①38巻1538頁，⑤464頁）．

なお三菱地所は，1940年10月に千葉県の総武線船橋駅の山手方面で土地約16万坪（坪あたり11～12円程度）を買収し，うち約7万坪を三菱電機の関係会社である日本建鉄工業へ譲渡した（残り9万坪は適当の時期に転売予定）．そしてこの工場建設も三菱地所が受託したが，当時は建築資材が手に入らず，大工や左官その他の職人不足がはなはだしいため，建設計画は難航したという（①38巻1680頁，⑤465頁）．

また日本光学工業（現ニコン）から三菱地所が受託した川崎製作所（久地第5工場）の拡張が1939年に完成したほか，41年5月から地所は同社のために神奈川県戸塚町付近の土地約7万坪と周辺の田畑・山林などの買収を行った．完了までに約1年かかり，合計約12万坪の土地に鉄骨平屋の機械工場が建設された．また日本光学は38年6月に満洲光学工業を設立して奉天の鎮西地区に進出したが，この建設工事も三菱地所が引き受けている．

なお日本化成工業（後に三菱化成）の満洲進出には，三菱地所はいろいろと協力し，満洲電気化学工業の設立にも日本化成が参加した．工場建設は三菱地所の設計監督で1938年から開始されたが，資材の調達や輸送がはかどらず，ようやく40年5月に開業した（以上，⑤465頁）．

このほか三菱鉱業から三菱地所に委託されたものでは，1938年に朝鮮の清津工場，39年に直島製練所と大宮研究所が完成した．さらに38年には三菱鉱業は鞍山の昭和製鋼所と共同で朝鮮に清津製練所の建設を開始（39年に開業）し，ドイツのクルップ社から直接製鋼法の特許権と製鉄プラントを

導入,朝鮮の茂山と満洲の鞍山の鉄鋼を処理しようとした.三菱地所はこの建設作業にいろいろと協力し,41年に工事を完了している.なお前章で述べたように,三菱鉱業の清津事業地は,37年8月に三菱合資の社有地53万4252坪を50万円で買収したものであり,「貧鉱処理工事ニ使用」を目的にしたとある(以下を含め①37巻1291頁,⑤466頁参照).

また以上のほか,朝鮮では1940年の三菱商事燃料部の仁川油槽所と41年の旭硝子の清津工場,台湾でも37年の台湾船渠(大型修船渠工場)など,外地における三菱地所の受託工事も多かった.このほか,三菱の石油・銀行・商事や東京鋼材(後に三菱製鋼)などの分系会社や関係会社などからの受託も増加していたことがわかる.なお41年には大阪市の市営労働者住宅の設計監理を終えており,公営住宅への参加例として注目できる.

(2) 三菱地所の土地取引

この期の最大事業は,三菱鉱業が立案して三菱地所も協力した福岡県の周防灘よりの苅田臨海工業地帯の造成である.三菱鉱業の筑豊鉱業所は,それまで筑豊炭田からの出炭を若松港から船積みし,関門海峡を経て神戸・大阪に輸送していた.新しく周防灘ぞいの東海岸に新港を築き,直接に関西方面へ送炭した方が運賃も下がり安全度が高いため,省線日豊本線の苅田駅を中心にした約200万坪(干拓地約60万坪,埋立地約135万坪)に工業用地と港を建設し,将来の大工業地帯を計画した.他方,洞海湾一帯の北九州工業地帯は開発が進んでもはや拡張する余地が少なくなったので,ほかに適当な地に新しい臨海工業地帯を建設することが,国防上からも危険分散対策として緊要な課題であった.このため政府はまず1939年度から苅田港の新設工事に着手し,また田中干拓地も施工中であった(以下を含め,①38巻1626・1834〜1836頁,⑤455〜457頁参照).

これに前後して,三菱鉱業では干拓地の地先約130万坪の埋立出願を行った(日時など不明).そして三菱地所は1940年2月に,三菱鉱業の埋立権利地と地続きである福岡県京都郡小波瀬村の畑地14万9461坪(京都農園と称

した)を，将来の工業用地に有望と考え，仲介報酬料その他を含め79万1783円で購入し，その後も隣接地を買い増したのである(①38巻1626頁).三菱地所はさらに苅田地区の埋立事業などに参加するため，41年8月に同社の定款を変更し，事業目的のなかに土木を加えて「建築並に土木の設計監督及請負」とした.

しかしその後，公有水面の埋め立てによる苅田臨海工業地帯の造成工事は，福岡県の県営で施行することに変更され，三菱鉱業では埋め立ての出願を取り下げた．代わりに県の事業完成後に公共用地約2割を除いた残りを，三菱各社のために三菱地所が払い下げを受ける協定(土地代金は造成工事の総額)が成立した．そして1941年12月に三菱地所と福岡県知事の間に売買契約が結ばれ，苅田港から南方の行橋町今川尻に至る水面約233万坪を工業港(水深は干潮面下9m，1万トン級船舶が出入)の区域，埋立地総面積は約135万坪(公共用地など20万2500坪，三菱地所への売却地114万7500坪)，前面に3900mの防波堤を築き，工期は7カ年，工事費総額3000万円と決まった．そして翌42年4月から福岡県の県営工事が始まったが，その後の動きは次章で述べる(以上，①38巻1834～1836頁，⑤455～457頁参照).

このほか三菱地所は，1940年中に前記の千葉県船橋市に加えて広島県三原市で三菱重工業などの施設用地を，さらに翌41年中にも三菱製紙や重工業などのために北海道釧路郡や神奈川県横浜市などで土地を，それぞれ取得している(⑥382～383頁).また40年6月には，地所が管理する三菱社社有地の丸の内1-1(丸ノ内ホテル東側)にある約606坪を，鉄道省庁舎の拡張敷地として坪4円以上で30年間賃貸した(①38巻1655頁).

さらに1941年には，三菱社社有地の売却整理が進んできた．いずれも三菱地所の管理下にあったが，12月には越前堀所在2743坪のうち2073坪を坪あたり180円，計37万3186円で三菱倉庫に，6月には三菱商事漢口支店に賃貸中の土地499坪(坪300円強，計15万円)・建物4階建て煉瓦造り事務所1棟延べ1170坪(坪500円，計58万5080円)を同社に譲渡した．このほか41年3月には，三菱商事に賃貸中の北京の土地建物を三菱社が同社

に売却することになり，それまで三菱地所が行ってきた家賃取り立てを打ち切っている．戦争の激化につれて，三菱社でも整理中や管理の厳しい外地の不動産処分がみられたわけである（①38巻1771・1789・1833頁）．

(3) 三菱社と三菱信託

この期の三菱社では，本来の持株管理以外の職員福祉や社長家業などの業務を，他組織に分離する動きが進んだ．たとえば，1940（昭和15）年6月からの職員健康保険法の実施にともない，同年5月に三菱関係職員健康保険組合を設立して保健医療業務を社務から独立させた．さらにこれと表裏関係にある福祉厚生の業務は，三菱合資時代から会社の管理下にあった三菱倶楽部が分担していたものを，41年1月から同部を三菱社から独立させた財団法人三菱養和会に継承させた．養和会は不動産所有や事業活動を自力で行えることになり，手始めに同年3月に養和農園を開設している．同農園は小石川区高田老松町の岩崎邸の一部約1000坪を借用したもので，三菱社では同地を三菱重工業・倉庫・商事・鉱業・銀行・電機・信託・地所・海上火災保健・鋼材・石油・化成の分系12社に分け，担当区域を定めて開墾が開始された．植え付けして実収見込みのある作物を選び，当初は豆類・いも類・そばなどを主とし，合間に花類を栽培したという．当時は戦争の長期化と食糧不足に備え，補給や自給のために家庭や企業でも菜園が広がっており，養和農園もそれらの状況を反映したものである（①38巻1640・1753・1771頁参照）．

他方，三菱社社長岩崎小弥太は前にふれたように，1921（大正10）年から東洋文物を中心とした静嘉堂文庫を整備していた．そして40年9月に，小弥太は蔵書と施設の一切を寄付して財団法人化し，これらを一般に公開している（⑤342～343頁）．

次に三菱系各社のうち，資料が入手できた三菱信託の土地分譲にふれよう（表5-4）．受託地の件数と面積の累計は，1937年4件・3675坪，38年7件・1万2973坪，39年5件・3万1793坪，40年2件・7836坪，41年1

第5章　日中戦争と三菱の不動産業　　　　　　　　　191

表 5-4　三菱信託の分譲地（1937〜41 年）

年　月	受　託　者	所　在　地	面積（坪）	
1937. 3	東京計器製作所	小石川区原町	1,871	
. 9	木　沢　　　和	麹町区九段 4	556	(4) 3,675
. 11	清　水　一　雄	小石川区大塚坂下町	969	
. 12	村　井　五　郎	目黒区下目黒 3	279	
1938. 3	岩　田　金之助	麹町区 5 番町	610	
. 3	内　藤　信　利	淀橋区諏訪町	1,027	
. 5	三上忠右衛門②	北多摩郡三鷹町	2,905	
. 8	大　野　政　吉	目黒区中目黒 3	716	(7) 12,973
. 10	浅　香　七　郎	杉並区下高井戸 1	675	
. 11	三上忠右衛門③	北多摩郡三鷹町	1,649	
. 12	大　場　信　統	世田谷区世田谷 4	5,392	
1939. 6	間　島　典　喜	静岡県四方郡対島村	21,791	
〃	宍　戸　千　穎	〃　〃　〃	3,720	
〃	桜　井　信四郎	〃　〃　〃	1,492	(5) 31,793
〃	近　藤　鉄　次	〃　〃　〃	4,639	
. 12	三上忠右衛門④	北多摩郡三鷹町	151	
1940. 4	〃　〃　⑤	〃	2,081	(2) 7,836
. 11	岡　見　敬　一	目黒区下目黒 4	5,755	
1941. 12	中　江　国次郎	杉並区西日町 1	86	(1)　86

注：受託者のうち同一人は表 4-2 からの通し番号を付した．（　）内は
　各年の件数累計．『三菱信託銀行六十年史』91 頁の表から作成．

件・86坪であり，合計19件5万6363坪を数える．29〜36年の表4-2と比べると，件数では38年が36年と同じ7件で最大，面積では39年が35年の2万7856坪をこえて最多である．この期の各件別の面積で最大は39年の2万1791坪（同地域の他の3人を加えると3万1642坪）で，あるいは軍需工場などの用地むけかも知れない．他は5000坪台が2，2000坪台2（39年の静岡県の1000〜4000坪台は除く），1000坪台3，1000坪以下8（最小は41年の86坪）で，一般に世田谷や三鷹などの郊外や静岡県の規模が大きい．
また三鷹の三上忠右衛門は36年の3044坪を含め，合計5件9829坪を三菱信託に委託したことになり，個人では39年の間島典喜2万1791坪，32年の井野久太郎1万1701坪（表4-2）についで3位にある（最大は35年の箱根小塚温泉土地会社1万8160坪）．日中戦争の熾烈化にともない，郊外に軍

需工場などが増設され，近郊住宅地の分譲が進んでいたことがわかるが，さすがに太平洋戦争のはじまった41年には1件86坪に落ち，以後は消滅している．

なお三菱信託会長の山室宗文は，1940年8月に三菱地所の初代会長赤星陸治が辞任（取締役は在任）した後の2代会長をも兼ねた（43年8月に三菱地所社長と改称，45年11月まで在任）．その理由は，三菱信託は不動産部を設けて当初から土地信託に努め，開業時には三菱合資不動産部の出身者を集めて兄弟関係にあり，また不動産の管理や売買仲介・土地分譲・信託などで業績をあげていたため，同業の三菱地所との会長兼務が望ましかったのであろう．また三菱地所も資金繰りなどで三菱信託との関係が密接になり，三菱系の不動産業を強化できたといえる．

第6章 太平洋戦争と三菱の不動産業

　本章では，まず1941（昭和16）年12月からの太平洋戦争下における三菱各社の不動産業について，資料の入手できた三菱地所や三菱社（43年2月から三菱本社）と三菱信託を中心に整理した．さらに，これまで研究業績の少ないと考える岩崎久弥（三菱合資3代目社長）の東山事業についても，第4章に述べた以後の不動産業と経営内容に触れておいた．

　戦局の激化と日本の敗色にともなう1944年からの本土空襲の影響を受け，三菱各社の不動産業も金属供出や徴兵・徴用，事務所建築の制限と地代家賃統制などが加わり，その経営も困難をきわめた．また海外の不動産投資も，初期には敵産資産の受命事業などで活況を示したが，やがて日本が制海・制空権を失うとともに運営が苦しくなり，ついに45年8月の敗戦によって，すべて占領軍などに接収されてしまう．

　なお第3節で，三菱地所の日中・太平洋戦争期の財務諸表をもとに，戦争期における不動産経営の動きを整理した．とくに軍需拡大のために，三菱地所が三菱系各社の時局関連施設の土地取得や設計監理・工事請負などに協力し，ディベロッパーとして実力が急上昇したことが特徴的である．さらに空襲激化にともなう関係罹災施設の復旧や疎開，そして敗戦後の復旧・応急工事などに三菱地所が忙殺され，三菱財閥の解体後も，戦争中に建設した水島や苅田など工業地帯の再建にいち早く乗り出し，やがて三菱企業集団の一翼を担った要因にも整理を試みた．

1 三菱地所の不動産経営と戦局

(1) 土地取引と貸事務所

1941（昭和16）年12月の太平洋戦争の開始後，三菱社は課税対策と本社機能の純化を含め，三菱地所が管理する貸付社有地の処分をさらに進めた．翌42年3月には賃貸分系会社へ売却する方針を定め，6月に日本橋区本石町で三菱地所が塵芥捨場（丸ノ内貸事務所・ビル各館の排出石炭殻や下水残土の棄場）に使用中の65坪，深川区佐賀町108坪余（三菱倉庫の敷地），神戸市下山手通626坪余（三菱倉庫の社宅），同地389坪余（三菱商事の社宅），同地784坪余（三菱養和会神戸支部クラブハウス），大阪市西区西長堀南町324坪余（同養和会大阪支部クラブハウス），西宮市西波止場町2946坪余（同大阪支部クラブハウス・西宮寮）の合計5246坪余を，それぞれの賃貸者に分譲している（①38巻1920頁，⑥384頁）．この結果，三菱地所が管理する三菱社の社有貸付地は，丸ノ内地区の4万9176坪余と室蘭市祝津町の埋立地2万4396坪余などに集中したわけである．

また三菱地所管理の丸ノ内貸事務所では，1942年2月に前にふれた東9号館のホールに65坪の中2階を増設したのみで，このほかの新築は前にふれた最後の木造貸事務所である新造船会館が44年2月に竣工している．なお太平洋戦争の開始で米英系企業の賃借人のうち，仲10号館8号のアメリカン倶楽部は閉館となり，当局と折衝の結果，42年3月末に三菱地所へ明け渡しを受け，翌4月から南方開発金庫に貸しつけ，同倶楽部の造作什器など一切を3万5000円で買い受けたという（⑤433頁）．なおこの期の丸ビルの貸ビル・事務所は41年8月の重要産業団体令や43年10月の統制会社令などに基づく，軍需会社と国策会社や統制会などの活況で，すべて満室の盛況であった（①38巻1992頁）．

他方，1941年には12月からの太平洋戦争に備え，三菱重工業に対して政府から兵器類の生産増強のために事業拡張の強い要請があり，新工場が増設

された．まず兵器等製造事業特別助成法に基づいて岡山工場（海軍航空機機体製作）・熊本工場（同上）・静岡工場（陸軍航空機用発動機製作），また産業設備営団が建設したものを借り受ける官民共営方式の広島造船工場（商船製造）・広島造機工場（艦船および陸上用機械製作）が新設された．さらに翌42年8月には，三菱重工業は長崎製鋼所拡張のために同所を三菱製鋼株式会社として独立させ（9月に三菱社の分系会社へ編入，10月開業），また同業の三菱鋼材（40年12月に東京鋼材を改称）を同42年11月に三菱製鋼に吸収合併させた（資本金2000万円）（①38巻1951〜1961・1967頁）．

　これらの動きにつれて，以上の各工場などの土地手当てや設計監理などに，三菱地所は大きな努力を注いだ．たとえば，1941年9月に三菱重工業の名古屋発動機製作所は陸軍から航空発動機増産と工場拡張を要請され，三菱地所の協力で翌42年3月に静岡市有松町で約40万坪を買収，同年9月から工場建設に着手した．1棟1万8000坪という大工場を2棟と社宅・合宿所・寮などを建設し，44年3月に静岡発動機製作所として独立した（敗戦後に三菱電機に移管，現在は同社静岡製作所）．また三菱地所は42年に京都市太秦に12万6000坪を選定，さらに工場建設の設計監理を引き受け，44年1月に京都機器製作所が発足した．同所はこれまで三菱重工業の名古屋発動機製作所が生産していた航空機用エンジンの排気・換気弁を代わって供給した（現在も営業中）．さらに三菱地所は京都市桂に約50万坪の土地を買収し，44年7月に京都発動機製作所が開業している（現在は三菱自動車京都製作所）（以下を含め，⑤461〜462頁参照）．

　また三菱重工業の広島造船所・機械製作所は，はじめは福岡県の苅田埋立地が予定されていたが，立地条件が十分でないため，その後に海軍の要望もあって広島市に変更された．まず1942年に三菱地所は三菱重工業の依頼によって広島県から江波町地先の埋立地約33万2000坪を買収，差しあたりの計画と一部の建設は長崎造船所が担当した．44年3月に広島造船所として独立し，同年6月に建物約9万7000坪が完成，12月に工事を終了した．また広島機械製作所の用地も，結局は広島市南観音町の地先埋立地に変更し，

42年に三菱重工業の依頼で三菱地所が同地約36万2800坪を広島県から払い下げをうけ、翌43年4月に起工した。44年3月に同所は独立し、11月に建物2万6914坪がほぼ完成した。

さらに熊本県でも海軍航空機用の機体工場を新設するため、三菱地所は三菱重工業に全面的に協力し、適地選定の結果、1942年2月に熊本市郊外の建軍町に約140万坪の用地を買収、岡山県の水島地区に匹敵する大規模な官設民管の飛行場をもつ新鋭工場を同年6月に起工した。44年1月に熊本航空機製作所として発足し、45年8月に建物がほぼ完成したが、本格的な生産を行う前に敗戦となっている。

このほか、三菱電機会社でも軍需生産拡大のため工場の増設が進んだ。たとえば1943年には、三菱電機の長崎製作所は海軍から特殊機器の製作命令をうけ、三菱地所に工場用地の選定買収を依頼してきた。同年11月に福岡県糸島郡今津村地先の公有水面約9万7000坪の埋立を出願し、さらに周辺の既成地約20万坪を買収することになった。しかし翌44年1月に、海軍の都合で出願を取り下げ、代わりに福岡市今宿に7万坪を買収、翌2月に三菱地所の設計で建設工事に着手した。やがて長崎製作所の分工場として福岡工場が完成し、探照灯や炭鉱用の電機機械機具を製造した（⑤464頁参照）。

さらに前章で述べた福岡県の苅田臨界工業地帯では、1942（昭和17）年6月から福岡県営で起工されたが、同年10月に同事業の共同土地造成について三菱鉱業・重工業・電機・鋼材・石油・地所と旭硝子・日本化成工業の8社の間で次の申し合わせが行われた。事業は42〜48年の7年間で、県営苅田工業港埋立地の約141万坪、三菱鉱業所有で本事業に吸収される田中干拓地と京都農園の約76万5000坪、合計約217万5000坪（うち公用地約20万2500坪、差し引き三菱の利用地約197万2500坪）を施工、三菱地所が所要資金の収支と外部に対する必要行為を分担し、三菱社が支援と裁定にあたることになった。そして事業の所要資金は三菱地所の名義で三菱信託から借用（他の7社は連帯保証）、工業用水の獲得費や費用は別個に予算を作成して各社が分担する。持分は鉱業4・重工業3・電機3・鋼材3・石油2・地所2・

旭硝子2・日本化成工業1の合計20で，持分に応じた面積を取得し，工事費の総計は約3000万円（7カ年分割払い）と確認された（以下を含め，①38巻1962頁，⑤457頁参照）．

なお同地は，1942年8月の暴風雨が大潮（1.5m以上の高潮）と合流し，2.5mの高波で堤防が破壊されて洪水が干拓地にも侵入，京都農園まではげしい海水被害を受けた．しかしその後も工事が続行され，翌43年10月には三菱地所は苅田建設課を新設し，事業の推進をはかった．さらに44年4月には，福岡県から造成地を拡大して58万199坪を追加されたが，戦局の悪化につれて工事もとどこおりがちになった．とくに44年末ごろから米軍による空爆が激化し，ついに45年7月には福岡県知事は同工事を中止することとなり，未完成のまま敗戦をむかえたのである．なお43年1月には，前記の台風で被害をうけた田中干拓地について，三菱地所はその埋立権を取得している（⑥385頁）が，これは上記の追加造成地に相当するのかも知れない．

次に，三菱石油会社の製油所建設計画として，宮崎県宮島町（現在は日南市）地先の埋立工事がある．すでに1928年に三菱地所は三菱石油創業時の川崎製油所の土地取得や建設に協力したが，同社の第2の製油所建設についても依頼をうけ，42年10月に宮崎県宮島町所在の約65万4000坪を三菱地所が買収することになった．三菱石油は現地調査の結果，天然の良港である細島港は，外港に桟橋を設ければ1万トン級の油槽船も着岸可能であり，電力と用水も豊富，安い地価の用地と操業用資材の入手も便利な好適地で，「陸軍・海軍・県当局よりも全面的支援を受けてい」たという．そして翌43年に陸軍燃料廠が三菱石油に「原油処理能力年間150万kl（日量約3万バレル）の石油所を建設すべし」と正式に命令した．これは当時としては例のない大製油所であり，同年4月に三菱地所の名義で宮島町地先の海面約15万坪の埋立を出願，9月から実費清算方式による若松築港会社（現在の若松建設）の請負で，いよいよ竣渫と埋立てが決まった（以下を含め，⑤457～459頁参照）．

この埋立てには，三菱地所としては初めて竣渫船を用いるので，種々調査の結果，朝鮮忠清南道洪城郡の朝鮮鉱業会社から採金船を約8万円で購入，これを竣渫船の建造資材に利用したという．また三菱地所は1942～43年にさらに周辺の用地を買収し，44年はじめに敷地の整地を完了，築港・桟橋工事や事務所・倉庫・養成所・社宅建設なども資材不足を乗りこえて進捗した．しかし肝心の石油精製設備の建設は遅れがちで，ついに敗戦となって工事はすべて打ち切られた．

　以上のほか三菱地所は，1942年中に三菱石油・重工業会社などの施設用地として，東京市目黒区・麴町区三番町・埼玉県北足立郡・台湾高雄市などで土地取得に努力したという．また翌43年4月には三菱各社のために，福岡県糟屋郡和島村地先の海面約37万坪余の海面埋立てを出願したほか，三菱地所は同じ43年中に三菱製紙・銀行・信託や日本光学などの増設用地を入手すべく，広島県福山市・東京都本郷区・栃木県下都賀郡などで土地を取得しているが，いずれも詳細は未調査である（⑥384～385頁参照）．

(2)　戦局の激化と三菱地所

　当初は日本が勝利を収めた太平洋戦争も，1942（昭和17）年6月のミッドウェー海戦で日本軍が敗退し，同年8月に米軍がソロモン群島のガダルカナル島に上陸するころから，彼我の勢力が交替しはじめた．すでに同年4月18日に，東京の東方沖約1200kmに接近した空母ホーネットから，B25爆撃機16機が東京・川崎・横須賀・名古屋・四日市・神戸などを奇襲し，東京では尾久の工場周辺や早稲田の商店街などが銃爆撃で被害を受けた．

　米軍による日本本土の初空襲は防空体制の強化を呼び，東京では同日の午後9時ごろからさっそく丸の内ビルの屋上に高射機関砲陣地が設けられ，1個小隊が派遣されて25ミリ機関砲4門が備えられた．警備のため40～50人が駐屯したため，三菱地所では丸ビル8階の丸之内倶楽部を臨時の宿舎として陸軍に提供した．その後も長期のビル滞在が続いたため，兵士には生活の不備が多くなり，丸ビルの屋上に仮宿舎を作ってほしいとの要望があり，42

第6章 太平洋戦争と三菱の不動産業

年11月に三菱地所は工費約1万7000円の予算で約44坪の建物を新築した．やがて食糧の配給制がきびしくなると，一般の主食も米から芋や南瓜などに代わり，丸ビルの駐屯部隊も割当の食糧だけでは不足なため，屋上の東側の大部分に菜園を作り，栄養を補給したという（⑤437〜438頁，⑥384頁参照）．

次に戦争進行にともなう兵器増産の必要は，ビルや事務所をはじめとして鉄や銅などの金属回収を強化した．すでに太平洋戦争が始まる前の1941（昭和16）年6月に，手はじめに官庁や公共団体の鉄銅回収命令が実施され，たとえば東京府庁の鉄門が先頭を切って撤去のうえ，兵器製作物資に供出された．さらに同年8月には国家総動員法にもとづく金属類回収令が制定され，太平洋戦争のはじまった12月には東京府も鉄や銅などの金属回収を開始した．さらに翌42年5月には金属の強制譲渡命令が出され，6月からまず丸ビルでも外廻り窓腰張りの銅板や窓の格子類，雨樋や出入り口のブロンズ製扉を供出した．また7月には，三菱地所が管理する丸の内すべてのビルと事務所から金属類の回収が始まり，その累計は鉄類約250トン，銅類約33トンに及んだ（以下を含め，⑤434〜436頁，⑥383〜387頁参照）．

しかし1942年9月現在で，以上の供出実績は予定の3割程度にすぎなかったが，これは政府も当初の金属回収は企業整備にともなう未稼働の遊休設備や不急不要の装備，および仕掛品に重点をおいた結果である．しかし戦局の苛烈化にともなう兵器増産のため，翌43年3月に政府は金属非常回収の第1次実施を決定し，商工省のなかに金属回収本部を設け，各省などに分散した業務を統一した．これにもとづき，三菱地所の丸ビルでも階段手すりや天井灯・電灯などの金物を供出（裸電球に紙袋となる，また同年中に丸の内の街路灯の鉄製電柱はすべて回収）した．さらに同年12月から翌44年4月にかけて，丸ビルのボイラーパイプ類を含む暖房熱放熱機具が供出され，電熱器や煉炭火鉢が使用されるようになった．

さらに1943年5月からは，ビルのエレベーターも供出されることになり，4階以下は全廃，5階以上は機数の6割を回収（1〜3台は1台，4〜6台は2台，7〜8台は3台，9〜11台は4台を残置，ただし人用のみで荷物運搬用は

供出しない）することになった．そして同年9月には，三菱地所管理の丸の内の貸ビルなどのエレベーターと暖房設備などの金属類の供出方針が決定した．この場合，とくに丸ビルの動きは一般からも注目され，丸ビルの結果をみてから供出しようとの動きが強く，取り残しのないように万全の努力を行い，さらに警視庁の巡査が終始館内を巡視して不備を指摘したという．

そして1944年3月になると，金属回収本部から最後通告ともいえる強硬命令が出され，45年にかけてあらゆる金属類の回収が進んだ．たとえば全国の二宮金次郎をはじめとした銅像なども撤去され，兵器類の製造原料に供出された．このため三菱地所でも44年7月から45年3月にかけて，丸ビル南側のエレベーター5台すべてを撤去（北側6台のうち2台は軍隊専用，4台は一般用として使用），3～8階のエレベーター室に間仕切りを行い，6室153坪の貸室として利用することになった，なお丸ビルを除く三菱地所管理の貸ビル・事務所のうちエレベーターのある9棟17台のうち供出12台（残量5台）のほか，三菱本館が旧・新・別館を含め9台のうち6台を供出（残量3台）している（⑤436頁，表6-3）．

このほか1943年8月には，丸の内の貸ビル・事務所の出入口鉄扉（防火用は除く）や上げ下げ窓用の分銅，蝶番・ドアノブ・水道給水栓・水洗便所調整器などまでが，供出に指定された．しかしこれらを取り除くと，建物の機能が完全に失われてしまうため，供出にとまどっているうちに，B29による爆撃がはげしくなり，回収どころではなくなってしまったという．以上のほか，金属回収は前述したようにエレベーターや暖房設備，階段や窓に付属する金具なども供出させられ，ビルや事務所にとって必要不可欠な資財が欠けてきたため，三菱地所をはじめとする貸事務所経営に大きな打撃を与えたのである（以上，⑤434～436頁参照）．

また戦局の不利化につれて戦時非常措置が実施され，1944（昭和19）年2月末には娯楽の殿堂といわれた丸の内地区の帝国劇場や日本劇場，銀座の歌舞伎座などが閉館され，翌3月には一般高級料理店の休業命令で丸之内会館や常盤家・中央亭本店，丸ビル9階の精養軒などが閉館された．しかし2カ

第6章　太平洋戦争と三菱の不動産業

月後の5月には休業中の中央亭本店と丸ビルの精養軒は集会所として再開され，営業を続けていた花月や竹葉亭などは雑炊食堂に転換した（⑥386～387頁）．

　他方，三菱地所は福岡市で三菱ビルを経営している．太平洋戦争直前の1941年5月に，福岡の東邦電力から三菱地所に対して電力福岡支店の土地建物を地所に140万円で譲渡し，代わりに地所が電力支店の新しい事務所の移転地を確保，そのうえに建物の新築許可が得られることが条件であった．直ちに三菱銀行から東邦電力に上記の条件を承諾する返答がなされた．当時の福岡市は軍の南方進出や海外経営，そして九州地方などの行政経済の中心地であり，三菱系の各社も支店や出張所を設け，事務所需要がひっ迫していた．このため三菱銀行の斡旋で，三菱地所が東邦電力の支店建物を運営し，三菱各社に賃貸する計画が行われたとみられる（以下を含め，①39巻2335頁，⑤449～451頁参照）．

　その後の経過は不明であるが，東邦電力は戦時中の電力統制で九州配電会社へ統合され，1943年10月の三菱地所の取締役会で配電会社の所有建物を賃貸のうえ，転貸経営することが決定した．そして福岡市天神町と橋口町所在の建物（本館は鉄筋コンクリート造り地下1階地上3階で延べ1346坪，倉庫は煉瓦造り3階で延べ347坪余，自動車倉庫が木造スレート葺の平屋6坪余）を，三菱地所が月1万6600円で借用することになり，翌44年3月に引き渡しを受けている．ただちに三菱地所が以前から福岡周辺の設計監理などのために設置していた福岡出張員事務所が入居し，三菱総合ビルと称して三菱の銀行や信託などの分系会社も逐次移転してきた．

　しかしこの福岡三菱ビルも，翌1945年6月のB29の夜間大空襲（221機，福岡市内に焼夷弾1525トン投下，中心市街地の90％以上が破壊）で灰燼に帰してしまった．ただちに三菱銀行支店から三菱地所に復旧工事の希望が出されたが，被害が激しすぎたことと復旧資材が整備しにくいなどの理由から，再建は敗戦後に持ち越されている．

　なお1944（昭和19）年中にも，三菱地所では以上に述べたほか，三菱の

電機・化成・重工業会社などの施設用地として，東京都の世田谷区・豊島区，福岡市や八幡市などで土地を取得したというが（⑥386頁），その詳細は未調査である．

(3) 空襲と三菱地所

太平洋戦争も1943（昭和18）年に入ると，日本はさらに敗色を深めた．2月のガダルカナル島撤退につづいて，4月には海軍の華であった連合艦隊司令長官山本五十六がソロモン上空で戦死，5月にはアッツ島の玉砕などがあり，欧州でも9月にはイタリアが連合国に降伏した．この動きの中で，同年10月には学生の徴兵猶予が理工系以外は撤廃され，12月には学徒兵の入隊（学徒出陣）と徴兵適齢20歳の1年引き下げが実施された．翌44年になると，3月に開始されたビルマ（現ミャンマー）のインパール作戦が失敗に終わり，欧州では6月には米英軍がノルマンディー上陸を強行した．同じ6月に米軍はサイパン島に上陸，これにつづくマリアナ沖海戦で日本の連合艦隊は航空母艦の大半を失い，西太平洋の制海・制空権は米軍に握られてしまった．

かくて日本本土への本格的な空襲が始まり，まず1944年6月に中国在留の米空軍約20機が北九州を襲った．このため八幡市の三菱化成（44年4月に日本化成と旭硝子が合併して改称）の牧山工場が被災し，窒化ソーダ工場が全壊したほか，死傷者21名を出した．さらに8月にも，在中国の米空軍約60機が来襲し，三菱化成の牧山事務所が被爆，死傷14名を数えた．また同じ8月には，長崎造船所もはじめて空襲を受け，木材積荷船と工場・寮の一部に損害があった（①39巻2275・2289頁）．

さらに1944年10月には米軍がフィリピンのレイテ島に上陸（レイテ沖海戦で戦艦武蔵を失う）したほか，11月には米軍のサイパン空軍基地が整備されて日本本土の無着陸空襲が可能となり，B29・80機による本格的な東京空襲が開始された．また同年12月には名古屋地方を激震（東南海地震，マグニチュード7.9，死者・行方不明1223人）が襲い，三菱重工業の名古屋航

空機製作所でも死者68・負傷59を数えた．さらに追い討ちをかけるように，11日後にはマリアナからの米軍空襲があり，とくに主な攻撃目標となった名古屋航空機製作所では，死者215・負傷208にのぼる大被害を受けた（①39巻2314～15頁，⑥387頁）．

1945（昭和20）年に入ると，米軍はさらに攻撃力を強め，日本本土への空襲は激化され，たとえば東京都（43年7月に東京市・府を合体して都制）内への爆撃は8月13日（ポツダム宣言の受諾で翌日から中止）までに50数回に達した．そのうち1月27日にはB29・70機が銀座・有楽町に投弾し，死者540などを数え，とくに省線有楽町駅は直撃弾を受けて多数の死者を出した．さらに3月9～10日には米戦略空軍325機による初の夜間低空爆撃による「東京大空襲」が強行され，とくに下町の江東地区はほとんど焼失し，死傷12万人・焼失23万戸に達した．丸の内でも東京商工会議所や東京都庁舎・永楽ビルなどが焼失したほか，三菱地所の管理建物では仲5号館1～5号（鉄筋コンクリート造り3階（以下同じ）延べ827坪余）・仲5号館6～7号（延べ273坪余）・仲6号館1～5号（767坪余）・仲6号館6～7号（273坪余）の計4棟・延べ2141坪が全焼し，仲4号館1～5号の屋根が一部焼失した（以下を含め①40巻2407頁，⑤439～445頁，⑥387頁参照）．

この東京大空襲で丸ビルは，屋上の高射砲弾の低空破裂で一部のシャッターと窓ガラスが破損したのみで大きな被害がなく，他地区の罹災者約300名を収容している（他は日本郵船ビル163名，明治生命ビル290名，東京海上ビル150名）．しかしこの大空襲で罹災した社員数は，三菱地所は35名（ほか行方不明3）でうち4家族が丸ビルの同社へ避難したほか，三菱の分系会社では重工業で約1割，倉庫19名・商事89名（全焼，ほか行方不明10）・鉱業25名・銀行12名（支店）・石油33名・化成49名などに達している．

以上のような空襲の激化に備え，すでに1943（昭和18）年11月に東京都は帝都重要地帯疎開計画を発表，防火地帯の造成や重要工場付近の建物疎開，駅前広場の造成を指導していた．翌44年1月には内務省は改正防空法にもとづいて，東京と名古屋に最初の建物疎開命令を出し，指定区域内の建築物

の強制取り壊しを定めたが，以後はその他の各都市でも強制疎開が実施された．そして東京大空襲後の45年3月末には，三菱地所所有の丸の内の木造貸事務所である国際電気通信館が，はじめて強制疎開のために取り壊しされたのである（⑤424頁，⑥386頁）．

そして45年4月1日には米軍が沖縄本島に上陸し，いよいよ本土決戦の体制に入った．4月13日には米空軍330機が東京を空襲し，この攻撃で常盤橋そば（大手町2-3）にある三菱地所社有の木造貸事務所の機械工業会館（延べ1568坪）が焼失したほか，丸の内の三和銀行や石炭統制会なども全焼した．また4月17日には，東京都防衛局から堅牢建物利用統制令にもとづいて，3月に焼け出された内地鉄道司令部と同東京支部を丸ビルに入居させることを指示され，1階から3階の一部の商店や事務所を移転させ，その跡室559坪余を提供している．

やがて1945（昭和20）年5月7日にドイツが無条件降伏を行い，第2次世界大戦は日本との戦闘のみとなり，日本への最後の攻撃が強化された．たとえば5月25～26日の夜間爆撃では，これまでの最大464機が京浜地区を空襲し，東京や横浜の中心地はほとんど焼野原となり，皇居の一部も炎上した．丸の内では三菱地所社有の造船会館（木造）が全焼したほか，東京駅（駅長室は丸ビル1階へ移転）や東京海上ビル・日本郵船ビル・帝国生命館，有楽町では毎日新聞社・読売別館・電気倶楽部などが被災した．その後の6月6日に，東京都の麹町区長は第6次の緊急建物疎開事業の執行を通告し，木造建物の強制疎開のために三菱地所社有の鉄鋼会館・第二鉄鋼会館・仲9号館別館（旧造船会館）3館が取り壊された．なおこの3館と3月に取り壊した国際電気通信館に対して，敗戦後の45年9月に強制疎開への補償金（金額は不明）が交付されている（以上⑤442～444頁，⑥387～388頁）．

かくて鉄材不足によるビル禁止令後の1939年から竣工した三菱地所の木造貸事務所7棟のうち，上記4棟は取り壊し，機械工業会館・造船会館の2棟は空襲で焼失してしまい，残るは常盤橋河岸寄り（大手町2-8）の世界経済館（60年に解体，現在は日本ビル）のみとなった．なお敗戦直後の45年

7月20日に米空軍は500kg爆弾を八重洲堀に投下し，その爆風で丸ビルの丸ガラスや1階シャッターをはじめ，丸の内にある建物のガラスも相当な破損を受けたが，丸ビルにとってはこれが最大の空襲被害といえる．

なお以上のように空襲が連続した結果，東京の区部人口は急減しだした．1944（昭和19）年2月の調査ではまだ655万8162人を示していたが，米軍の空襲が始まった同年11月には学童集団疎開（8月から実施）の影響も加わって539万2594人へ116万余人の減となった．翌45年2月には焼失地区の広がりで498万6600余人と41万余人の微減であったが，同年3月の東京大空襲以後は焼け出されたり空襲の恐怖による地方疎開で一挙に急減しはじめ，6月には245万人も少ない253万7848人（44年2月の38.7%）に低落したのである（⑤455～456頁）．

また以上のような1944（昭和19）年11月からの本格的な米軍による空襲の激化につれて，三菱系社員でも被災者がふえ，さらに家族の疎開による単身残留者も多くなった．そこでたとえば三菱地所では，丸の内地区の事務所のうち休業中の丸之内会館4階の日本間全部を地所の寮として使用し，単身勤務者の臨時宿舎に充てている．このほか，三菱地所では八重洲ビルのボイラー撤去供出の跡の空間に棚を設け，罹災社員の荷物（1人につき布団包み1戸・行李1個に限定）を保管するなどの緊急対策を行ったほどである（⑤437頁参照）．

2　三菱各社の不動産業

(1)　三菱地所の設計監理

太平洋戦争を契機に，飛行機や船舶・機械機器をはじめとする軍需品の生産は至上命令となった．三菱地所では前述のように三菱系などの軍需会社を中心に施設適地の選定や買収などに忙殺され，ディベロッパーの性格を強めるとともに，とくに設計監理部門の受注が激増してきた．

そこで主な受託先別の完成建築物を挙げてみると（表6-1），1942（昭和

表 6-1　三菱地所の設計監理主要建築物（1942〜45 年）

年次	受託先別の完成建築物
1942 年	三菱重工業（東京機器製作所川崎工場・名古屋航空機製作所水島工場など）、三菱化工機（船橋工場）、日本光学（戸塚製作所・川崎製作所第2工場―拡張）、昭和電極（焼成炉工場）、三菱鉱業（京城住宅）
1943 年	満洲光学（日本光学系、事務所）、三菱商事（北安事務所・張家口支店）、旭硝子（牧山工場）、日本カーボン（焼成炉工場）、満洲大学（食堂―増築）、三菱製鋼（平壌製鋼所）
1944 年	三菱電機（長崎製作所福岡工場・世田谷工場）、三菱重工業（静岡発動機製作所・京都発動機製作所・京都機器製作所・広島機械製作所・広島造船所・熊本航空機製作所）、三菱製鋼（深川製鋼所・樋川工場）、三菱石油（富島製油所）、江戸川工業所（工場）
1945 年	三菱重工業（発動機製作所―名古屋工場・岩塚工場・枇杷島工場・久々利工場・大垣工場・挙母工場・福井工場、航空機製作所―名古屋工場・松本工場・三重工場・大門工場・長野工場・水島工場、東京機器製作所・川崎機器製作所・茨木機器製作所・横浜ドック・長崎兵器工場）、三菱電機（名古屋工場・釜戸工場・守山工場・中津川工場・岩倉工場・伊丹工場・神戸工場・和歌山工場・姫路工場・福山工場・長崎製作所・世田谷工場・大船工場・郡山工場）、日本光学（戸塚工場・川崎工場・大宮工場）、三菱石油（川崎工場・宮島工場）、三菱製鋼（深川工場・平壌工場・東京工場・広田工場）、三菱化工機（川崎工場・船橋工場）、三菱化成（清津工場）、三菱鉱業（清津工場・茂山工場・新潟工場・樋川工場・尾去沢工場・直島工場）、満洲電化（吉林工場）、帝国燃料（内淵工場・大宮工場）、名古屋造船（名古屋ドック）、日本アルミ（黒崎工場）、日本建鉄（東京工場・船橋工場・中川工場）

注：三菱地所の所有建物は除く．（　）内は受託先ごとの事業所名など．三菱地所会社『丸の内百年のあゆみ』資料・年表・索引243〜244頁の表を『同書』上巻460〜464頁より補正．

17) 年から44年の前半は戦力増強のために三菱重工業・電機・製鋼・石油・鉱業・化工機や日本光学・昭和電極・旭硝子などの軍需生産会社関係の設計監理が優勢であった．しかし44年後半から45年になると，米軍による空襲被害が激増し，新増設建築よりも復旧や疎開のための受注が大部分を占めるようになった．

なお判明した東京以外の三菱系会社の被災状況は，1944年6・8月の八幡市で三菱化成牧山工場，8月の長崎造船所，12月の名古屋航空機製作所などのほか，45年にはさらに2月に三菱電器神戸製作所，3〜6月には三菱銀行の名古屋・大阪・福岡地方の多数の支店，6月に三菱鉱業大阪製煉所，7月には三菱化成岐阜工場・三菱石油川崎製油所・三菱重工業長崎造船所・三菱

第6章 太平洋戦争と三菱の不動産業

鉱業高島砿業所で，それぞれ壊滅的または相当の被害を受けた．そして45年8月には，広島地区の営業所と長崎の造船所・兵器製作所などが原子爆弾によって被災したのである（①39巻2275・2289・2314頁，40巻2404・2408・2435～2444・2463頁参照）．

これらの空襲被害に対して，たとえば壊滅的な破損を受けた三菱重工業の名古屋航空機・発動機製作所では，あらかじめ空襲直前の1944年12月初めに富山県高岡市を中心とする北陸地区に，紡績工場を転用した応急工場と恒久的な地下工場の建設計画を進めた．そして同12月の東南海大地震と大空襲の結果，工場の分散を急ぎ，岐阜県の久久利（現在は可児市）や福井市郊外の採石場跡，金沢や鯖江などの北陸方面で，三菱地所に依頼して工場適地を探したのである（⑤460頁参照）．

また三菱電機でも，本土空襲の激化に備え，神戸・伊丹製作所ともに工場疎開の必要に迫られた．1944～45年にかけて三菱地所は同社と一緒に和歌山・奈良・丹波地方などの中学校や国民学校に工場転換を交渉（学童の集団疎開や勤労動員で休校同然であった）したり，地下や山間の工場適地を苦労しながら探したという．また同社の名古屋製作所も，愛知・岐阜県の郡部や石川県にまで疎開して遊休工場や学校の利用を図り，三菱地所の協力でまず中津川駅前の製糸工場を買収して改増築を行い，45年に最初の工場疎開である中津川工場を開業した．さらに岐阜県の中央線の釜戸駅前の小高い山地を買収し，三菱地所の設計で三菱電機最初の地下工場であるトンネル式の釜戸工場を完成している（⑤464頁参照）．

このように空襲の激化にともない，被災事業所の疎開工事などの受注は1945年になると急増する．試みにその建設事業所数を累計すると，三菱重工業18・三菱電機14・三菱鉱業6・三菱製鋼4・日本光学3・日本建鉄3などを数え，45年の合計は実に58事業所に達する．42・43年が7，44年が12であるから，45年の激増ぶりはすさまじいほどである（なお表5-3の37～41年では，41年15で最大，37・38・40年9，39年8）．

このほか三菱地所の建築部は，海外の各地でも三菱系各社の工場や事務

所・住宅などの設計監督を行っている．たとえば朝鮮では，42年に三菱鉱業の京城住宅をはじめ，43年11月に設置された三菱製鋼の平壌製鋼所の建設には三菱地所が協力したほか，45年には三菱化成の清津工場，三菱鉱業の清津・茂山工場などの建設設計を受託している．

次に満洲では，三菱地所は43年に満洲光学（日本光学系）の事務所や三菱商事の北安事務所（鉄筋煉瓦造り3階建て約500坪）と張家口支店につづき，三菱商事の牡丹口支店（鉄筋煉瓦造り2階建て約500坪，1階事務所・2階倉庫）やハルピンの事務所と住宅（改修），新京の独身寮（約30室）の設計監督に当たっている．また四平街の陸軍燃料廠（人造石油用水性ガス発生炉）と錦西の海軍燃料廠（同上）の建設工事の設計のほか，チチハルの康徳桟大豆製油工場計画，45年の満洲電化の吉林工場（ロケット燃料）建設や日本アルミ黒崎工場の小市移転計画などにも，三菱地所は参画したのである（⑤466頁参照）．

他方，中国では，日本海軍が上海市内にあるサッスーン財閥が管理した英・米国系のビル多数をすべて接収し，1942（昭和17）年半ばごろにその維持管理を三菱地所に要請したため，社員を派遣してこれを引き受けた．これを契機に設計監理の業務が増え，三菱地所は出先機関を設けるため同42年7月に上海の日本領事館に出張営業許可の申請書を提出，翌43年10月に地所の上海出張所が黄浦灘路の興亜大樓2階に開設された．同所には技師2名と現地社員若干名をおき，中華製鉄の呉淞工場第2期工事はじめ，日亜製鋼の鍛造工場や横浜正金銀行支店の事務所と社宅，三菱商事の依頼で潤滑油工場などの設計監督を行った．また45年には，出張所の技師2名とも陸軍部隊の嘱託となり，部隊が管理した倉庫の建設などを行ったが，そのまま敗戦をむかえている（①39巻2130頁，⑤466〜467頁）．

このほか南方地区では，1942（昭和17）年9月に，陸軍から三菱経済研究所（32年に三菱合資の資料課などを分離独立）に南方経済調査班の派遣要請があった．そこで三菱地所の丸地安次（後に副社長）など，三菱の分系会社などから26名が参加して調査班を編成，フィリピンに出向している．

第6章　太平洋戦争と三菱の不動産業

また翌43年8月には，三菱地所の林哲夫（後に常務）以下2名の技師が三菱商事の嘱託となり，インドネシアのジャカルタを根拠地に軍から委託されたジャワ島の軍関係の施設について設計や工事監督などを分担した．そして各地の油槽所やセメント工場など多数を建設したが，敗戦で強制労働に課せられ，46年5月に帰国している（⑤467頁参照）．

(2) 三菱社（三菱本社）と三菱養和会

太平洋戦争の激化を背景に，株式会社三菱社は1943（昭和18）年2月に株式会社三菱本社と改称し，「分系会社ノ総理助長並ニ関係事業ノ育成ヲ図ル」財閥本社の色彩を明確にし，「国家の要請に応え，傘下事業を支援し統制していく」ことになった．そして「奉公ノ大義，理想達成，協力一致」の三菱三綱領を制定して，三菱系の総力を挙げて戦争遂行に邁進することを決意したのである．またこれを機会に，本社の会長を社長に，分系会社の社長を会長に改めている（①39巻2063・2065頁，⑤485頁）．

なお判明した三菱本社の土地移動は，1943年4月に福岡県の折尾社有地の一部90筆7520坪余を鉄道省から線路拡張用地として坪あたり平均7円56銭，計5万6846円余で買収の申し出を受け，同年9月に6910坪を坪平均7円58銭，計5万4701円余で売却した．さらに計画変更のため，隣接線路ぞろいの439坪余を3366円余（坪平均7円66銭）で購入希望を受け，承諾している．また翌44年4月には臨時資金調整法による許可を受け，総務部長社宅を麻布区東鳥居坂町で土地141坪余・建物木造瓦葺き2階建て延べ71坪余を14万900円で，秘書役社宅を牛込区市谷台町で土地160坪余・建物木造瓦葺き2階建て延べ67坪余などを5万9515円余で，それぞれ個人から購入している（①39巻2086・2152・2260頁）．このように三菱本社の総務部長と秘書役の社宅を，初めて東京市内に新設したことは，戦局に激化にともなって社内外の緊急連絡事項が増大し，現場直接指揮者の職住接近が不可欠となったことを反映したものといえる（その後も幹部住宅を青山などに設置）．

なお戦局の進展につれて、三菱系各社でも職員や労働従業員などの徴兵者が増加したほか、1939年7月の国民徴用令にもとづいて軍需産業などへの強制動員が実施された。この徴兵と徴用のため、技術者や労働者の不足は深刻となり、さらに貴重な社員などをできるだけ現職にとどめるため、強制徴集の少ない軍需産業の重工業や電機などの三菱系会社へ出向させる措置も行われた。たとえば43年11月には三菱本社は職員供出の要請を出し、すでに三菱重工業などの軍需方面への三菱系各社の職員供出は約900名を数えるが、さらに2万名以上が必要であるとし、「職員ニ対スル徴用益々増加ノ傾向……職員供出ニ……尚一段ノ工夫ヲ凝シ協力スル様」望んだのである（①39巻2339頁、⑤472～474頁）。

また1943（昭和18）年10月公布の軍需会社法にもとづき、翌44年1月には軍需（43年11月新設）・陸軍・海軍・運輸通信の4省は三菱系の重工業・電機・製鋼・化成工業・石油・工作機械と日本光学・日本建鉄・日本アルミニウムの9社を含む150社を軍需会社に指定した。次いで同年4月に第2次として三菱鉱業・化工機・軽金属工業の3社を含む12社、同年12月の第3次を加えると累計683社を指定し、優先的に資力や労力・資金などを集中して軍需生産を拡大しようとした。なおこれらの軍需会社は、敗戦の45年8月15日にすべて指定が取り消された（①39巻2262頁、40巻2463頁）。

さらに1944年2月末からは、関係当局の勧奨にもとづいて交通緩和に協力するため、丸の内に本店をもつ三菱系各社では時差出勤を実施し、グループごとに出勤は午前8時30分から9時15分、退出は午後4時から4時45分と、15分ごとに格差を設けた。また翌3月からは、官庁や銀行などが日曜出勤に踏み切ったため、三菱系各社でも3月5日は1/4出勤、12日からは半数の交替出勤を行ったが、1年ほどで廃止したという（①39巻2236・2238頁、⑤475頁）。

次に米軍機による空襲激化に対応して、1944年11月に三菱本社は「敵機来襲時ニ於ケル待避方」法を定め、一般の待避に先立って三菱本館の地下室へ事前に退避することを決定している。また翌12月には、家族の半数以上

が疎開して別居している職員に月額15円の手当を支給したほか，三菱本社は非常時の電話と徒歩による連絡者を決めたのである（①39巻2301〜2309頁）．そして東京大空襲後の翌45年3月末には，三菱本社は傘下各社と空襲被害応急対策を打ち合わせ，避難先のない罹災職員は思斉寮・染井集会所・開東閣・千歳農場・染井社宅の三菱施設や，被災しなかった社員宅に一時収容することとした．また各社では，食糧や衣料・寝具・食器などの世話をできるだけ行うことを決めた．このほか三菱本社は，本土決戦に備えて45年7月17日に三菱総力本部を設置したが，敗戦後の8月20日にこれを廃止している（①40巻2413〜2414・2440・2464頁参照）．

また前章でふれた芝区高輪の開東閣は，三菱本社の所有管理下に接待や社員厚生の施設に利用されたが，この期の1943（昭和18）年11月には，東條内閣が主催した大東亜会議に参加した中国の反蔣介石系政府の汪兆銘行政院長などの幹部の宿舎に利用された．なお同館は日本政府があらかじめ外国賓客の接待に利用する意図があり，洋館付属の金属類は前にのべた回収供出から除外されていたという．しかし戦争末期には，開東閣も陸軍の高射砲部隊に使用されたが，45年5月の大空襲によって西洋館事務所の一部を除いて灰燼に帰した．敗戦後の46年1月に，この開東閣の残った土地建物は丸の内の三菱本館旧・新館とともに，三菱地所へ譲渡されたが，その1月後に米軍に接収された（64年に現在の開東閣に修復）．このほか45年5月の空襲で，麻布区鳥居坂にあった三菱本社社長岩崎小弥太の邸宅と，青山南町の社宅の一部も焼失している（①40巻2431〜2432・2600〜2601頁，⑤448頁）．

なお三菱各社の福利厚生機関として，1941（昭和16）年1月に三菱社から独立した三菱養和会は，たとえば翌42年5月に開東閣の洋館以外を開放し，日本室を謡曲・俳句・茶の湯・生け花・将棋などの集会に用い，また菜園をテニスコート，電気室を球戯・卓球室に改めたという（⑤448頁）．また43年3月には，養和会は緑地協会の斡旋で世田谷区船橋町に約5万5000坪を取得したが，三菱地所はその管理と運動場などの施設工事を引き受けている．また同43年11月には，養和会は千葉に道場を開設したのである（⑥

表 6-2 三菱本社の所有不動産（1945 年 3 月末）

所　在　地	地　　所			建　　物		
	面積 (坪)	坪あたり 価格 (円)	時価 (円)	延べ床 面積 (坪)	坪あたり 価格 (円)	時価 (円)
麴　町　区	43,581.48	715.—	31,160,764	(38) 33,024.66	307.—	10,138,356
〃（八重州ビル）	936.24	833.—	780,000	(1) 5,383.05	502.—	2,720,000
神　田　区	97.12	150.—	14,568			
芝区・品川区	15,333.19	120.—	1,839,982	(2) 469.06	1,000.—	469,062
〃				(1945.5 焼失) (22) 1,433.20	1,000.—	1,433,207
赤　坂　区	239.50	200.—	47,900	(5) 107.20	500.—	53,623
麻　布　区	141.98	360.—	51,112	(1) 71.67	1,000—	71,674
牛　込　区	160.48	160.—	25,676	(1945.4 焼失) (2) 70.66	707.—	50,000
福　岡　県	151,191.—	6.76	1,022,885			
計	211,680.99	165.07	34,942,887	(71) 40,559.56	368.25	14,935,922

注：面積の小数点3位以下は切り捨て．地所の地目は，福岡県が田・畑・雑種地，他は宅地．建物の（　）内は棟数．価格は取得価格ではなく，時価換算．『三菱社誌』40巻2607頁の財産目録（1946年2月，大蔵大臣へ提出分）から作成．

385 頁).

　終わりに，戦争末期の 1945 年 3 月末における三菱本社の社有不動産を整理しておこう（表 6-2）．これは三菱解体後の翌 46 年 2 月に大蔵大臣へ提出した財産目録に提示され，取得価格を基準にした帳簿価格（建物は減価償却済み）ではなく，時価に換算されている．地所のうち，丸の内地区にあたる麴町区は 4 万 3581 坪（坪あたり 715 円），計 3116 万余円で合計価格の 89.2% を占め，ほかに三菱地所が営業管理中で 45 年 4 月に三菱本社が譲渡した八重洲ビルの敷地 936 坪余（78 万円で現物出資）がある（①40 巻 2537 頁）．神田区の 97 坪は三崎町の本社保有地とみられ，芝区・品川区の 1 万 5333 坪は開東閣の敷地であろう．他は社宅用地で，赤坂区 239 坪・麻布区 141 坪（三菱本社の総務部長宅）・牛込区 160 坪（同，秘書役宅）を数え，最大面積を占める福岡県の田・畑・雑種地 15 万 1191 坪は八幡市黒崎・折尾町の残地と苅田工業埋立地周辺の所有地とみられる．

　また建物の延べ床面積では，三菱地所が営業管理を行う丸の内地区の麴町

区が38棟3万3024坪（合計4万559坪の81.4%）で最大（時価1013万余円で総額の67.9%），さらに三菱地所へ272万円で現物出資した八重洲ビルの5383坪が加わる．ほかは芝・品川区の開東閣関係で24棟1902坪余を数えたが，45年5月の大空襲でうち22棟1433坪を焼失している．他は幹部社員などの社宅で，赤坂区5棟107坪（45年5月の空襲で一部被害）・麻布区1棟70坪・牛込区2棟70坪（45年4月の空襲で焼失）を示した．

　三菱合資から三菱地所が分散独立する直前の1936年末の社有不動産と比較すると（表3-6・7），同年の地所合計117万7632坪から麴町区を除く京橋区越前堀・芝区愛宕町・神田区三崎町・深川区松賀町・府下向島はじめ，大阪・神戸・西宮・室蘭の各市，さらに外地の朝鮮・中国・満洲の全部または大部分が整理されている．そして神田・芝区と八幡市の一部が残ったほか，新しく開東閣の品川区と高級社員住宅地の赤坂・麻布・牛込区，それに福岡県の苅田地区などが加わった．また建物も，主力は三菱地所が管理する丸の内の麴町区に集中し，他は芝区の一部を除いて消滅，新しく開東閣と社員住宅が加わったことがわかる．

(3) 三菱信託と東山事業

　1940（昭和15）年8月以来，三菱地所の会長を兼ねた山室宗文の率いる三菱信託では，その不動産部門を通じて不動産の売買仲介や信託管理などを拡大した．とくに軍備充実のために，三菱重工業・鉱業や日本光学さらに東京芝浦電気など取引先の用地買収に努めた．たとえば42年4月には，日本光学の研究所用地として，埼玉県大宮市で三菱鉱業の隣接地約1万3083坪を，第一土地建物から約28万7840円で買収の斡旋を行っている（以下を含め，⑧91頁参照）．

　また翌1943年にも，東京芝浦電気（三井系）の依頼で富士瓦斯紡績（三菱合資3代目社長の岩崎久弥系）から静岡県富士町にある9万5460坪を1430万円で買収することを仲介した．さらに44年5月にも，三菱重工業のために東京世田谷区の個人所有地5925坪を，40万円弱で購入することを斡

旋していた.

なお1941年12月の敵産資産令にもとづき,米英系企業の財産管理を日本の企業などに委託することに決まった.そして翌42年3月には三菱信託が管理人の一員に選ばれ,たとえば三菱社の株主で敵国人となった米国ウエスチングハウス社(保有株式6000株)などの敵産を管理したのである(⑤433頁).

他方,岩崎久弥が経営する東山事業では第4章で述べた南方企業に加え,太平洋戦争の開始とともに,当局の命令で南方占領地域の農林開発や敵産農園の経営を多数委託された.そこでこれらの受命事業を独立して一括運営するため,1944(昭和19)年4月にスマトラ事業(アジャム園)の東山栽培会社を母胎とした東山産業株式会社(資本金1200万円)を新設した.そして既設の東山農事(岩崎久弥所有の小岩井・末広農場や朝鮮の東山・城山農場,ブラジルのカーザ東山などを統括)と図南産業(台湾の植林・桐油事業など)はそのまま従来の事業を継続し,受命産業の一部を担当した三五公司(マレー半島でゴム栽培)も東山産業に合併しなかった(以下を含め,①39巻2257〜2258頁,東山事業「事業報告書」第26回,④493頁参照).

その後に東山産業は,綿・苧麻・ゴム・オイルパーム・桐油・松脂・マングローブ・キナ・米・そ菜など,受命の各種農林資源の生産や敵産農園の受託,さらに集荷・加工や現地交流・日本還送など,業務は30種類前後に及んだ.また本社は東京(丸ビルの東山農事内であろう)で,総務・業務・管理・資材・経理の5部をおき,昭南(シンガポール)支店が現地の総本部となり,常務取締役が常駐した.その管轄下に,南洋各地の主な都市と事業地に支店(ほかにパダン・タケゴン・メダン・パレンバン・タンジョンカラン・ジャカルタ・ラングーン)・事務所・事業所・出張所など合計50数カ所を設けたのである.

次に岩崎久弥系の農林事業の総括会社である東山農事について,当期の財務諸表を整理してみよう.まず貸借対照表の1940・44年では(表6-3),未払込資本金を除いた資産のうち最大は有価証券であり,40年の706万円

第6章　太平洋戦争と三菱の不動産業

表 6-3　東山農事会社の貸借対照表（1940・44 年末）

（単位：円，未満切りすて）

資　産			負　債		
項　目	1940 年末	1944 年末	項　目	1940 年末	1944 年末
未払込資本金	2,000,000	2,000,000	資　本　金	10,000,000	10,000,000
固 定 財 産	3,622,339	3,600,173	法 定 準 備 金	680,000	863,000
地　　所	(3,556,515)	(3,462,646)	配 当 準 備 金	700,000	860,000
建　　物	(65,824)	(126,377)	特 別 基 金	572,306	1,050,407
起 業 費	—	(11,150)	退 職 慰 労 基 金	174,826	226,528
有 価 証 券	7,063,024	7,825,427	別 途（納 税）積 立 金	264,460	35,257
穀　　　　物	235,624	241,920	勤検(国民貯蓄組合)預金	197,019	203,720
貯 蔵 品	—	9,100	借　入　金	—	150,000
貸　　　　金	22,000	—	仮　受　金	154,458	269,807
仮　払　金	28,690	203,541	未　払　金	24,631	32,226
未 収 入 金	3,968	9,090	前 期 繰 越 金	427,024	302,524
諸　預　金	1,073,566	1,120,910	当 期 利 益 金	858,544	1,027,056
現　　　　金	4,056	10,363			
合　　　　計	14,053,269	15,020,529	合　　　　計	14,053,269	15,020,529

注：（　）内は内訳数．円未満切りすてのため，各項の累計と合計数は一致しない．東山農事会社『事業報告書』第 22・26 回より．

（同資産純合計 1205 万円の 58.6％）から 44 年の 782 万円（同じく 1302 万円の 60.1％）へ微増しており，小規模ながら持株会社的な色彩が強い．次は直営事業である朝鮮の農業用地所で，4 年間で 355 万円（純資産の 29.5％）から 346 万円（同 26.6％）に微減し，3 位は諸預金が 107 万円（同 8.9％）から 112 万円（同 8.6％）になっており，安定した資産内容といえる．また負債も，払込資本金 800 万円のほかは，準備金・積立金の累計が 40 年の 239 万余円（合計の 17％）から 44 年は 303 万余円（同 20.2％）にふえ，また繰越金と利益金の累計も 40 年 128 万余円（同 9.1％）・44 年 132 万余円（同 8.9％）で比較的に高位といえる．

また東山農事の 1940～44 年の損益に移ると（表 6-4），収入合計は 40 年の 151 万円から漸増して 43 年に 212 万円の山に達したが，翌 44 年は 178 万円に急落した（5 年間の累計 907 万円）．うち穀物売却高（主に朝鮮農場の米売却代）は豊凶に左右され，40 年の 45 万円以外は 100 万円前後（43 年は

表 6-4　東山農事会社の損益計算書（1940〜44 年）

（単位：円，未満切りすて）

年　次		1940	1941	1942	1943	1944	累　計
収入	穀物売却代	453,477	952,113	1,106,980	1,308,891	1,027,979	4,849,440
	利　息	25,747	27,107	49,092	39,182	36,345	177,200
	配当金	510,124	466,198	495,777	413,303	478,288	2,363,690
	雑益	525,390	318,452	235,525	367,314	239,133	1,685,814
	合計	1,514,466	1,763,872	1,887,376	2,128,691	1,781,747	9,076,152
支出	穀物原価・販売費	191,757	242,160	342,740	528,160	460,736	1,765,553
	本社営業費	413,107	534,232	639,691	608,542	247,422	2,442,994
	利　息	21,853	19,445	18,005	27,410	27,460	114,173
	雑損	2,650	73,953	18,161	6,222	19,070	120,056
当期利益金		885,097	894,080	868,777	958,356	1,027,056	4,633,366

注：毎年 1 月 1 日から 12 月末まで．円未満切りすてのため，各項目の累計は合計と一致しない．1940 年の当期利益金が表 6-3 の貸借対照表と異なるのは，社員賞与限度超追額 26,553 円余を含むため．東山農事会社「事業報告書」第 22〜26 回より作成．

　最大の 130 万円）を数え，収入累計の 53.4% で首位を占めた．また配当金収入は，40 年の 51 万円を山に 40 万円台を示し，累計は 236 万円で合計の 26% で 2 位であり，雑益（内容未調査）は累計 168 万円（合計の 18.6%），利息収入が累計 17 万余円を示した．

　そして支出では，東京の本社営業費が 1940 年の 41 万円から上昇して 42・43 年は 60 万円に急増したが，44 年には 24 万円と急減し，5 年間累計で 244 万円に及んだ．また穀物原価と販売費は，40 年の 19 万円から漸増して 43 年には 52 万円の山を示し，累計は 176 万余円で穀物売却高累計 484 万円の 36.4% にすぎず，米作利益の高率なことがわかる．収支差し引きの当期利益金は，40〜42 年の 80 万円台から 43 年には 95 万円，44 年には 102 万円に達し，累計して 463 万円で収入累計 907 万円の実に 51% を数えたのである．

　しかし敗戦の 1945 年には，東山農事は唯一の事業部門である朝鮮支店の米作農場をすべて連合軍に接収され，収穫物の販売が不能となって損失 25 万 7744 円を計上，前記繰越金 30 万 2816 円で補って残り 4 万 5072 円を次期に繰り越し，1919 年以降 26 年間の事業に終止符を打った（以下を含め，東山農事会社「事業報告書」第 17〜27 回および持株整理委員会提出資料を参照）．

第6章　太平洋戦争と三菱の不動産業

表6-5 東山農事会社（本社）の人員・株主数（1935～46年）

(単位：人)

年次	役員	正員	准員	休職	合計	株主
1935年	5	53	15	—	73	14
1936年	6	55	16	—	77	15
1937年	7	55	18	—	80	18
1938年	7	55	19	—	81	18
1940年	8	57	26	5	96	18
1941年	8	77	35	6	126	16
1942年	8	88	32	5	133	16
1943年	9	85	30	4	128	17
1944年	7	40	9	55	111	21
1945年8月		122	30		152	
1945年12月	9	32	6	5	52	21
1946年7月		50	10	—	60	21

注：1939年は欠．特に示す以外は年末現在．空欄は不明．役員は取締役・監査役・顧問・相談役の計で合計に含まれる（ただし，1945年8月と1946年7月は不明のため，不入）．1942年の合計128で休職5が未入のため，補正．東山農事会社「事業報告書」第17～27回（21回は欠）より，1945年8月と46年7月は東山農事会社の持株整理委員会提出資料による．

なお東山農事の本社人員表（現地限り採用者を除く）によると（表6-5），役員・正員（職員）・准員（雇・傭員など）と休職（徴兵や出向者）を含めた合計は，1934年の69人から35・36年の70人台，37・38年の80人台，40年には96人にふえ，とくに軍などからの受命事業がふえた41年以後は急増して130人を前後した．とくに正員も40年の57人から41～43年は80人を上下し，准員も40年の26人から30人台に急増している．そして受命事業のために東山産業会社を新設した44年には，東山農事の職員（45人減の40人）や准員（21人減の9人）を休職（55に激増）の形で東山産業へ出向転籍させたのである．敗戦の45年8月には，これらの出向と休職者（徴兵や徴用を含む）や海外から引揚者などが東山農事に復帰し，職員は122人の山（准員も30人），合計も最大の152人（役員を含まず）に達した．

そして東山農事は，敗戦後も国内で新規の事業をおこすべく，九州や秋田

方面に駐在員を派遣して調査企画に努めた．その結果，1946年6月までに群馬県伊香保で材木伐採権を確保して伐材と造林を行い，また九州小倉方面で小規模な養豚事業を経営している．このため45年12月末に43人（うち休職5人，役員9人を除く）に激減した東山農事の人員は，46年7月に60人に増加した．

また東山農事の株主数は，1935年の14人から第2回の資本金払い込みが行われた37年は18人にふえ，以後は微減したあと44・45年は21人を数えた．そして資本金1000万円（うち払い込み800万円，計10万株）のうち，10%以上の株式保有者は，社主ともいうべき岩崎久弥の4.7万株と長女の沢田美喜子（敗戦後に大磯でサンダースホームなどを経営）の1万200株のみであった（配当は44年でも7%，45年は無配）．

最後に，東山農事の1946年7月現在における財産明細によると，固定財産が朝鮮の米作農場（敗戦で接収）の土地245.6万円・建物4万円（償却高の累計は不詳）・建設仮勘定3.4万円の計353.1万円（時価との差261万円）を数える．次に長期出資のうち，主な株式（新旧株の累計）は江戸川工業所（岩崎久弥系）4.5万株（帳簿価格206万2500円）・東山産業2万株（同100万円，資本金の1/12）・図南産業6000株（60万株，全株）・三菱銀行1万1620株52万660円・東京海上火災4920株48万4500円・三菱商事6666株37万3300円・南満洲鉄道9000株36万4500円・関東配電1万9350株34万3908円・国際電気通信3102株27万8735円・鐘ヶ淵鉱業3295株27万6095円・日本発送電7454株25万9592円・小岩井農牧4000株20万円・東海銀行5001株16万8743円・東京ガス2500株16万5000円・中部配電2649株12万1490円など累計28銘柄741万6138円を数える．また整理資産では，戦争保険金受取済額が4万1185円，在外資産額503万301円，疎開補償1万6850円を示し，借入金は三菱銀行から無担保で211万2000円を示している．

ところで東山農事の系列会社となった三五公司（本社はシンガポール，連絡所は丸ビル内の東山農事）は，第4章で述べたようにマレー半島のジョホ

第6章　太平洋戦争と三菱の不動産業

ール州でゴム園を経営したほか，太平洋戦争中は軍や政府からの受命事業をも兼営した．敗戦後は「敵産会社」となったが，1946（昭和21）年7月現在の資本金は500万海峡ドル（5万株），株主11人のうち，三五公司1万5597株（31.2%）・東山産業7000株（14%）のほかは，岩崎久弥・彦弥太（長男）・隆弥（次男）・恒弥（3男）の一族が各6000株（12%）ずつを所有し，以上6者累計で4万6597株（93.2%）を集中していた．また社員数は，45年8月の66人から46年7月には14人に激減し，その在外整理資産額は約966万3000海峡ドル（邦貨約1947万1000円）に達した（持株会社整理委員会へ提出したコンソリデーテッド三五公司リミテッド「会社要項」による）．

なお1942（昭和17）年5月には，東山農事・三五公司・図南産業などのほか，三菱商事・鉱業などの三菱系社員累計85名が南方地域の経済開発と物資収売のために派遣されたが，東シナ海で魚雷攻撃をうけた．このため乗船が沈没し，東山農事7名・三五公司15名・図南産業3名など合計55名の社員が死亡し，生存者はわずか30名だったという（①38巻1932頁）．

このほか1943（昭和18）年には，岩崎彦弥太（三菱本社副社長，久弥の長男）が有限会社東牧場を新設し，事業所を東京都北多摩郡国分寺町（49年に小金井牧場として小岩井農牧会社に編入，小岩井農場の姉妹牧場となる）・千葉県印旛郡遠山村・北海道日高静内町（敗戦後に農地解放）の3カ所に置き，競争馬などの種畜と飼料生産を開始したが，詳細は未調査である（④571頁，㉑330頁参照）．

3　三菱地所の経営内容（戦争期）

(1)　三菱地所の業務体制と従業員

1937（昭和12）年5月に三菱地所会社（それまでは三菱合資の最後の事業部門）が独立開業したあと，全力をそそいだ東京館（敗戦後に新丸ビルとして再建）の建設は，日中戦争を契機に翌38年12月に基礎工事のみを終えたまま中止された．その後は，三菱地所の所有となった丸ビルや仲10号館

別館（37年12月完成）などの賃貸と，三菱社（37年12月に三菱合資を改組）から委託された丸の内地区などの貸地・貸事務所営業（これらの収入の6割を上納）が当初の主な業務であった．

やがて1940（昭和15）年8月には，三菱地所の初代会長赤星陸治が退任（そのまま取締役に留まる）し，2代会長には三菱信託会長（36年から）山室宗文が両社を兼務し，樋口実と藤村朗が常務に昇格，庶務・営業・会計・建築の4課をおいた．なお赤星陸治は42年3月に67歳で没したが，1901（明治34）年に東大法科卒業後に三菱合資に入社，小岩井農場長を経て11年9月に地所部副長となり，20年1月に初代地所部長桐島像一の後の2代部長を継いだ．37年5月に三菱合資を退職（年金2500円）（①37巻1363頁）して三菱地所の初代会長となったほか，東京ビルヂング協会や日本ビルヂング協会の初代会長を兼ねるなど，「三菱ヶ原6万坪の経営発展に努め」，当時の不動産業界の重鎮といわれた（⑤468～471頁参照）．

次に，1940（昭和15）年1月には，三菱地所の資本金（30万株1500万円，1/2払い込み済）の第2回払い込み（1株12円50銭，1/4払い込み）を完了し，375万円を増額した．当初は東京館の工事費を予定していたが（①38巻1556・1622・1626頁参照），前章で述べた39年12月の子会社康徳吉租会社の増資70万円（資本金250→320万円）の全額引き受けや，借入金295万円の返済，40年2月の福岡県苅田埋立予定地の隣接地14万9461坪（畑地，将来の工場用地）の代価79万余円の一部などに充てられた（⑤479頁）．

また太平洋戦争の激化とともに，1943（昭和18）年5月に三菱地所は職制を改正して課を総務・営業・経理・建築の4部制にかえ，同年8月に前にふれた上海出張所を新設した．さらに同年10月からは，会長を社長に改め，刈田建設課を新設したほか，翌44年10月には福岡県苅田や宮崎県富島など各地の軍需工場の用地買収や設計監督の業務が激増したため業務部の新設を決定した．同部は翌45年1月に発足し，「企画・調査並に各地業務の連絡調整」を図った（①39巻2133頁，40巻2400頁，⑤469～470頁）．

このほか1945（昭和20）年3月には，三菱地所は資本金を1500万円から

1850万円（新株50円7万株，払込済1475万円）に増資した．新株は三菱本社（43年2月に三菱社と改組）が全額を引き受け，所有する八重洲ビル（鉄筋コンクリート造り地階つき8階，建て707.8坪，延べ5383坪）を272万円，敷地936坪余を78万円，計350万円相当で現物出資の形をとり，営業管理中の三菱地所が取得したのである．なお同ビルは敗戦後の46年4月に連合軍総司令部に接収され，八重洲ホテルという軍の宿舎にされたが，解除された後，62年6月には丸ノ内八重洲ビルと改称している（①40巻2409・2537頁，⑤311・482頁参照）．

なお三菱地所の業務運営の中核となる従業員の動きは，1937年6月の開業当初は，三菱合資地所課のうち本館・高輪（開東閣）・建築の3系は本社に残ったため，職員（幹部級の正員と準幹部の准員の計）111名・雇員その他237名の計348名であった．しかし同年11月に建築係（技師27名・准員3名・嘱託1名の計33名，ほかに休職中で康徳吉租に勤務する技師2名）が三菱地所に合流（営繕課を建築課に拡張）したため，37年12月には正員63名・准員60名・雇員251名の合計374名（以下，取締役などの役員は合計に未算入）を数えた（⑤413頁）．

その後の従業員数は出向や徴兵・徴用などの休職者が不明であるが，木造貸事務所7棟の新設などで増加をつづけ（表6-6），1942年末には合計485名の山を示した．以後は微減しはじめ，敗戦直後の45年9月には，395名に落ちている．このうち正員は年々増加し，37年末の63名から41年以後は100名をこえ，45年3月には181名に達した．准員は41年末と44年3月の70名を山に60名台を上下（38年末のみ58名）し，45年3月は65名を数えた（正・准員計は45年9月が最大で254名）．雇員その他は変動が激しく，37年末の251名から41年末には295名（39年末も293名）の山に達し，以後は減少をつづけて45年9月には141名となっている．

なお1937（昭和12）年7月以後の日中戦争で軍隊への徴兵が増加し，軍需産業の振興のために39年7月に国民徴用令が施行され，建築技術者などの「平和産業従事者」に強制的な動員（徴兵の赤紙召集に対し，白紙の召集

表 6-6 三菱地所会社の従業員数

(単位：人)

年 月	正員	准員	雇員その他	計	ほか役員
1937.12	63	60	251	374	10
1938.12	67	58	282	407	10
1939.12	69	61	293	423	9
1940.12	97	67	284	448	10
1941.12	116	70	295	481	10
1942.12	149	66	270	485	9
	——(235)——		(217)	(452)	9
1943.12	169	63	214	446	
1944. 3	172	70	232	474	
1944.12	—— 251 ——		199	450	9
1945. 3	181	65	159	405	
1945. 9	—— 254 ——		141	395	9
1946. 3	198	88	221	507	
1946. 8	233	106	360	699	6
1949. 1	175	65	99	339	

注：空欄は不明．計には役員を除く．（ ）内は『三菱社誌』39巻2224頁，その他は各巻年末「人員表」，三菱地所『丸の内百年のあゆみ』資料・年表・索引61頁の表（「営業報告書」）による．

令状といわれた）が行われた．三菱地所では貴重な技師をはじめとする自社社員を，徴用度の少ない軍需産業である三菱重工業・電機などの分系会社に出向させ，温存をはかる措置に努力したという．

また三菱地所は丸ビル内で煙草販売店などを経営していたが，その女子従業員にも徴用がきはじめた．地所営業部では煙草は政府の専売などを理由に陳情を行い，徴用を免除させたが，軍需省（1943年11月設置）はこの過程で，三菱地所が軍需産業の設計なども担当することを知り，逆に勤労動員の女学生を派遣するように変わっている．すでに43年9月には17業種に男子就業の制限と25歳未満の未婚女子の動員が決定し，翌10月に丸の内地区がある麹町区で女子挺身隊が結成された．そして翌44年8月には学徒勤労令と女子挺身勤労令が公布された．そして三菱地所へも三輪田高女の生徒たちが女子挺身隊員として動員され，45年5～6月には空襲に備えて経理帳簿の副本作成やエレベーターの運転などに従事したという（⑬265頁，⑤

472〜474 頁参照)．

　なお敗戦後になると，三菱地所では戦災復旧と占領軍によるビルや事務所の接収などの業務に忙殺され，従業員はすべての職種で急増し（とくに雇員その他は 46 年 8 月に 360 名），その合計は 1946 年 3 月に戦前を上まわる 507 名，同年 8 月には実に 699 名に達した．たとえば 45 年 11 月の三菱本社の解散声明にともない，翌 46 年 1 月には本社総務部の館内係（三菱本館の管理）38 名・用度係 15 名と経理部の一部 6 名（計 59 名）を三菱地所へ移管している．同時に三菱本社所有の三菱本館新・旧館 2 棟と開東閣の宅地 8 筆 3121 坪余・西洋館 1 棟（ほか付属家屋 12 棟）の賃貸借営業権が三菱地所へ譲渡された．さらに占領軍などによる丸の内の三菱関係ビル・事務所の接収が増大し，一般の事務所難は極点に達したため，三菱地所では当局の許可をえて戦災建物の改修と新築を実施した．46 年 3 月に承認をえ，旧仲 6 号館跡（旧造船会館，丸の内 3-8）に煉瓦建て 3 階 2 棟（焼跡改修，建て 366 坪余，延べ 1045 坪余，工費約 440 万円，5 月着工・7 月完成，日新火災・三菱製鋼・三菱重工業に貸付），旧国際電機通信館跡（丸の内 2-3 に木造 2 階延べ 1298 坪余を新築，工費約 380 万円—実費 826.3 万円，5 月着工・9 月完成，三菱鉱業に貸与），新造船会館跡（丸の内 1-2）に木造 2 階 1 棟（建て 503 坪余・延べ 997 坪余，敷地 1128 坪余，工費 319 万円）などをそれぞれ建設した（① 40 巻 2599〜2602・2626 頁）．

　このほか三菱地所では，1946 年 5 月に岡山県の三菱重工業水島機器製作所の福利厚生施設の管理を引き受け，浅口郡連島町亀島に水島事務所を新設し，その後のコンビナート建設の基礎を築いた．また同年 9 月には，三菱本社所有の仲 13 号別館（三菱養和会館）と赤坂・牛込・麻布所在の土地建物について，三菱地所はその賃貸借営業権などをすべて取得したほか，福岡県苅田工業地区の埋立進行などをめぐり三菱地所で土地委員会を開催している（① 40 巻 2634・2654・2658 頁）．これらの戦災復旧などの業務が拡大した結果，前述のような 46 年における三菱地所従業員の激増が生じたわけである．しかし戦後インフレと緊縮財政などによって，判明した 49 年 1 月の合計人員

は339名に急減し，とくに雇員その他の低落がいちじるしかった．

(2) 三菱地所の資産負債

次に，三菱地所の資産・負債状況をみよう（表6-7）．まず資産では，未払込資本金を除いた資産総額（以下同じ）に占める固定財産は，創業初年の1937年末には1060万円で総額1347万余円の78.7%に達する．このうち土地は，丸ビルと芝区愛宕町の敷地のみ292万円（総額の21.9%），上記の建物と仲10号館別館の累計716万円（同53.2%），東京館（敗戦後に新丸ビルとして再建）の起業工事51万円（3.8%）を数える．次が預金および現金の178万円（13.2%），受託中の設計監理の建築物（仕掛建物）である設計工作が90.8万円（6.7%）とつづき，有価証券は10万円にすぎなかった．

他方，1937年末の負債では，払込資本金750万円が最大で総額（未払込

表6-7 三菱地所会社の財産目録（1937・45年）

（単位：円，未満切りすて）

資産項目	1937.12	1945.9	負債項目	1937.12	1945.9
未払込資本金	7,500,000	3,750,000	資本金	15,000,000	18,500,000
固定財産	10,602,668	19,994,109	法定積立金		431,000
土地	(2,922,248)	(4,705,520)	別途積立金		1,350,000
建物	(7,167,974)	(8,376,575)	納税積立金		1,270,000
起業工事	(512,445)	(6,912,013)	退職慰労基金	488,093	1,896,710
設計工作	908,720	41,215,269	従業員勤倹（国民貯蓄組合）預金	358,010	1,239,752
貯蔵品	11,452	307,717	借入金	2,950,000	3,550,000
有価証券	100,000	800,000	敷金	426,724	517,164
基金預金引当預金		589,572	未払金	95,245	337,574
基金預金引当有価証券		502,980	仮預り金	217,971	350,599
未収入金	71,262	3,424,048	収入未決算	1,122,315	72,282,369
仮払金	417	25,457,534	工事費その他内入金	(1,017,914)	(72,220,346)
支払未決算		438,394	貸地貸家料前受金	(104,401)	(62,022)
預金および現金	1,782,258	7,578,599	前期繰越金		425,695
			当期利益金	318,419	1,907,360
合計	20,976,779	104,058,225	合計	20,976,779	104,058,225

注：期日は年月の末日．（ ）内は内訳数，三菱地所『丸の内百年のあゆみ』資料・年表・索引104・108頁より．

資本金を除く)の55.7%に及び,東京館建設のための借入金が295万円(21.9%),受託した設計工事費その他内入金が101万円(7.6%),三菱合資地所課時代から引きついだ退職勤労基金・従業員勤倹預金の累計が84.6万円(6.3%),借地・貸ビルなどの敷金42.6万円(3.2%,ほかに前受金10.4万円)などがつづいている.

以上を,敗戦直後の1945(昭和20)年9月と比較してみよう.資産の最大は受託中の設計工作の4121万円(未払込資本金を除く総額1億30.8万余円の41.4%)に変わり,次は未払未決算の2545.7万円(25.4%)と固定財産の1999.4万円(19.9%)である.後者のうち,地所は苅田工業地付近や八重洲ビルなどの敷地が加わり,37年末より128.3万円増の470.5万円(4.7%),建物は同ビルや木造貸事務所(2棟は空襲で焼失,4棟は強制取り壊し)などが増えたが減価償却のため120.8万円増の837.6万円(8.4%),起業工事は苅田工業地区埋立地などが加わって691.2万円(6.9%)に激増した.このほか預金及び現金が757.8万円(7.6%,他に基金預金引当預金58.9万円),未収入金342.4万円,有価証券80万円(ほかに基金預金引当が50.2万円)などがある.

また1945年9月の負債では,払込資本金が1850万円(未払込資本金を除く負債総額1億30万8225円の18.4%)にふえたほか,とくに受託中の工事費その他内入金は実に7222万円(72%)に激増し,戦争末期の三菱地所の経営を支えたことがわかる.その他,法定・別途・納税積立金の累計が305.1万円(3.4%),退職慰労基金189.6万円,国民貯蓄組合預金123.9万円など,資本内容は比較的に安定していた.しかし44年後半からの空襲激化にともない,長崎・福岡・名古屋など各地の三菱系会社や工場の災害復旧と疎開工事などの受注が急増し,軍需資金による前記の工事前渡金が累積された.他方,戦時の物価インフレも上昇し,必要な資材や労賃の高騰が激しく,このため三菱地所の資金繰りも苦しくなったという(⑤482頁参照).

三菱地所の借入金は,当初は東京館建設のため295万円を数えたが,前に述べたように40年1月の資本金1/4の払込金375万円で完済した.したが

って40年以後は借入金はゼロがつづいたが，以上のような資金繰りの悪化で42年には銀行から60万円を借り入れ，その残高は43年には225万円，44年3月に240万円，44年9月325万円，45年3月には414万円の山まで増え，45年9月には355万円を数えている．このほか，三菱地所の事業の盛衰を決めた設計監理の受託工事費その他の前受金も，1938年末には473万円に上昇，以後は39年末872万円（40年末は584万円に減），41年末1549万円，42年末4415万円，43年末5000万円，45年3月6093万円と急増を示し，45年9月には7220万円の最高に達している（⑥104～108頁参照）．

(3) 三菱地所の営業収支

日中・太平洋戦争期の三菱地所の営業損益は（表6-8），まず営業収益では1937（昭和12）年の147万円（5月開業以後，他の項目も同じ，4月以前は三菱合資の地所建物収支に算入）から，38～40年は300万円台，41年432万円，42年538万円，43年629万円と漸増し，44年度（1月～翌年3月）には929万円の山に達し，敗戦の45年度は856万円を示した．このうち地所所有と三菱社（37年に三菱合資を改編，43年2月に三菱本社に改組）から営業受託した土地建物賃借（三菱社所有不動産のため賃借収入の6割を上納）が営業収益の過半を占め，37年の140万円から38～40年は200万円台（39年以降に木造貸事務所が増加），41～43年300万円台（42年に京城三

表6-8　三菱

		項目	1937年
三菱地所	収入	営業収益　土地建物賃貸	1,408,065
		設計監理・請負工事	69,319
		その他	278
		計	1,477,483
		受入利息	28,324
		雑収入	4,302
		合計	1,510,110
	支出	営業諸経費	1,093,195
		支払利息	98,495
	利益		318,419
三菱社(三菱本社)	利益	地所建物収支	1,580,246
		有価証券収支②	16,114,481
		受入利息③	664,520
		雑収入④	12,255,710
		計	30,614,958
	損失	営業費	14,340,501
		利息支⑤	657,154
		雑支⑥	581,814
	利益		15,035,484

注：年は1～12月，年度は4月～翌年3月，た
1月～翌年3月まで．上・下期などの年度合
までは有価証券配当利子，③40年以後は利
過額（プレミアム）6,000万円を含む．『三菱
158～159頁から集計．

菱ビル完成）に上昇，44年度（1月〜翌年3月の15カ月）は491万円に達したが，45年は344万円で設計監理・請負工事を下まわった．

他方，他企業から受託した設計管理と請負工事は，37年の6.9万円から38〜40年は60万円台になり，特に太平洋戦争とともに軍需工場などの受注が増えて40年94万円，42年166万円，43年245万円に急上昇した．とりわけ空襲激化による罹災復旧や疎開などの応急工事が激増した結果，44年度は425万円，45年度にはさらに敗戦後の復旧工事も加わって最大の505万円を示し，三菱地所の収益を支えたことがわかる．そして受入利息と雑収入を加えた収入合計は，37年の151万円から38〜40年は300万円台に増え，

地所と三菱社（三菱本社）の損益表（1937〜45年度）

（単位：円，未満切りすて）

1938年	1939年	1940年	1941年	1942年	1943年	1944年度	1945年度
2,563,494	2,707,900	2,871,792	3,295,998	3,616,077	3,733,771	4,915,872	3,449,191
686,712	628,394	693,811	940,239	1,662,998	2,458,668	4,259,254	5,058,812
38,167	72,549	91,320	91,855	103,113	105,954	118,933	60,743
3,288,374	3,408,845	3,656,924	4,328,093	5,382,189	6,298,394	9,294,060	8,568,748
16,375	38,771	52,842	20,790	20,872	20,808	59,604	48,641
4,207	4,007	48,795	33,153	32,023	36,727	43,060	19,559
3,414,096	3,451,623	3,758,562	4,382,037	5,435,084	6,355,930	9,396,725	8,636,949
2,357,160	2,423,341	2,624,090	3,282,689	4,145,584	4,951,029	5,865,618	①5,893,181
185,799	191,969	67,747	67,007	80,768	110,828	149,822	165,672
767,237	836,313	1,066,823	1,032,339	1,208,731	1,294,073	3,381,284	2,578,094
872,804	800,488	1,363,618	2,761,900	2,234,993	2,264,192	3,655,568	4,850,436
17,473,936	18,230,383	⑦83,915,306	28,793,347	31,913,519	42,241,755	37,673,386	21,474,620
914,607	607,835						
9,868,047	8,057,672	22,226	7,635	5,520	30,995	5,746	
29,129,395	27,696,382	85,301,150	31,562,883	34,154,035	44,536,945	41,334,702	26,325,056
11,562,593	11,210,057	6,854,723	11,484,204	11,192,399	11,816,916	9,301,900	9,238,853
1,311,117	1,763,591	2,073,087	1,204,469	3,196,311	4,822,040	6,423,645	9,136,615
1,371,751	536,978	513,506	115,905				247,204
14,883,934	14,185,754	75,859,832	18,758,301	19,765,763	27,897,986	25,609,155	7,702,384

だし三菱地所の1937年は開業の5月から12月まで，44年度は1月〜翌年3月，三菱本社の43年は計．円未満切りすてのため，各項の累計と計などが一致しない．①雑支出21,000円を含む．②39年息収支に算入，④41年までは雑益，⑤39年までは支払利息，⑥39年までは雑損，⑦新株式額面超社誌』各年末の「損益計算書」，三菱地所『丸の内百年の歩み』資料・総計・索引138〜141・

41年438万円, 42年543万円, 43年635万円と上昇, 44年度には939万円の山を示し, 敗戦の45年度も863万円を数えた.

　戦争経済の強化で経済団体や統制組織（1943年10月統制会社令），軍需会社などからの強い賃借需要がおこり，三菱地所では貸事務所はほとんど満室状態が続いた．しかし，ビルの新増設が許されず，とくに1939年10月の地代家賃統制令などで賃貸料の値上げは厳しい条件にあった．このため特例にもとづく木造貸事務所7棟（ほかに京城三菱ビル）を建設して，急場をしのいだが，44年からの空襲激化によって2棟（ほかに三菱本社から受託の貸事務所4棟）は焼失，4棟は強制疎開で取りこわされるなどの結果，細々とした賃貸料値上げなどを加えても，土地建物賃貸料の収入増は緩慢な動きにとどまったといえる．ただし丸ビルを始め鉄筋鉄骨コンクリート造りの貸ビルは，空襲にも耐えられる堅牢建物という信頼感が一般に強く，軍部や官庁・重要産業会社などから賃貸申し込みが激しかったという．とくに木造建物の強制取りこわしが拡大した44年後半からは，米軍が占領後の接収利用を考慮して丸の内区の空襲を控えたことも加わり，その貸事務所は敗戦後までも満室状態が続いている（以上，①39巻2336頁，40巻2536〜2538頁参照）.

　次に三菱地所の支出のうち営業諸経費は，1937年の109万円から38〜40年は200万円台に上昇，41年328万円，42〜43年400万円台と収入合計の伸び率より高いが，44〜45年度は580万余円の山に達する．また借入金などへの支払利息は，東京館建築のための借入295万円の利子が中心で，37年（5月以後）の9.8万円から39・40年の19万円前後に上昇したが，同額を返済した結果，40・41年は6.7万円台に急落している．しかし42年以後はふたたび借入金が増加したため，42年8万円，43年11万円と増加，インフレによる資金繰りの悪化とともに，44年度14.9万円，45年16.5万円に拡大した．

　以上，三菱地所の営業収支を差し引いた各年度の利益は，37年の31.8万円から38・39年は80万円前後，40・41年100万円台，42から43年120万円台上昇した．そして44年度は最大の338万円を示し，45年度も257万円

を数えたのである．収入の中心である土地建物の賃貸収入が一般に抑えられた増加にとどまったのに比べ，当初は劣勢であった設計監理と請負工事による収益が，太平洋戦争以降の軍需工場などの建設，とりわけ空襲激化にともなう罹災復旧や疎開施設などの応急工事，そして敗戦後の復興事業などの盛況を背景に，急増したことがわかる．

第7章　戦争期三菱の企業活動

　本章は，5～6章のまとめとして，1937（昭和12）年からの日中戦争，41年からの太平洋戦争をめぐる戦争期について，三菱財閥の司令部であった三菱社（43年2月から三菱本社）と三菱地所を含むその直系会社を中心に，三菱財閥の企業活動を財務諸表や資本金・株式配当・株主数・従業員数などから整理したものである．

　これによって三菱の不動産業の内容と特徴を，全体の企業活動の一端から，再構成を目指そうと図った．同時に，拙著『日本の財閥と三菱』では，1940年を終期に分析を終えていたので，私にとって未研究であった41年以後から三菱財閥の解体過程をも，併せて簡単に論究したいと考える．

1　三菱社（三菱本社）と三菱地所

　最初に，三菱地所の持株会社である三菱社（1943年2月から三菱本社）の不動産経営を軸に，両者の関係をながめてみよう（表6-8参照）．まず三菱社の地所建物関係の収入から支出を差し引いた収支利益は，37年4月までの地所課（5月に三菱地所会社に分離独立）分を含む37年の150万円から，38・39年は80万円台に落ちている．そして地所建物収支の中心は，三菱社が引きつづき所有する東京の丸の内地区や京橋・神田区など，大阪・神戸・西宮・室蘭，さらに北京・漢口の土地建物を，三菱地所に貸与して得た営業収入の6割にあたる上納金が占めていた．40年5月に三菱社が資本金の倍額増資と株式の一般公開を行った以後は，三菱社所有の京橋越前堀や北

京・漢口などの不動産処分が進み，その土地建物収支は40年136万円・41年276万円に上昇，42・43年も220万円を維持したあと，44年度は365万円，45年度には485万円（八重洲ビルを敷地とも350万円で処分）に急増している．

なお三菱社の財産目録によると，1938年末の資産合計2億5819万円のうち，土地は247万6748円（合計の0.96%），建物は637万3835円（2.47%）にすぎなかった．そして大部分の80.7%は有価証券の2億842万余円で，ほかは預金および現金3401万円（13.2%），貸金611万円（2.36%）が主なものであった．これが敗戦直後の45年9月末には，資産合計6億1912万円に増えたが，うち地所は207万7345円（合計の0.34%），建物は370万3297円（0.6%）に減少している．反面，有価証券は5億9795万円で合計の96.6%に上昇し，三菱本社が持株会社に純化していたことがわかる．このほか45年9月の残りの資産は，預金および現金1273万円（2.1%），支払未決算勘定143万円（0.23%）などであった（①37巻1471頁，40巻2540頁参照）．

次に，この期（1937年1月～46年3月）の三菱社の利益を累計してみると，総計3億5065万5506円に達し，そのうち地所建物収支は2038万4245円で5.8%にすぎない．他方，有価証券収支は40年の増資新株のプレミアム6000万円を含んで累計2億9783万円で84.9%に達する．また受入利息は預金や貸金に対する収入だが，40年以後は支払利息と合算して利益収支（赤字の時は損失に計上）になっている．なお雑収支の内容は不明であるが，37～39の3年間累計だけで3018万円を示しており，おそらく37年8月の朝鮮咸鏡北道の三菱社有地53万余坪（三菱鉱業へ），同年12月の八幡市黒崎町社有地51万余坪（日本化成工業へ，代金402万2500円）などの土地売却代（①37巻1291・1313頁）なども含まれているのであろう．

他方，三菱社の営業支出のうち，営業費は1937年の1434万円が最大で38～43年は1100万円台（40年のみ685万円で最低）がつづき，44・45年度は930万円前後に落ちている．また支払利息で（39年まで，40年からは

受取利息と合算して利息収支）は，37年の65万円（財産目録では38年末の借入金1303万円・諸預り金346万円）から，38年131万円・39年176万円・40年207万円に上昇している．これは借入金などのほか，三菱社が38年6月にはじめて発行した物上担保つき社債3000万円（年4.3％，利子は6・12月の2回払い，2カ年据え置き，40年から毎年300万円以上償還または買い入れ，敗戦後の50年6月に償還）に対する利払いが増大したためであろう．受入利息との合算などで，40年の利息収支は120万円の支払いに減少したが，42年319万円・43年度482万円・44年度642万円，45年度には実に913万円へと利息支払いが急増している．社債は償還などで44年9月1800万円・45年3月1500万円に減少したが，借入金（三菱銀行の支払約束手形）が44年9月1億3285万円・45年3月1億5450万円へ激増し，とくに敗戦直後の45年9月には実に2億1700万円に達している．分系会社などへの資本金払い込みや増資，あるいは起業資金や敗戦後の特殊事情などで，さすがの三菱本社も資金繰りに苦慮したことであろうことを推察できる（『三菱社誌』各年末の貸借対照表を参照）．

　以上の三菱社の営業利益・損失を差し引いた各年度利益は，1937〜39年が1500万円前後，40年は新株式の額面超過額（プレミアム，1株50円）6000万円を含むため7585万円に急増している．41・42年には1900万円前後に戻り，43年度は2789万円の山に達したあと，44年度は2560万円に微減，敗戦を含む45年度は770万円の最低を示したのである．

　なお三菱社は，前にふれたように日中戦争以後の軍需産業の展開を契機に，三菱分系会社の急激な事業拡大に対応して巨額な資金を必要とするようになり，ついに1940年5月に資本金の倍額増資（1億2000万円から2億4000万円へ）と新株式のプレミアム付き（1株100円プラス50円）の一般公開に踏み切った．この結果，株主は約2万人に達したが，増資とプレミアムで1億8000万円を入手できたのである．その後も資金需要は太平洋戦争の進展とともに激増し，前述のような三菱本社の資金繰りの逼迫が深まったが，さらに資本金を増額することは実施できなかったのである．また40年の増

資の時には,臨時資金調整法にもとづく大蔵省の認可を必要としたが,その際に今後は三菱社が岩崎一族の支配を離れ,国策遂行のための統制機能を強化すること,また株主への配当率をそれまでの10%(年1200万円)から8%(増資のため年1920万円)に低下させること,以上を条件に認可されたという(①38巻1650・1692頁,⑤482~483頁参照).

なお1945年3月末における三菱本社の1万株以上の主要株主は,岩崎久弥(3代社長)15万・岩崎小弥太(4代社長)57万・岩崎彦弥太(久弥の長男,副社長)96万・岩崎隆弥(同,次男)30万・岩崎恒弥(3男)30万の岩崎一族5名で228万株(総株480万株の47.5%)を集中した.つづいて明治生命17万7220・東京海上火災15.9万・第一生命10万9480・三菱信託7万9480・日本生命7万340・日本郵船7万・三菱銀行3万1680・千代田生命3万・山口銀行2万80・第一徴兵生命2万・帝国生命2万・日新火災1万7400・東亜海上保険1.7万・第百生命1.6万・山口義雄1万3900・ウェスチング・ハウス・エレクトリック社1.2万・三和信託1万1080・諸戸清六1万の以上累計16社・2名・88万4600株であった.したがって以上の合計7名・16社で316万4600株(総株の65.9%)を占めたのである(①40巻2530頁).

2 三菱主要会社の企業活動

(1) 営業純益

ここで,三菱社(三菱本社)とその分系諸会社の中に占める三菱地所の位置を整理してみよう(表7-1).ただし三菱鋼材・石油・化成(1944年3月まで日本化成工業)3社は40年12月に三菱の分系会社に編入され,当初は分系会社であった三菱海上火災保険は同業の関係会社である東京海上火災保険と提携を強め,すでに33年5月から分系を離脱している.しかし『三菱社誌』ではいずれも分系会社として表示された期間があるので,これらは表中に含めて分析しておく.また会計期間は各社によって異なるが,概況をつ

第7章　戦争期三菱の企業活動

かむためにそのまま比較した.

まず各社の純益のうち，敗戦の1945年度は三菱本社（前年より激減して当期間の最低361万円）・地所・倉庫（2社とも前年より微減）3社を除き，他の9社（三菱鋼材は製鋼に，海上火災保険は東京海上火災保険に，それぞれ吸収合併のため除外）は事業所の被災や軍需停止などですべて赤字である. このため45年度を除いた37～44年度の8カ年累計を基準に，各社の営業純益を比較すると，純益累計の首位は日本最大の軍需企業といわれた三菱重工業の3億3790万円である. 同社の純益は（42年上期まで三菱製鋼の前身である長崎製鋼所の分を含む），37年の1126万円から上昇して40年2442万円・41年3774万円・42年5611万円と軍需の拡大とともに急増，とくに43年は8642万円と各社各年中で1・2位（三菱地所の37～44年純益累計990万円の8倍強）を占めている. しかし空襲の激化や長崎原爆などで，45年には2741万円（赤字額は9社中4位）の損失を出した. しかしこれを控除しても，37～45年度の純益累計は3億1049万円を示し，三菱系主要12社の首位を占めた.

次に2位に甘んぜざるをえなかったのは，三菱社（本社）の累計2億81万円である（ただし40年以後は，税法上は損費に算入されない社員賞与限度超過額を表6-8の利益から差し引いているため，表7-1と一致しない年がある）. 40年は三菱社の倍額増資の時に新株プレミアム6000万円が加わり，純益7572万円（各社各年の中で三菱重工業の43・44年に次いで3位）の例外を示すが，37～39年の1500万円前後から緩やかに上昇を続ける. 43年（会計年度変更のため1月から翌年3月までの15カ月）には2371万円の山に達するが，44年度は1873万円に落ち，45年度は361万円に激減したが損失を免れ，37～45年度累計の純益も2億442万円で12社中の2位を占めた.

3位は軍需資材の鉱物原料を提供した三菱鉱業で，37～44年度の累計純益は1億9925万円を数える. 37年の1951万円から漸増して40年には3142万円の山に達したが，41・42年の2800万円台のあと，鉱脈や労働力などの

表7-1 三菱社（本社）と分系会社の純益・

年度など		三菱社 (三菱本社)	三菱 地 所	三菱 重工業	三菱 製 鋼	三菱 鋼 材	三菱 倉 庫
純 益	1937年	15,035,484	318,419	——11,268,423——			1,024,042
	1938年	14,883,934	767,236	——13,816,554——			1,335,858
	1939年	14,185,754	836,312	——19,311,064——			1,508,740
	1940年	75,725,867	1,066,822	——24,429,615——		1,172,576	3,224,885
	1941年	18,758,301	1,032,339	——37,774,023——		2,633,335	4,724,953
	1942年	19,765,322	1,208,731	56,114,621	3,167,117	1,571,738	5,184,092
	1943年	(2)23,719,756	1,294,073	88,768,611	—— 8,943,937 ——		6,452,097
	1944年	18,735,793	(2)3,381,283	86,426,020	—— 11,164,479 ——		5,377,759
	1945年	3,612,006	2,578,094	△27,415,274	——△6,861,491——		4,666,583
	計(37～44年)	200,810,211	9,905,215	337,908,931	23,275,533	(3)5,377,649	28,832,426
会計年度		1～12月 43年から 4～3月	1～12月 44年から 4～3月	1～12月	4～3月	1～12月	1～12月
資本金 (万円) 〈うち未払〉	1936年	12,000	(4)1,600	6,000	(42年8月 3,000)	(40年10月 2,000)	1,000
	1944年	24,000	1,500 〈375〉	48,250	10,000		2,000 〈500〉
株式配当 (後期%)	1937年	10	5	——7——			6
	1944年	6	7	7	7	—	8
株主数	1937年	18	22	——12,318——			1,377
	1944年	13,201	11	29,986	1,456	—	1,304
従業員数	1937年	439	374	——13,223——			1,651
	1944年	353	450	401,292	16,912	—	979
	(最大年)	(42年 432)	(41年 486)	(〃)	(〃)		(42年 1,770)

注：空欄は不明，—はナシ，△は赤字を示す。三菱社は1943年2月に三菱本社へ。三菱製鋼は42年
44年4月に旭硝子と合併，三菱化成へ。三菱海上火災保険は44年3月に東京海上火災保険へ吸
利益と一致しない。上・下期の累計額。(1)前年11月～翌年3月，(2)1月～翌年3月の累計，
員・職工・鉱夫などの合計。ただし三菱商事は43年以後不明のため，44年は42年の人員数。(5)
他」より加工作成。

制限で43年には2144万円に後退，44年は2412万円に回復したが，敗戦の45年には戦災や軍需激減で9社中で最大の4329万円の損失を出した（これを含む37～45年の純益類型は1億5595万円で，12社中の3位）．

4位は海外進出や軍需品流通などの尖兵として活躍した三菱商事の1億2629万円で，37年の702万円から急増して39年に1344万円，40～43年に

第7章　戦争期三菱の企業活動

資本金・配当・株主・従業員数（1937～45年度）

（単位：円，未満切り捨て：人）

三菱商事	三菱鉱業	三菱銀行	三菱電機	三菱信託	三菱石油	日本化成 (三菱化成)	三菱海上 火災保険
7,023,697	19,518,234	10,898,464	(1)5,559,556	1,600,083	1,849,402	49,227	1,921,685
8,744,717	21,394,129	10,647,379	5,948,244	1,882,501	1,537,576	84,267	2,260,045
13,440,691	24,225,988	10,590,878	7,573,811	2,088,901	1,572,782	2,979,101	2,503,626
19,340,285	31,428,603	11,310,759	8,910,290	2,159,216	1,809,656	4,528,318	3,235,403
18,636,953	28,794,282	11,920,766	9,848,725	1,731,114	1,403,443	5,601,400	3,370,064
19,415,943	28,325,439	11,990,043	11,373,963	2,200,676	704,091	8,382,871	2,694,086
19,379,496	21,440,999	(2)26,270,111	14,247,020	(2)3,577,328	1,520,609	12,331,966	
20,315,454	24,126,422	23,086,602	31,076,152	3,484,218	1,781,405	20,525,946	
△32,731,906	△43,298,160	△1,497,171	△28,282,505	△1,717,497	△9,858,588	△12,591,966	
126,297,236	199,254,096	116,715,002	94,537,761	18,724,037	12,178,964	54,483,159	(3)15,984,909
4～3月	4～3月	1～12月 43年から 4～3月	4～3月	12～1月 43年から 4～3月	4～3月	2～1月	1～12月
3,000 〈750〉	10,000 〈2,500〉	10,000 〈3,750〉	1,500	3,000 〈2,250〉	700	3,000 〈1,500〉	500
10,000 〈2,500〉	20,730	13,500 〈4,732〉	12,000	3,000 〈2,250〉	2,000 〈500〉	11,079	
12	12	8	10	6	6	0	12
11	9	8	8	7	5	7	―
18	6,536	3,463	3,513	1,745	16	18	
6,126	9,246	6,690	4,284	1,705	19	6,760	―
3,830	39,160	1,840	6,097	(5)118	380	1,489	(5)292
42年6,955	59,780	7,305	31,194		1,885	18,300	―
	(43年81,386)	(〃)	(45年3月 52,456)	(〃)		(〃)	

12月に三菱重工業から独立，三菱鋼材（42年12月に三菱社の分系会社に編入）を吸収合併。日本化成は吸合併。純益のうち，三菱本社の40・42～45年は社員賞与限度超過額を控除した純益のため，表6-8の(3) 不明年を除いた累計。(4) 三菱合資の地所課資金勘定の額。従業員数は役員を除く，職員と雇員・傭職員のみの人数。（　）内は太平洋戦争中の最大従業員数の年と人数。『三菱社誌』各年末「事業概況其

は1900万円前後を維持した．44年には2031万円の山を示したが，敗戦の45年度は海外資産をすべて失うなど，9社中で2位の3273万円の損失を出している（これを含めた37～45年度の累計純益は9356万円，12社中の5位に落ちる）．

5位は戦時中に安定した純益をあげた三菱銀行の1億1671万円で，

1937～39 年は 1000 万円台，40～42 年には 1100 万円台に微増したあと，43 年（会計年度の変更で 1 月から翌年 3 月までの 15 カ月）に最大の 2627 万円に達し，44 年も 2308 万円を維持した．しかし敗戦の 45 年度には，店舗の戦災などで赤字 9 社中で最少 149 万円の損失を出している（これを含めた 37 年からの 9 年間累計純益は 1 億 1521 万円で 12 社中の 4 位に上昇）．

6 位は軍需機械・機器などの生産で太平洋戦争中に純益を伸ばした三菱電機の純益累計 9453 万円であり，37・38 年の 500 万円台から 39 年 757 万円・40 年 891 万円・41 年 984 万円へと急増した．さらに 42 年 1137 万円・43 年 1427 万円と上昇し，44 年には最高の 3107 万円に達したが，45 年度には工場被災と軍需停止などで 2828 万円の赤字（9 社中の 3 位）を計上した（37～45 年度の純益累計は 6625 万円で 12 社中の 6 位）．

7 位は軍需素材などを提供した日本化成であり，純益累計は 5448 万円を数える．同社は 1934（昭和 9）8 月に三菱鉱業と旭硝子の共同出資で設立した日本タール工業（三菱鉱業の牧山骸炭ーコークス製造所を譲渡）が前身で，36 年 8 月に福岡県黒崎町の三菱合資社有地の分譲を受けて新工場を建設した後に日本化成工業と改称した（① 36 巻 911 頁，37 巻 1126 頁）．37・38 年は純益も 10 万円以下だったが，39 年 297 万円・40 年 452 万円に上昇，40 年 12 月に三菱社の分系会社に編入されたあと，41 年 560 万円・42 年 838 万円・43 年 1233 万円へ純益が急増した．とくに 44 年 4 月に旭硝子と合併して三菱化成に拡大し，44 年度には 2052 万円という最大の純益をあげた．しかし 45 年度は工場災害や軍需停止などで 1259 万円の赤字を出し，37 年からの累計で 4189 万円の純益（同じく 12 社中の 7 位）を示している．

8 位は三菱倉庫で，軍需品をはじめとする保管物資の激増につれて，純益は 1937～39 年の 100 万円台から 40 年 322 万円・41 年 472 万円・42 年 518 万円へと激増，43 年には最高の 645 万円を挙げたが，戦災の激化や交通障害などで 44 年には 537 万円に激減し，37 年からの累計は 2883 万円を示した．しかし敗戦の 45 年度は減少したとはいえ，三菱系主要会社中で最高の 466 万円の純益をあげ，変動期にも抵抗力の強い倉庫業の特性を活かした

(37~45年度は3349万円の純益で8位)．なお44年3月に政府は倉庫会社の統合方針を決定，5月から日本倉庫統制株式会社を開業し，東京・横浜・大阪・神戸など6大港の全倉庫を借り上げて一元的に経営した時，三菱倉庫は統制会社に出資し，国内の倉庫営業・上屋営業・荷役業を譲渡している（①39巻2247頁）．

9位の三菱製鋼は，三菱重工業の長崎製鋼所が1942年8月に分離独立して三菱製鋼会社を設け（翌9月に三菱社の分系会社に編入），10月に後で述べる三菱鋼材会社を吸収合併した企業でもある．もともとは21（大正10）年に三菱長崎造船所の鋳物工場内の電気炉操業に始まり，29年に同造船所電機製鋼工場として新設され，37年4月に長崎造船所から分離独立して三菱重工業の長崎製鋼所となり，大型鍛鋳鋼品のほか中厚板製造・防弾鋼板加工・航空機素材などを生産する先端軍需事業所であった．同所は前述のとおり42年8月に三菱製鋼に合流し，空中魚雷や爆弾素材などの軍需用鋼材の生産に努めたが，45年8月の長崎原爆によって崩壊してしまった（①37巻1261頁，38巻1967・1976頁，⑭267頁参照）．そして42年下期から44年度までのわずか2.5年で2327万円の純益（年平均で931万円－三菱地所の37~44年度の累計990万円に匹敵）を挙げている（45年度は686万円の損失，42年からの累計は1641万円で10位）．

10位は三菱信託で，1937~44年度の累計純益は1872万円を示す．軍需生産の恩恵は受けないが，増加した金銭信託や不動産分譲の受託，とくに戦時下の軍需工場関係などの土地買収の斡旋などで安定した純益をあげ，43年度（会計年度の変更で42年12月から44年3月までの16ヵ月）に357万円の山に達し，44年度も348万円を数えたが，45年度は171万円（赤字企業の中では三菱銀行に次いで少額）の損失を出している（37~45年度の累計は1700万円で9位）．

11位は三菱石油で，石油資源が制限された戦時中でいわば苦闘をつづけ，純益は1937年度の184万円を最大に（40・44年度も180万円前後），150万円台（41年度は140万円）を往来し，42年度は最低の70万円にとどまる．

したがって37～44年度の純益累計は1217万円であり，45年度は空爆によって川崎製油所は「壊滅的ナ打撃……製油作業ハ全面的ニ不可能ノ状態ニ陥」（①40巻2441頁）るなど，三菱製鋼を上まわる9858万円の損失を出したのである．したがって三菱石油の37～45年度の純益は2320万円にとどまり，三菱系12社の最低を示している．

最後の12位は三菱地所であり，前に述べたように，1937年5月からの分離独立当年（8カ月）は純益31万円に過ぎなかったが，38・39年は80万円前後に上昇，40～43年は100～120万円台を維持した．とくに空襲が激化した44年度（会計年度の変更で44年1月から45年3月までの15カ月間）は，被災工場の復旧や強制疎開などの土地買収と設計監理の受託が激増し，338万円の最高純益をあげた．37～44年度の純益類型は9905万円であったが，敗戦の45年度には復興工事などの受注が殺到したため，三菱の他の軍需企業など9社が損失を出した中で，257万円の純益を挙げている（45年度を加えた純益累計は1248万円で11位に上昇）．

このほか，1942年10月に三菱製鋼へ吸収合併された三菱鋼材は，もともとは1917（大正6）年4月に東京スプリング製作所（1904年創立，日本最古のバネ製造工場）と東京鋼材製作所（1916年創立）が合併，日本最初の純国産バネ一貫メーカーとして発足した東京鋼材（資本金100万円）が原社である．1933年には世界的発明といわれた強力永久磁石の工業化に成功し（40年10月に資本金2000万円），昭和初期から三菱製鉄会社と密接な関係にあったため，40年12月に三菱社の分系会社となり，名称を三菱鋼材に改めた（⑭367頁）．『三菱社誌』の営業報告にはそれ以後しか掲載されていないため，42年下期から43年上期までの正味2年間のみが判明しており，純益累計は537万円（年平均268万円）である．しかし42年10月に三菱製鋼に吸収合併された後も，電気炉製鋼やバネ・磁石生産を支えていたのである．

また三菱海上火災保険は，前述のように1933年5月に三菱合資の分系会社から分離したが，『三菱社誌』には引き続き事業概況が掲載されている．43年11月に提携中の東京海上火災保険（三菱本社の関係会社）へ，明治火

災海上保険(岩崎久弥系)とともに吸収合併を決議し,翌44年3月に新東京海上火災保険が設立(資本金8000万円)された.同時に『三菱社誌』の記載から消えたため,判明した37～42年のみの三菱海上火災保険の純益累計は1598万円を示し,6カ年平均の266万4151円は他社の37～44年度平均で三菱信託・石油・地所3社をこえ,40～42年の三菱鋼材にほぼ匹敵している.

なお三菱系主要12社(三菱鋼材と三菱海上火災保険を除く)の純益累計の総額を試算し,各社の比重を推定してみよう.まず損失年を除く1937～44年度の各社純益累計の合計12億2292万円のうち,最大は重工業の27.6%(45年度を加えた当期間の純益総合計10億6952万円の29%)である.つづいて三菱本社16.4%(45年度は黒字のため純益総合計の19.1%に上昇)・鉱業16.3%(45年度は赤字のため総益総合計の14.6%に下降)・商事10.3%(同8.8%で5位)・銀行9.5%(同10.8%で4位)が上位にある.さらに三菱電機の7.7%(45年度は赤字で総合計の6.5%)・化成4.5%(同3.9%)・倉庫2.4%(45年は黒字で総合計の3.1%)・製鋼1.9%(45年度は赤字で総合計の1.5%で10位)・信託1.5%(45年度は黒字で総合計の1.6%で9位に上昇)・石油1%(45年度の大赤字で総合計の0.2%で最下位)を示し,地所は最下位の0.8%(45年度は黒字のため総合計の1.2%で11位に上昇)である.

これらの各社を区分けしてみると,まず軍需機器生産の重工業・電機・製鋼3社で1937～44年度の純益累計総額の実に37.2%を集中しており,45年度の大損失にもかかわらず,それまでの重工業の純益が巨大であったため,37～45年度の純益総合計の36.7%を維持している.次は軍需素材を供給した鉱業・石油・化成3社で,37～44年度の純益総額の21.8%(以上の軍需機器3社を加えると過半の59%を占める)を示し,赤字の45年度を加えた総合計でも18.7%(同,55.4%)を数える.また流通部門を担当する商事・倉庫2社は,37～44年度の純益総額は12.7%を示し,45年度の商事の大損失を倉庫が補って純益総合計の11.9%を保つ.さらに金融部門の銀行と信

託（不動産の信託・仲介なども兼営）2社は，37～44年度の純益総額の11%を数え，45年度の赤字は他社より軽微であったため純益総合計の12.4%に上昇した．最後は持株会社の三菱本社と不動産ディベロッパーの性格を強めた地所の2社で，37～44年度の純益総額の17.2%を占め，45年度も黒字を計上したために純益総合計の20.3%を数えている．

なお1945年度の各社損失の合計は，9社累計で1億6425万円に達する．このうち最大は三菱鉱業が合計の26.4%を占め，商事19.9%・電機17.2%・重工業16.7%とつづき，以下は化成7.7%・石油6%・製鋼4.2%を示し，信託1%と銀行0.9%は軽微にとどまった（他の三菱本社・地所・倉庫の3社は黒字でその累計1081万余円）．部門別でいえば，軍需素材3社が総額の40.1%という最大の損失を受け，次は軍需機器3社の38.1%，商事が19.9%を数え，金融部門2社は1.9%にとどまった．

さらに1945年度の各社損失額を1937～44年度の各社純益累計額と比較すれば，9社のうち最大は三菱石油の80.9%であり，川崎製油所の被災などによる影響が強いことを推定できる．また次は三菱電機の29.9%と三菱製鋼の29.5%，三菱商事25.9%・三菱化成23.1%・三菱鉱業21.7%と，いずれも20%以上を占め，戦争経済で蓄積した純益を喰いつぶさねばならなかった．他方，三菱重工業は45年度の損失も大きかったが，それまでの純益の累計が巨大であるために37～44年度総額の8.1%にとどまった．また金融部門では，三菱信託の45年度の赤字は37～44年度総額の9.2%，三菱銀行は1.3%を示し，ほぼ同じ損失額でも累計純益額の大きい銀行の方が比率の低いことがわかる．

(2) **資本金・配当・株主**

次に三菱系主要会社の動きを，資本金から整理してみよう．本期前年の1936年における公称資本金（未払い額を含む）は，最大が三菱社（合資）の1億2000万円（全額払い込み）で，三菱鉱業（払い込み7500万円）と銀行（同6250万円）2社が1億円，重工業が6000万円（全額払い込み）でつ

づき，3000万円は商事（同2250万円）・信託（同750万円）・日本化成（同1500万円）3社であった．次に電機1500万円，倉庫1000万円，石油700万円（以上3社，全額払い込み）を数え，海上火災保険が最低の500万円を示した（三菱合資地所課は資金1600万円）．

戦争末期の1944年度後期になると，公称資本金は三菱重工業が1936年の実に8倍余の4億8250万円（全額払い込み）に急増して首位になり，三菱本社は2倍の2億4000万円（同）で2位に落ちた．また三菱鉱業が2倍余の2億370万円（同）で3位，銀行が1.35倍の1億3500万円（払い込み7267万5150円），電機が7.5倍の1億2000万円（全額払い込み），三菱化成（日本化成と旭硝子が合併）が約3.7倍の1億1079万円（同）でつづく．また三菱商事は3.3倍の1億円（払い込み7500万円），三菱鋼材（40年10月の資本金2000万円）を吸収合併した三菱製鋼（三菱重工業から独立した42年8月の資本金3000万円）も両社を合算した2倍の1億円（全額払い込み）を示す．以下，三菱信託は変化なく3000万円（払い込み750万円），倉庫（2倍，払い込み1500万円）と石油（2.85倍，払い込み1500万円）が2000万円を数え，最下位は地所の1500万円（払い込み1125万円，45年4月に1850万円に増資）であった．したがって重工業と電機の資本金増大がいちじるしく，化成と商事・石油がこれにつぐなど，軍需生産と流通の部門でとくに膨張したことがわかる．

なおここで三菱主要各社の資本純益率（払い込み資本金1万円ごとの各年純益）を試算してみると，1937年度には1位が三菱電機の3706円，2位商事3122円・3位石油2642円・4位鉱業2602円・5位信託2133円とつづく．以下，重工業1878円・銀行1744円で，三菱社は8位の1253円，倉庫は1024円を数え，開業当初の地所はわずか199円（37年は8カ月会計），最下位は化成の33円であり，戦争経済がまだ本格化しない37年当時の資本純益率を明示している．

中間年を飛ばして戦争末期の1944年度の資本純益率になるとさらに変化が激しく，三菱信託が37年の2.2倍の4646円で首位を占め，2位は倉庫が

3.5 倍で 3585 円,地所が 15 倍余の 3006 円,商事が 13% 減の 2709 円,銀行が 1.5 倍の 2633 円と,工場施設などの投資額が少ない金融・不動産・流通部門が上位を占め,商事以外の 4 社はすべて純益額が増加した．他の 6 社は新設の三菱製鋼と増産軌道に乗った日本 (三菱) 化成を除いてすべて減少し,6 位の電機は 30% 減の 2590 円,化成は 56 倍の 1853 円,重工業が 5% 減の 1791 円,鉱業は 54% 減の 1184 円,製鋼が 10 位で 1116 円,石油は 58% 減の 1113 円を数え,最下位は意外にも三菱本社の 781 円 (37 年より 38% 減) であった．資本純益率でみた 44 年度の軍需機器・素材企業の低落 (製鋼・化成は除く) は,戦局の激化にともない軍需会社法や臨時軍事費の散布による設備の酷使や効率の低下などの影響を受けたものであろう．また三菱本社の不振は,おそらく傘下企業の統轄や資金需要 (とくに借入金の急増) による経費増大が一因と考えられる．

次に払込資本金に対する株式配当は,1937 年 (前・後期とも配当率は同じ) は三菱商事 (同年の配当金 270 万円)・鉱業 (同 900 万円)・海上火災保険 (同 60 万円) の 12% が最高,三菱社 (同 1200 万円)・電機 (同 150 万円) の 10% がつづく．次は三菱銀行 (同 500 万円) が 8%,重工業 (同 420 万円) が 7%,倉庫 (同 60 万円)・信託 (同 45 万円)・石油 (同 42 万円) が 6% を示す．そして三菱地所は創立当初で 5% (5 月からの開業で年配当金は 53 万余円) にとどまり,日本化成は無配であった．

これが戦争末期の 1944 年度 (三菱電機・製鋼 2 社を除き,他の 10 社は上・下期とも同じ配当率) になると,三菱商事が 1937 年の 1% 減の 11% の高配当 (44 年度の配当額 825 万円) で首位 (ただし 45 年度は無配に転落),2 位は 9% の三菱鉱業 (同 1833.3 万円,45 年度は無配) であった．次は 8% に三菱倉庫 (44 年度の配当額 120 万円,45 年度の配当率は前期 8%・後期 5% を維持)・銀行 (同 581.4 万円,45 年度は無配)・電機 (同 1020 万円,なお配当は 43 年度前期 10%,後期～44 年度前期 9%,45 年度無配) 3 社がつづく．そして 7% に地所 (同 78 万 7500 円,1945 年度も 5% を維持)・重工業 (同 3377.5 万円,1945 年度は前期 7%・後期無配)・製鋼 (同 750 万円,

43年前期〜44年前期8％, 45年度無配)・信託 (同52.5万円, 45年度無配)・三菱化成 (同775.5万円, 45年度前期6％, 後期無配) 5社が占める. また三菱本社は37年より4％下げて6％に落ち (44年度の配当額1440万円, 45年度は無配), 石油は最低の5％ (同75万円, 45年度は無配) であった.

以上からも, 1937年に比べて44年度には配当率を下げたのが5社, 同率を維持したのが2社 (三菱鋼材を加えると3社) に対し, 三菱地所・倉庫・信託3社 (日本—三菱化成は例外) は逆に上昇させている. 戦争と敗戦の激動の中で, 配当率の昇降は各社の対応性や抵抗力の強弱を表示しているといえる. なお判明した配当金の各社合計 (三菱海上火災保険は除く) は, 1937年の判明した10社 (製鋼・鋼材・化成3社以外) で3640万円 (同年の10社純益累計7409万5804円の49.1％) を数え, そのうち首位は三菱社が合計の35.7％ (同社の同年純益の79.8％) を占め, 2位は鉱業が24.7％ (同46.1％) である. ついで銀行13.7％ (同45.9％)・重工業11.5％ (同37.3％)・商事7.4％ (同38.4％)・電機4.1％ (同27％) のほか, 倉庫1.6％ (同58.6％)・地所1.5％ (同年純益31万余円を22万余円も超過)・信託1.2％ (同28.1％)・石油1.2％ (同社同年純益の22.7％) を示す.

三菱主要12社の各社配当金の合計は, 1944年度になると37年合計 (ただし10社) の3倍にあたる1億928万9500円に増大する. このうち最大の重工業は37年の8倍で44年度配当合計の30.9％を占め (44年同社純益の39％), 2位の鉱業は37年の2倍で44年配当合計の16.8％を数え (同76％), 三菱本社は3位に落ちて37年の20％増で44年配当合計の13.2％にとどまり (同76.9％), 本社にくらべて軍需企業最大手の優勢さを明示している. 4位の電機は7年間に8倍で44年度純益合計の9.3％を数え (同32.8％), 5位の商事は3.1倍で44年度純益合計の7.5％ (同40.6％), 6位は化成 (37年は無配) で合計の6.9％ (同67.2％), 8位が銀行の16％増で合計の5.3％ (同25.2％) を示す. 以下, 倉庫が2倍で合計の1.1％ (同22.3％), 地所が1.4倍で合計の0.7％ (同23.3％), 石油が1.8倍で合計の

0.7%（同42.1%）を数え，最下位は信託の1.16倍で合計の0.5%（同15.1%）であった．44年度の各社ごとの配当額が純益に占める比重をみると，最高は三菱本社と鉱業の76%台で配当の圧力が強く，次は製鋼の67%，40%前後に石油・商事・重工業，電機が32%，20%前半に銀行・地所・倉庫が占め，最低は信託の15%であるなど，配当額が純益や経営に与える影響をうかがうことができる．

また三菱主要會社の株主数に移ると，1937年（三菱海上火災保険・鋼材2社を除き，三菱社・地所・重工業・倉庫・銀行は年末，商事・鉱業・石油は9月末，電機10月末，信託11月末）は，株主公開の進んだ重工業が最大の1万2318人を数え，鉱業が6536人でつづき，電機・銀行は3000人台，信託・倉庫は1000人台を示す．他は非公開であり，地所22人，三菱社・商事・日本化成3社が18人，石油は最低の16人であった．

しかし1944年度になると三菱地所・石油2社以外はすべて株式を公開し，株主数（三菱本社・商事・鉱業・銀行・電機・信託・石油・製鋼は9月末，地所・重工業・倉庫は年末，化成のみ7月末）の最大は同じく重工業の2万9986人と37年の2.4倍に膨張し，三菱本社が2位の1万3201人に急増した．3位は鉱業の9246人（1.4倍），化成（株式公開で急増）・銀行（1.9倍）・商事（株式公開で急増）3社が6000人台，電機4284人（22%増），信託（逆に40人減）・製鋼（42年に独立）・倉庫（同73人減）3社が1000人台を数えた．そして引き続き株式未公開の石油は19人（3人増），地所は最低の11人（半減）であった．

(3) 従業員数

さらに，三菱主要各社の従業員数（役員は除く，三菱社・地所・重工・倉庫・石油は年末，商事・鉱業・銀行・信託・鋼材は9月末，電機・海上火災保険は3月末，化成のみ7月末）の動きをみよう．職員と雇員・傭員・職工・鉱夫など（信託と海上火災保険は職員のみ）の累計は，1937年は三菱鉱業が最大で3万9160人，重工業が1万3223人でこれに次ぎ，3位は電機

の6097人，商事は4位で3830人を数える．以下，1000人台に銀行・倉庫・化成の3社，三菱社439人・石油380人・地所374人がつづき，職員数のみが判明した海上火災保険292人・信託118人である．

1944年になると（商事の43年以後と信託は不明），首位は重工業で37年の30倍にあたる実に40万1292人に達し（日本最大の軍需企業），2位の鉱業は1.5倍の5万9780人（最大は43年の8万1386人），3位は電機が5.1倍の3万1194人（その後も急増し，翌45年3月には5万2456人）がつづき，1万人以上は化成の1万8300人（37年の12.3倍）と42年に独立した製鋼の1万6912人であり，三菱系の軍需機器・素材生産企業の膨張ぶりがわかる．以下，銀行が37年の4倍で7305人，商事（ただし判明した最終年の42年分）は1.8倍の6955人を数え，石油が5倍の1885人で8位，倉庫が41％減少して979人（最大は42年の1770人），地所が1.2倍の450人（同，41年486人）を示し，最少は三菱本社が地所の分離などで20％減の353人（同，42年432人）であった．

ここで三菱主要会社の従業員1人あたりの純益額を算出してみると，1937年には首位は三菱社で3万4249円，2位は信託（職員のみ）の1万3560円，3位は銀行の5923円，4位が石油の4867円，5位に海上火災保険（職員のみ）3291円，6位は商事1834円がつづき，石油を除いて本社と金融・保険・流通部門が優位を占める．以下は1000円未満で，電機（36年11月から38年3月まで）912円・重工業852円・地所（創立期で37年5〜12月の8カ月）851円・倉庫620円，鉱業498円を示し，最下位は化成の33円であり，従業員数の多い軍需・鉱業部門などが低額に甘んじている．

しかし従業員純益率は戦争末期の1944年には大変動を示し，首位は三菱倉庫（職員のみ）が急昇して37年の89倍で5万4931円を数え，2位の三菱本社の5万3076円（37年の1.5倍）をこえている．地所（44年1月から45年3月まで）も急増して8.8倍の7514円で3位，銀行は47％減の3160円で4位，商事（ただし42年）が1.5倍で2791円を示し，相変わらず三菱本社と不動産・流通・金融（信託は従業員数が不明）部門が優位にある．以

下は軍需部門であり，化成は37年の34倍で6位の1122円に急昇，電気が9％増の996円，石油は81％減の945円に下落，分立した製鋼は660円で9位，鉱業が19％減の404円，最下位の鉱業は75％減の215円にとどまる．戦争経済の中核企業ともいうべき三菱重工業と鉱業・石油における従業員1人あたり純益額の低落ぶりは，軍需生産性の衰退を一面で明示していると判断できる．

なお日本最大の軍需企業といわれた三菱重工業について，敗戦直後の1945年8月末の詳しい従業員数（役員を除く）を整理しておこう．ただし職員数のうち，シンガポールなどの海外や戦災の激しかった長崎・広島・名古屋など15造船所・製作所は5～7月末，大門・誉田2製作所は未報告である．このうち職員現在数は4万2204人（41年末1万1627人，42年末1万8825人，43年末2万6386人・44年末4万444人）で，正員1万2381人・同休職708人・准員1万7069人・同休職95人・嘱託1349人・雇員その他1万602人（休職の計803人）を数える．また工員現在数（6製作所のみ7月末）は34万7974人（41年末12万6597人・42年末15万8583人・43年末22万1557人・44年末36万848人）を維持し，このうち普通労務者が26万3315人（うち定傭男性17万740人・同女性2万3690人・徴用6万8885人），特殊労務者は8万4659人を示した．後者の内訳は女子挺身隊9465人・勤労報国隊265人・動員学徒5万5699人（大学専門学校−男性5255人・女性2483人，中等学校−男性2万8303人・女性1万7134人，国民学校高等科−男性1697人・女性827人）のほか，半島人（朝鮮系）1万3084人（徴用1万2913人，非徴用171人）・囚人2860人・保護少年少女727人・外国人（俘虜）851人・その他1708人となっている（以下を含め，①40巻2466～2467頁と各年末「事業概況其他」の「人員表」を参照）．

以上からも，三菱重工業の従業員現在数のうち，工員総数の55.9％が正規の定傭が占め，徴用は19.8％を数え，「特殊労務者」は24.3％（うち動員学徒16％・半島人3.8％，挺身隊と報国隊2.8％ほか）を示し，囚人・保護児童・俘虜まで動員したことがわかる．なお敗戦後の1945年9月に軍需の

停止にともなって従業員の整理を開始したが，45年末には職員2万3505人・工員9万1425人（ほか役員16人），46年末には職員1万3325人（45年8月の31.6%）・工員6万1073人（同17.36%，ほかに役員14人）に急減している．

このほか，三菱重工業の1945年8月末現在の兵役服務者の調査もあり（11事業所は2〜7月末），職員の現役応召（1万955人）と解除・除隊・免除（以上計1531人）・戦死者（217人）の合計は1万2703人（うち正員3842人・准員8618人・嘱託90人，雇員その他153人）を数える．これらのうち復員者数などは不明であるが，兵役服務者は45年8月の職員現在数の30.1%（休職を含む正員の29.4%，同じく准員の50.2%，嘱託の6.7%，雇員その他の1.4%）を示し，戦死者の割合は1.7%（正員1.4%，准員1.8%，嘱託2.2%，雇員その他2%）に及んでいる．また工員の兵役服務者（定傭と新規徴用者のみ）は，現役応召6万2695人（定傭5万2741人・徴用9954人）と教育召集463人，戦死2454人の合計6万5612人である．同様にこれらのうち復員者数などが不明であるが，兵役服務者は45年8月の普通労務者現在数の24.9%（定傭男性の30.9%，徴用者の14.5%）に達し，戦死者の割合は3.7%に及ぶ．兵役服務者の割合は准員で50%余，正員と定傭で30%前後の高率であり，兵役服務者のうち戦死者の割合も工員でとくに大きいことが目立つ．

なお1943（昭和18）年2月に三菱本社が制定した三綱領「奉公ノ大儀，理想達成，協力一致」をより体現したといえる三菱重工業が，日本の戦争遂行に「寄与」した兵器生産の一端にも触れておこう．前章に述べたほか，たとえば39年6月には同社の名古屋航空機製作所は陸軍の九九式襲撃機を各務原飛行場で試飛行させ，44年までに1461機を生産している．また同39年10月には，同社が製作した九六式陸上攻撃機を新型発動機900馬力2基を装備したニッポン号に改造，東京日々・大阪毎日新聞社の計画で世界1周飛行に成功した（操縦は元三菱重工業の中尾純利機長ら，8月出発，56日間，全5万2869km，毎時260km，飛行294時間）．さらに同39年10月にも，

名古屋航空機製作所は海軍の九六式攻撃機を改造し，中翼双発単葉全軽金属製の一式陸上攻撃機を各務原飛行場で飛行させ，その後も改良を重ねて敗戦までに2436機を生産した．もっとも同機は，戦争末期には米機の一撃で炎上するものが多かったが，「遂ニ適当ナル防弾方法」を講じられなかったという．このほか同39年12月には，同社の長崎造船所は大阪商船から受注した鋼製ヂーゼル貨物船ぶらじる丸1万2752トンを竣工している（以上，①38巻1533・1543・1563頁参照）．

　さらに三菱重工業は翌1940年にも，3月に長崎造船所で日本郵船の鋼製双螺旋タービン貨物船新田丸1万7150トン（速力22ノット余，38年5月起工）を竣工したほか，11月には同所で前に述べた戦艦武蔵が進水（38年3月起工）している．また翌41年3月には，名古屋航空機製作所は陸軍の100式司令部偵察機を完成，高度5000mで時速604kmを出し，改良機は海軍でも使用して，日中戦争末期から太平洋戦争初期に外洋で活用され，その後も改良を重ねて敗戦までに累計1742機を生産した．そして同航空機製作所は，42年3月にも局地戦闘用で速度と上昇力を主とした低翼単葉機の雷電を完成，敗戦までに476機を製作している（①38巻1631・1682・1772・1920頁）．

　このほか1942年5月には，長崎造船所で日本郵船から受注した客船橿原丸を改装し，特設航空母艦隼鷹（排水量2万7500トン，長さ215.3m，速力25.5ノット，39年3月起工）を竣工した．同造船所ではさらに同42年8月に，前述した戦艦武蔵（排水量7万2218トン，速力27ノット，吃水線長256m，幅38.9m）が，4年4カ月ぶり（昼夜，秘密裡に作業を続行したという）に完成している（後，44年10月のフィリピンのレイテ沖海戦で魚雷20本が命中して沈没）．このほか同所は，戦争末期の44年8月に制式空母天城（長さ223m，排水量2万400トン，34ノット，42年10月起工）を竣工，同年10月には空母笠置（2万400トン）を進水したが，後者は空襲激化などのため未完成のまま翌45年4月に佐世保軍港へ回航している（①38巻1931・1949頁，39巻2289頁）．

第7章　戦争期三菱の企業活動　　　251

　以上の一例のように，三菱重工業は戦争遂行のまさに先端兵器である新鋭の飛行機と戦艦・航空母艦などを生産し，日本最大の軍需企業を「自負」したといいうる．しかし，敗戦が近づくにつれて空襲激化と資材窮乏が強まり，三菱重工業の兵器生産にも障害をもたらした．たとえば，軽金属の不足から同社は木製飛行機の製作に踏み切らざるをえなくなり，1945年3月には原料の木質資材を確保するため，単板や合板積層材などの自給目的に前田林業・木股木工会社が所有する奈良県吉野郡迫川村の山林・工場・設備と素材製品を285万円で買収し，さらに施設充実に150万円を支出することを決定している．また最大の軍需工場に打撃を与えるため，三菱重工業の各事業所に対する空襲や諜報の収集に備え，45年4月に同社は当局からの場所秘匿名の決定通達を受け，同社の内外を問わず（たとえば長崎造船所は長崎第30812工場など）秘匿名を使用したほどである（①40巻2408・2425頁参照）．

　しかし1944（昭和19）年8月から本格化した長崎への空襲は，翌45年7月にはさらに激化して長崎造船所や高島砿業所をはじめ，とくに8月には長崎兵器製作所が原子爆弾の至近爆心地に入るなど，三菱重工業の長崎地区事業所は壊滅的な被害を受けた．他方，航空機生産の中心地である名古屋地方の事業所も，44年12月の大震災と大空襲によって大きな被害を蒙り，とくに攻撃の主目標となった名古屋航空機製作所の各地工場は，45年にはさらに激しい爆撃によって崩壊同然となり，ついに地方への疎開や地下工場の移設が実施されたのである（①39巻2289・2314〜2315頁，40巻2408・2444・2463頁参照）．

3　三菱社（三菱本社）の統括と解体

(1)　三菱社（三菱本社）の統括状況

　ところで1936（昭和11）年には，1月のロンドン海軍軍縮会議の脱退（列強の建艦競争が開始）や2月の陸軍皇道派青年将校が指導した二・二六事件を契機に，3月に成立した広田弘毅内閣は準戦時体制を強化し，やがて

翌37年7月に日中戦争が勃発した．

　これらの動きの中で，三菱財閥の司令部三菱合資会社は，4代社長岩崎小弥太と前社長岩崎久弥および後者の長男彦弥大（1926年3月に入社，34年4月に副社長）の3人の社員のほか，37年3月に久弥の次男隆弥と3男恒弥を加えて陣営を整備した．折しも同37年3月には三菱本館別館（三菱商事に譲渡），翌4月には三菱銀行の本店新館がそれぞれ竣工し，三菱分系諸会社本店の丸の内地区集中が完備した．そして三菱合資の持株会社化をさらに進めるため，同社に残された最後の事業部門である地所課を，同37年5月に分離独立して三菱地所会社を開業したのである．

　さらに同1937年10月には，三菱合資会社を持株会社化して三菱社に変更することを決め（資本額は同様の1億2000万円，当初の株式は未公開で前記の岩崎一族5名以下18名），12月から開業した．そして同10月には社有地のうち，八幡市黒崎町の社有地51万坪を日本化成工業（前記のように34年8月に三菱鉱業と旭硝子の共同出資で日本タール工業を設立，36年10月に改称）に分譲して新工場を建設（40年10月に三菱の分系会社へ編入，44年4月に旭硝子と合併して三菱化成）させている．また同37年8月には朝鮮咸鏡北道清津府などの社有地53万余坪を三菱鉱業に譲渡したほか，41年3月に北京，同年6月には漢口の社有不動産をともに三菱商事へ売却，同年12月に京橋区越前堀の地所2073坪を三菱倉庫へ分譲するなど，内外の社有不動産の整理を進めた．

　そして1940年5月には，三菱社の株式をはじめて公開し，資本金を倍額の2億400万円へ増資，新株のプレミアム付（100円＋50円）で累計1億8000万円を入手している（新株主は約2万名）．また同年7月には，三菱社は職制を改正，新しく財務委員会と査業委員会を設け，本社と分系各社の役員で同会を構成して各社の重要な事業計画の審議や，本社社長の諮問に対して意思決定の参考意見を答申するなどの業務を行った．さらに同年10月には，三菱技術協議会を設けて技術系の連絡組織を固め，各社の共同研究や発明の促進をはかるなど，上記の委員会・協議会を通じて三菱社の統括能力を

第7章 戦争期三菱の企業活動

高め,持株会社としての性格を強めた.なお同年12月には,東京鋼材(三菱鋼材と改称)・三菱石油・日本化成(工業)の3社を新たに三菱社の分系会社に編入,また42年9月に三菱重工業から独立した三菱製鋼(11月に三菱鋼材を吸収合併)も加え,分系会社11社(33年5月に形式上は分系会社から分離した三菱海上火災保険は,44年3月に東京海上火災保険に吸収合併されたため除外)を固めた(以上,①38巻1686・1967頁,⑤482〜485頁など参照).

1941年12月の太平洋戦争の開始とともに,諸財閥の中ではもっとも軍需産業部門の強い三菱財閥は,戦争協力の体制を深め,やがて43年2月には,株式会社三菱社を株式会社三菱本社へ改組した.そして「分系会社ノ総理助長並ニ関係事業ノ育成ヲ図ル」ことを新しい定款に掲げ,財閥本社としての色彩を明確にしながら「国家の要請に応え,傘下事業を支援し統制していく」ことになった(①485頁).そして同43年11月には三菱海上火災保険と明治火災海上保険・東京海上火災保険3社の合併が進み(翌44年3月に新東京海上火災保険が創立),また翌12月には日本化成工業と旭硝子の合同(翌44年4月に三菱化成として発足)が実施された(①39巻2142・2144・2231・2241頁).

さらに1942(昭和17)年6月のミッドウェイ海戦を契機に,日本の敗色は深まり,翌43年9月のイタリア降伏や44年6月の連合軍によるノルマンディ上陸作戦とマリアナ沖海戦の日本敗退によって,第2次世界大戦の勝敗は定まった.日本では44年6月のサイパン島への米軍上陸以後,本土への空襲が本格化し,とくにマリアナ米空軍基地の整備によって同年11月から空襲は激化し,都市や軍需工場施設と家屋・人身への被害は激増してきた.

これらにもとづく戦局悪化の中,三菱財閥の総帥である三菱本社社長岩崎小弥太は陣頭指揮にあたり,1945年5月に参加企業の災害が激しい東海・伊勢・京阪神地方の現地視察に赴き,地方工場の激励を行った.5月18日に出発したが,翌19日には浜松付近で米軍機の爆撃に遇い,退避したが前進不可能となり,一旦は熱海の別邸に帰宅した.22日に改めて西下し,と

くに山間避地に建設中であった疎開工場をできるかぎり視察，たとえば三菱地所の設計監督のもとに岐阜県山間部に建設中の三菱重工業の大規模な航空機組み立ての地下工場などを訪れた．出張は前後20日間に及び，6月6日に熱海に帰着したが，その間は空襲が連続する中を東奔西走し，旅後は腰部に疼痛を訴え，体の不調を来した．とくに旅行中の5月24〜25日の東京大空襲によって，麻布区鳥居坂にある社長本邸が焼失（しばらく熱海別邸で療養）したほか，さらに小弥太の両親岩崎弥之助（2代三菱合資社長）・早苗夫妻の旧宅で幼児に小弥太が起居した開東閣（前に述べたように38年2月に小弥太が三菱社に譲渡）も同時に大部分が被災したことも，小弥太の落胆を深めたといえる（①38巻1974頁，40巻2429〜2431頁，⑤485頁参照）．

　ところで，持株会社である三菱本社の敗戦直前の統括状況を，1944（昭和19）年12月末の「本社分系関係傍系会社一覧表」（①39巻2317・2326頁）からその一端を推論してみよう．まず三菱「本社ノ統理助長下ニアル直轄会社」である分系11社の払込資本金累計11億4841万5150円（公称資本金は13億3699万円）のうち三菱本社の払込額はその34.7%にあたる3億9805万9800円を占め，これに相互持ち合いの分系会社の払込額を加えると39.1%（4億4943万4050円）を数える．また三菱「本社，相当数ノ株，役員派遣，名実共ニ経営ニ参与」する関係会社17社の払込資本金累計は3億7980万円（公称資本金4億1051万円）で，そのうち三菱本社は18.8%の7132万4000円に及び，分系11社を加えると53.5%（2億231万2700円）に達する．そして「分系ノ直轄化」にある傍系会社54社では，払込資本金累計2億9888万5000円（公称資本金3億5820万5000円）に対し，三菱本社はそのわずか0.84%（250万円）に落ち，分系11社を加えると43.2%（1億2900万8025円）に上昇する．

　したがって，以上の分系・関係・傍系会社82社を合計すると，払込資本金は18億2710万150円（公称資本金21億570万5000円）に達し，三菱本社はその25.8%（4億7188万3800円）を数え，分系11社を加えると42.7%（7億8075万4775円）に達する．このほか三菱本社には「岩崎（久

弥）家関係，関係密接」な主要縁故会社があり，主なものに三菱製紙（公称1098万円・払込1079万8000円）・東山農異（公称1000万円・払込800万円）・東山産業（公称1200万円・全額払込）の3社が挙げられている．

(2) 敗戦と三菱財閥の解体

　他方，1945（昭和20）年に入ると，日本の戦局はさらに悪化し，1月には最高戦争指導会議（44年8月に大本営政府連絡会議を改組）は本土決戦などの大綱を決定したが，一部には戦争終結への動きも強まった．しかし3月の夜間爆撃を含む東京大空襲以後は，全国の都市や軍事施設・軍需工場などの被害が拡大，4月の米軍の沖縄上陸と5月のドイツ降伏によって敗色は決定的となった．ついに8月の広島・長崎の原爆投下によって，15日にやっと敗戦になった．

　この間，三菱本社は各地の工場罹災と本土決戦に備え，1945年7月に本社内に三菱総力本部を設け，非常事態に対応しようとした．しかし敗戦となり，同日ただちに三菱重工業などの軍需会社の指定が取り消され，8月20日には三菱総力本部も廃止となった．8月28日から占領軍が日本に駐留し，いよいよ敗戦処理が進行することになり，9月22日の米国政府による「降伏後初期の対日方針」にもとづき，財閥解体が決定した．そして10月8日から連合軍司令部は三菱本館4階の一室を接収して三菱財閥の調査を開始した．三菱本社では財閥解体は必至と認め，10月22日に三菱本社の解散に関する根本方針を決定している（①40巻2463～2474頁）．

　しかし明治以来の岩崎家家業から展開した三菱財閥の解散に，三菱本社社長岩崎小弥太は両手を挙げて賛成することはできなかった．1945年5月の長期視察後に身体の不調に陥って小弥太は，この動乱期も重なって病状が深まり，10月29日には東大付属病院の坂口内科に入院した．そして三菱本社は10月31日に解散を発表．翌11月1日に社長岩崎小弥太は病床から告辞（解散声明）を発表したほか，11月6日には三菱本社は持株会社の解体を決定している．なお11月2日に連合国総司令部は財閥資産の凍結と解体を指

令し，これにもとづいて11月22日には三菱本社の資産（動産・不動産・有価証券・その他の財産）の売却・贈与などの処分の禁止と制限が行われた（以下を含めて，① 40巻2484～2528頁参照）．

また父祖たちが築き上げた三菱財閥の解体を目のあたりにした最後の社長岩崎小弥太は，病状が悪化してついに1945年12月2日に逝去してしまった（67歳）．そして同じ12月からは，米空軍が敗戦後の活用を考えて意識的に空襲目標から避けたといわれる，丸の内地区の三菱ビル・事務所街が占領軍によって接収されはじめた．たとえば12月31日には，三菱本社が位置した三菱本館新・旧館（56年1月に接収解除）と同別館の三菱商事建物（52年4月に解除後，53年12月から米国大使館に賃借）が接収されたのである．

そして三菱本社の解散準備も進み，翌1946（昭和21）年1月には本社の総務部館内係38名・同用度係15名と経理部の一部6名を三菱地所へ移管するとともに，本社所有の三菱本館新・旧館と開東閣（1月末に占領軍が接収）の土地建物賃借営業権を三菱地所に譲渡する契約を結んだ．さらに翌2月には三菱本社の解散認可申請書を大蔵大臣に提出し，3月に認可を得ている．

他方，1937（昭和12）年12月の三菱社改組と同時に，三菱系各社の共通な議題や本社・分系会社間の調整事項など協議のために設けた三菱協議会（本社の専務と分系各社の会長で組織）も，46年6月に廃止された．しかし直後に，非公式の懇談会である金曜午餐会に切りかえ（構成員は三菱本社と分系各社の社長），毎週金曜昼間（弁当持参）に三菱銀行本店で会議を続け，三菱グループの結集を図ったのである（① 40巻2641頁）．

その後も，三菱本社は社有土地建物の整理を行い，1946年10月には財閥解体の法令にもとづき所有する有価証券をすべて持株会社整理委員会（財閥解体の執行機関，46年4月設立）に譲渡した．また翌年3月には岩崎11家が財閥家族に指定され，49年3月の公職追放の該当者は三菱各社で105名（うち解除3名・死亡4名）を数えた．なお解散後の三菱本社は，46年9月に持株会社に指定され，清算を実施中であったが，処分すべき資産のうち不

動産は大部分が丸の内に所在しており，数および時価とも巨大なため個別に売却することは不可能に近かった．そこで清算を監理する持株会社整理委員会の指示により，企業再建整備法にもとづいてこれらの不動産を基礎にした第二会社を設け，本社の清算を促進することになった（以下を含め，① 40 巻 2707・2710・2736〜2745 頁，⑬ 290〜297 頁）．

そこで 1949 年 10 月に三菱本社整備計画認可申請書を提出，翌 11 月に大蔵省の認可を受け，翌 50 年 1 月に三菱本社の第二会社である陽和不動産会社（資本金 3600 万円，丸の内の土地 2 万 6014 坪・建物 1 万 4737 坪）と関東不動産会社（資本金 3600 万円・同土地 3 万 7087 坪・建物 1 万 9131 坪）の 2 社を設立，本社の残った不動産すべてを移譲し，これまで三菱地所が管理していた賃貸借営業権を解除したのである．

なお同じ 1950 年 1 月には「財閥商号及標章使用禁止等ニ関スル政令」の公布で，明治以来の誇りであった三菱の商号とバッジが一時は使用できなくなった（52 年 5 月に使用解除）．そして翌 51 年には三菱本社の清算が終わり，5 月に三菱本社は制限会社の指定が解除され，6 月には三菱本社が決定した整備会社の実行完了報告が提出された．翌 7 月に政府は財閥解体の完了を報告，同時にその実施機関であった持株会社整理委員会も解散した．かくて翌 52 年 4 月に開かれた最後の臨時株主総会において，三菱本社の清算終了が承認され，1870（明治 3）年 10 月の上佐開成商社の創業以来 82 年にわたる三菱本社の歴史を終えたのである（① 40 巻 2747・2754〜2759 頁，⑬ 294〜296 頁参照）．

参考文献（第 3〜7 章）

① 三菱社誌刊行会編『三菱社誌』第 35〜40 巻，東京大学出版会，1982 年．
② 東山農事株式会社『東山農事』昭和 14・15 年，同社，1939・40 年．
③ 三菱社誌編纂委員会「三菱関係 GHQ 報告用書類控」（持株会社整理委員会提出書類），1946 年．
④ 岩崎久弥伝記編纂委員会編『岩崎久弥伝』同会，1961 年（1979 年に東京大学出版会から『岩崎家伝記』で復刊）．

④b　岩崎小弥太伝編纂委員会『岩崎小弥太伝』同会，1957年（同上，1979年に東京大学出版会から復刊）．
⑤　三菱地所株式会社社史編纂室編『丸の内百年のあゆみ―三菱地所社史』上・下巻，同社，1993年．
⑥　同上『同』資料・年表・索引，1993年．
⑦　三菱信託銀行株式会社業務部編『三菱信託銀行三十年小史』同社，1957年．
⑧　同上（日本経営研究会編）『三菱信託銀行六十年史』同社，1988年．
⑨　冨山房編『丸ノ内今と昔』同房，1941年（同年，修正再版）．
⑩　中田乙一編『縮刷　丸の内今と昔』三菱地所株式会社，1952年．
⑪　かのう書房編『東京　丸ビルの世界』同房，1985年．
⑫　鈴木理生『明治生まれの町　神田三崎町』青蛙房，1978年．
⑬　歴史学研究会編『日本史年表』岩波書店，1973年（9刷）．
⑭　東洋経済新報社編『会社銀行八十年史』同社，1955年．
⑮　石見尚『日本不動産業発達史―大正・昭和（戦前）および昭和30年代前半期』日本住宅総合センター，1990年．
⑯　日本住宅総合センター『戦前の住宅政策の変遷に関する調査』Ⅲ―戦前東京の市街地形成，同センター，1983年．
⑰　不動産業沿革史出版特別委員会編『不動産業沿革史』東京都宅地建物取引業協会，1975年．
⑱　蒲生紀生「幻の『日本不動産協会』を探る―昭和恐慌と不動産市場」上・下（土地住宅問題研究センター『土地住宅問題』143～144号），1986年7～8月．
⑲　同上「不動産業の成立とその変遷」（日本不動産学会『日本不動産学会誌』8巻1号），1992年10月．
⑳　旗手勲『日本の財閥と三菱―財閥企業の日本的風土』楽游書房（発売，農林統計協会），1978年．
㉑　同上『日本における大農場の生成と展開―華族・政商の土地所有』（古島敏雄監修「近代土地制度史研究」第5巻），御茶の水書房，1963年（1978年改装版）．
㉒　同上「三菱の不動産経営―明治期」（愛知大学経済学会『愛知大学経済論集』134号），1994年2月（日本住宅総合センター『不動産業に関する史的研究』Ⅰ，1994年所収の拙文を補正）．
㉓　同上「大正期三菱の不動産経営」（同上『愛知大学経済論集』142号），1996年12月（同上『不動産業に関する史的研究』Ⅲ，1996年所収の拙文を補正）．

付論　住友の不動産経営

はじめに

　本付論は，住友の不動産経営について，創業期の江戸時代から大正期ごろまでの動きをまとめたものである．

　住友では，当初は本業の別子銅山のほか，両替・札差・掛屋・蔵元などの金融業を兼営し，その担保流れによる地所家屋の取得を基礎に，利殖や家産保持のために不動産経営を行っていた．とくに幕府や諸藩などの御用には，保証として住友所有の地所家屋を「質」（担保）として提供する慣例があり，このためにも不動産の保持が必要であった．さらに江戸末期になると，別子銅山用の鉱夫むけの安値給与米を確保するために新田開発や耕地取得も増大し，この動きは明治以後の大阪北港地区や新居浜地区における耕地の買収に及んでいる．

　しかし明治期以降については，住友本店（明治42年に住友総本店，大正10年に住友合資会社へ改組）が管理していた不動産経営に関する史料類が公開されていないため，その詳しい内容（とくに市街地）を知ることができない．そこで公表された一部の資料や，それらに依拠された先学の多くの研究業績を参考にしながら，住友の不動産経営について整理を試みた．

　資料の提供に便宜を与えられた住友史料館・住友成泉株式会社をはじめ，関係された諸機関，および研究業績を利用させていただいた多くの先学の方がたに対し，心からお礼を申しあげます．

一 前史—江戸期

　住友家では江戸期からの事業の展開につれて，京都・大坂・江戸・長崎に自営用の土地や家屋を求め，やがて銅業から貿易・金融などに多面化するとともに，抵当流れなどで入手した物件を基礎に貸付用の不動産もしだいに増加していった．さらに貨幣の改鋳や物価の変動に備え，家産を安定させるためにも家作や田畑の所有を拡大したのである．

1　住友の事業と不動産

　住友の実質的な創業者である2代目の友以（1607-62年）の時代に，まず京都で銅商の泉屋が発足し，元和9（1623）年から寛永元（1624）年にかけて大坂の内淡路町に出店を設け，さらに寛永7（1630）年には淡路町1丁目に京都にあった本宅を移した．また銅の吹所（製煉所）を内淡路町・長堀・鰻谷のほか，京都にも設けたという．これらの地所は，原料や製品の輸送などのため，水運の便がよくて町はずれに近いというところに位置していた[1]．
　そして住友は銅製煉と関係の深い銅貿易にも乗りだし，やがて糸・反物類や砂糖・薬種などの輸入品の販売にも着手した．こうした長崎貿易との関連で，住友は寛文2（1662）年には両替店を創立，同10（1670）年には大坂の十人両替に加入している．これらの金融業をめぐる担保なども加わり，不動産の取り扱いも増加したはずである．
　さらに住友では，寛文―延宝期（1661～81年）にかけて，秋田・山形・福島地方などで銅製煉の原料である銅山の経営をも開始した．たとえば延宝2（1674）年における幕府直轄の足尾銅山の払い下げと長崎貿易銅の一手売りをめぐる競願では，河村瑞軒らに対抗して住友らの銅屋仲間が江戸の評定所に直訴し，ついに住友ら6軒に許可がおりた．しかし足尾銅5万貫の払

下げには，担保として5000両の家屋を幕府に出す必要があり，住友ではそのうち2270両にあたる不動産を家質として負担したのである[2]．

そして延宝4（1676）年からは足尾銅山の製煉銅を長崎輸出銅の1/5に充当することになり，翌5年からは住友は大坂屋とともに長崎からの銅代金を江戸に送る為替方をも命ぜられた．この場合にも，代金1万両余に対して家質が必要であり，住友はそのうち8800両を分担し，それに相当する家屋敷を大坂・京都・江戸で担保として提供している．このように，幕府御用については取り扱い額に相当した家質が必要であり，この対策としても住友では不動産への関心を深めたはずである．

やがて延宝6（1678）年に江戸の上槇町に家屋敷を求め，これを出店に用いたとみられる．同地は日本橋と京橋の中間で，現在の東京駅八重洲口の東側の一画にあり，住友ではこれを中橋店と名づけた．長崎・大坂・江戸の為替方や銅貿易・銅山経営などをめぐる幕府への出願や請願などのため，同店が江戸における渉外機関の性格を帯びていたという．江戸ではさらに元禄12（1699）・宝永元（1704）年にも不動産を買い足したほか，天和年間（1681～83年）には長崎の浦五島町に出店を設けたのである[3]．

他方，住友は天和元（1681）年に備中（現在の岡山県）の吉岡銅山で採掘を開始し，元禄4（1691）年には四国の別子銅山をも経営した．そして別子の場合でも，採鉱の請負や使用炭の運上金を支払う担保として，住友が京都で最初に設けた吹所（三条大橋付近，表口17間・裏行17間，代価銀7貫目）を家質にしている．

なお元禄11（1698）年に江戸期で最高の約1500トンを出鉱した別子銅山も，その後は漸減するなど，全国的にも銅産量が減退しはじめた．そこで元禄15（1702）年に幕府の勘定奉行である萩原重秀の命令で，住友は諸国の銅山増産策を上申したが，その計画の大部分が採用され，とくに別子・吉岡銅山のために幕府から10年間に1万両の借用と6000石の安値買請米が住友に認められた．そしてこの借用の担保として，住友の所有不動産のうち，江戸で7430両分，大坂で3600両分にあたる家質を代官に提出している．また

安値買請米は，引き続き江戸末期まで払い下げられたが，幕府との契約を更新するたびに，代金支払いの担保として次節に詳述する抱(かかえ)屋敷が「引き当て」にされたのである．

しかし18世紀の中葉にかけて出銅量は漸減しはじめ，住友の銅山経営もようやく失費がかさみ，輸入に手がまわりかねるようになってきた．とくに長崎出店の支配人の失敗が加わり，ついに寛保元（1741）年には100年以上もつづいた輸入貿易を住友は廃止してしまった．その後の長崎出店は，主に輸出銅の格納などに用いられたほか，一部は貸家にあてる抱屋敷になっていた[4]．

輸入中止を補うためであろうか，延享3（1746）年に住友は江戸で新しく浅草店を設け，旗本や御家人ら蔵米取りの俸禄米を担保とする札差を開店した．同地は両国橋の上手で隅田川の右岸にあった幕府の米倉に隣接した諏訪町（現在の駒形2丁目）に位置し，後に別家の2店も札差業に加わった．他方，先発の中橋店では寛延4（1751）年の「江戸出店定書」にもとづき，江戸にある住友の掛（抱）屋敷4カ所からの家賃は同店の経費に使用していた．そして中橋店は文化2（1805）年にはさらに両替商も開業したが，嘉永2（1849）年には上槇町の出店を廃止し，その地所を売却した．なお慶応2（1866）年には，中橋南槇町で4カ所の抱屋敷を入手している[5]．

他方，江戸後期になると，住友はさらに大名や幕府領代官などの掛屋などを引き受けるようになった．まず寛政3（1791）年には御三卿の清水家の蔵元になったのをはじめ，文化2（1805）年には同じく一橋家の掛屋を命ぜられた．そして文化5（1808）年には残りの田安家の掛屋となり，その引き当て（担保）として大阪市内の土地家屋や抱屋敷6カ所（見積り価格の合計は銀252貫750匁）の書き入れを行っている．また文政2（1819）年に銅座掛屋が設けられたとき，住友は三井とともに幕府の御用を勤め，担保として銀434貫に相当する山本新田64町余（後述）を差し出した．このほか天保14（1843）年には，幕府の大津代官支配地のうち大和・河内の村々の年貢銀の掛屋を命ぜられ，住友はその担保として天王寺の所有耕地のうち田畑2カ

所合計9町5反8畝16歩（分米高125石7斗1升4合）を引き当てに出している[6]．

2 抱屋敷の動き

以上のように住友では，江戸期から自営用の不動産に加え，事業と収益の拡大につれて家産保全や公用担保を兼ねた貸付用の地所家屋も増加してきた．これは抱（掛）屋敷といわれ，外囲や家屋を建設し，表店（町並に面した営業店）や裏店（裏通りの居住家屋）などに貸し出されたのである．その起源は明確ではないが，判明した事例では元禄16（1703）年が初出である．

(1) 抱屋敷の取得状況

そこで得られた資料や文献から，江戸期における住友の抱屋敷の移動件数をほぼ20年ごとに整理してみよう（表8-1）．まず入手状況では，累計の107件のうち，初期の元文4（1739）年までに累計56件で過半をこえ，次の元文4～安永8（1740～79）年が累計30件でつづいている．以後は寛政12～文政2（1780～99）年の12件を除くと1桁台に落ちており，住友の事業が発展した時期には増加し，下降期には減少あるいは売却が増加したとみられる[7]．このうち全期を通じて大坂市内が全体の78.5％にあたる84件を数え，江戸14，京都7，堺1，長崎1となっている．

他方，抱屋敷の売却件数は，江戸末期の文政3（1820）年以後が累計27件で，合計46件の59％を占める．次に元文5～宝暦9（1740～59）年の11件がつづき，全期では大坂の40件が最大，京都3，江戸1，長崎1となっている．しかし後述のように，抱屋敷の現在数は大坂で享保10（1725）年の28件から宝暦9（1759）年に34件（6件の純増）となり，その間の入手28件，売却13件（15件の純増）であった[8]から，なお不明な売却が9件も洩れるなど，他にも未調査な点があるとみられる．

次に，享保10（1725）年現在における住友の抱屋敷の所有概要をみてみ

表8-1 住友の抱屋敷移動件数（江戸期）

年　次	入　手			売　卸		
	大坂	その他	計	大坂	その他	計
享保 4 (1719) 以前	14	京5 江5 長1	25			
享保 5～元文 4 (1720～39)	30	堺1	31	3		3
元文 5～宝暦 9 (1740～59)	12	江1	13	10	京1	11
宝暦10～安永 8 (1760～79)	13	京2 江2	17	2		2
安永 9～寛政11 (1780～99)	1	江1	2	2	江1	3
寛政12～文政 2 (1800～19)	11	江1	12			
文政 3～天保10 (1820～39)	2		2	5	京2	7
天保11～安政 6 (1840～59)	1		1	12	長1 江1	14
万延元～明治元 (1860～68)		江4	4	6		6
合　　計	84	京7 江14 長1 堺1	107	40	京3 江2 長1	46

注：京は京都，江は江戸，長は長崎の略．判明分のみ．享保10 (1725) 年の現在数の大坂28・京都5・江戸5・長崎1から逆算し，享保4年以前は推定の京都1・江戸4・長崎1を入手数に加えた．住友修史室『泉屋叢考』15輯2～14頁，同「付録」25～45頁より算出．畠山秀樹『住友財閥成立史の研究』（同文館出版，1988年）24頁の表1-10を補正．

よう．大坂では28カ所で推計8019坪余を数える．このうち茂左衛門町南側の1137坪余（享保6 (1721) 年に銀35貫で入手），南堀江橘通2丁目の1116坪余（宝永6 (1709) 年に銀50貫で入手）のほか，北堀江浜側角800坪（享保4 (1719) 年に銀44貫で取得），南堀江1丁目西北側540坪がつづき，以下は430坪1カ所，300坪台6カ所，200坪台2カ所，100坪台9カ所，100坪未満2カ所となっている．なおこのうち，地代金を支払っているのが4カ所あり，これは住友が地所の一部を借用していたものであろう[9]．

また京都の抱屋敷は，木屋町297坪，孫橋町340坪，川原町通2条16坪，川原町3条48坪，仏光寺町95坪余の累計5カ所・796坪余である．江戸は，上槙町168坪余，新右衛門町141坪余，浅草120坪，木挽町57坪，糀町101坪余の累計5カ所・約589坪を数えた．そして長崎は浦五嶋町通の約427坪で，貸店と貸家のほか，銅蔵5・銅掛場2・検使場などを備え，長崎港に面して大坂から回送された輸出銅を荷揚げする業務用にも使用されたという．したがって，享保10 (1725) 年における住友の抱屋敷は，以上の合

計で39カ所・9832坪余を数えていたのである．

なお宝暦9 (1759) 年現在とみられる「三ケ津掛屋敷代銀高寄下帳」によると，大坂では34カ所の抱屋敷があり，累計8702坪にふえていた．このうち最大は南堀江2丁目の1122坪余であり，以下に北堀江1丁目800坪，南堀江5丁目740坪，南堀江1丁目540坪のほか，400坪台1，300坪台5，200坪台6，100坪台11，100坪未満7がつづいている[10]．そしてこれらの買収代価は合計銀780貫875匁を数えたから，1両＝銀64匁として1万2201両余の巨額に相当するわけである．

(2) 抱屋敷の経営

次に，宝暦11 (1761) 年の「大坂諸所借家画図」という資料から，住友の抱屋敷37カ所のうち，その一部の経営内容を推定してみよう（表8-2）．これらのうち，谷町2丁目（以下，谷町と略称）は地続きの2カ所（管理人である家守は1人で兼任），富嶋2丁目の安沿川・古川両浜表（以下，富嶋川沿浜面と略称）の連続した5カ所（同1人）はそれぞれ一括して表示した．このうち最大面積1122坪余の南堀江2丁目橘通（以下，南堀江と略称）は町道ぞいの表店貸が70軒（主に営業用，1軒平均の貸家面積は約14～20畳，家賃は畳あたり月に銀5～6分）と横町・表道ぞいの裏長屋が63軒（平均7畳余，畳あたり月に4分）の計133戸の貸家をもっている．

次に貸家数の多いのは，410坪の富嶋2丁目南北両浜面（以下，富嶋南北浜面と略称）で，表店7軒（平均約20～28畳，畳あたり月に5～6.6分）と裏長屋26軒（平均10畳余，畳あたり月に4分）の計33戸の貸家（ほかに土地12坪—月5.5分と4坪—月8分を貸地）があった．さらに200坪の順慶町1丁目北側（以下，順慶町と略称）も，表店4軒（平均18畳，畳あたり月に6.5分）と裏長屋28軒（うち1軒は家守用で20畳，月4.5分，他は平均7.7畳，畳あたり月に4分）の計32戸の貸家をもつ．そして521坪余の谷町では，表店19軒（平均で約20～24畳，畳あたり月に7.3～8.5分）と裏長屋7軒（平均9.9畳，畳あたり月に4分）の26戸の貸家，ほかに貸座敷4

表 8-2　住友の抱屋敷の経営事

所　在　地	順慶町1丁目北側	谷町2丁目東北角・北続	富嶋2丁目南北両浜面
地　所　面　積　(坪)	200.—	521.5	410.—
入手　年	寛保元 (1741)	享保5・13 (1720・28)	宝暦6 (1756)
入手　代　金　(貫)〔A〕	28.—	計　40.450	40.—
土地の時価 (貫)〔B〕	64.—	計　189.—	82.—
貸付　表　　店　(軒・畳)	4 (72)	19 (416)	7 (165)
貸付　裏　　店　(軒・畳)	28 (227.5)	7 (69)	26 (283)
貸付　座　　敷　(所・畳)		4 (137)	
貸付　土　　蔵　(棟・坪)		1 (5)	
貸付　土　　地　(所・坪)			2 (16)
収入 (貫・匁)　家　　　　　　賃	1.665.6	4.201.44	2.512.92
収入　座　　　　　　敷		1.536.—	
収入　土　　　　　　蔵		120.—	
収入　貸　　　　　　地			104.4
収入　下　　　　　　肥	196.—	280.—	224.—
収入　そ　　の　　他			34.75
収入　計	1.861.6	6.137.44	2.876.07
支出 (貫・匁)　家　守　料	108.—	225.—	86.—
支出　町　儀　入　用	354.94	491.56	672.8
支出　地　　　　　代			77.95
支出　浜　地　冥　加　金			90.67
支出　計	462.94	716.56	927.42
利　益 (貫・匁)〔C〕	1.398.66	5.420.88	1.948.65
利　益　率〔C / A, %〕	4.955	13.4	4.87
地価上昇率〔B/A, 倍〕	2.3	4.7	2.1
坪あたり時価 (匁)	320.—	362.4	200.—

注：代金は享保銀に換算．収入の「その他」は上前銀・水汲道費など．収支は見積りなどのため，原文の集計と差異がある場合もみられる．

カ所・137畳（畳あたり月に26〜40匁），土蔵1カ所・5坪（月に10匁）がある．

　また地所面積1035坪の富嶋川沿浜面では，表店だけで23軒（平均で約20〜34畳，畳あたり4分221.5畳と5〜6.6分354畳）のほか，貸座敷1カ所12畳と土蔵2棟156坪（坪あたり月に1匁6分），貸地38坪（坪あたり月に2分）がみられた．最後の心斉橋筋鍛屋町（以下，心斉橋と略称）は地

例（宝暦11—1761年）

富嶋2丁目安治川・古川両浜面（5ヶ所）	南堀江2丁目橘通	心斉橋筋鋳屋町西側
1,035.—	1,122.75	122.67
享保8・10 (1723・25) 元文5 (1740) 計　51.200	宝永6 (1709) 12.500	享保8 (1723) 15.—
計　69.—	130.—	130.—
23 (579.5)	70 (1,095)	2 (60)
	63 (461)	6 (79.5)
1 (12)		1 (12)
2 (156)		1 (6)
1 (38)		
3.750.72	9.159.6	1.014.84
		88.8
2.995.2		115.2
91.2		
266.—	1.050—	70.—
29.—	40.—	
7.132.12	10.249.6	1.288.84
215.—	390.—	65.—
1.413.28	1.427.13	270.84
106.3	137.2	
281.44		
2.016.02	1.954.33	355.84
5.116.1	8.295.27	953.—
9.99	66.36	6.35
1.4	10.4	8.7
66.7	115.8	1,059.8

額．住友修史室『泉屋叢考』15輯「付録」1～27頁より作成．4捨5入

　所122坪余で，表店2軒（平均30畳，畳あたり月に8分）と裏長屋6棟（平均13.3畳，畳あたり月に4.6分）の8戸の貸家のほか，貸座敷1カ所12畳（畳あたり月に6分）と土蔵1カ所6坪（坪あたり月に1匁6分）を所有していた．

　以上の6例からだけでも，住友の抱屋敷は1カ所あたりの貸家数が最小8戸から最大133戸など，立地条件によってきわめて多様であったことがわか

る．次に損益の内訳に移るが，これは実績ではなく，住友の手代の見積り予定額を示したものであるが，大略の傾向を知ることができる．

まず年間の家賃収入では，貸家の多い南堀江が銀9貫余（約143両余），これに谷町4貫余（ほかに貸座敷が1.5貫余），富嶋川沿浜面3.7貫余（ほかに貸土蔵が約3貫），富嶋南北浜面2.5貫余，順慶町1.6貫，心斉橋1貫余がつづく．貸座敷・土蔵・貸地の収入のほか，江戸では家守の収入となる下肥代が大坂では家主の収益となり，人口の多い南堀江が最高の1貫余を示している．これに上前銀と水汲道費などの「その他」を加えた収入合計は，これも南堀江が最大で10貫余，谷町6貫余，2貫台に富嶋2グループ，1貫台に順慶町・心斉橋がつづいている．

他方，支出は町役入用費が最大（南堀江と富嶋川沿浜面が1貫余），これに家守料がつづくが，いずれも1人の家守に対し，それぞれの面積・貸付対象・位置などの差に応じて相違が大きい．また富嶋2グループと南堀江では「御地代」を納めており，官地でも借用していたのであろう．このほか，宝暦8（1758）年からはじめて付加された浜地冥加金を富嶋2グループが負担している．

以上の支出合計を差し引いた利益は，南堀江が最大の約8.3貫であり，これに谷町と富嶋川沿浜面が5貫台でつづいている．そこで各地の入手代価から一応の利益率を算出してみると，最大は南堀江の66％余であり，以下は谷町13％余，富嶋南北浜表の約10％，心斉橋が6％余，順慶町と富嶋南北浜面が5％弱であり，地域によって格差がはげしい．

なお土地価格の入手時と現在（町並1間あたりの価格と奥行の間数を積算して推計）を比較し，地価の上昇率を算出すると，南堀江が10.4倍で最大であった．同地は，宝永6（1709）年に住友の別家手代から享保銀12.5貫相当で入手したが，東西ともに横町の町並に接し，四方ともに往来自由な1122坪余の優良地であるため，52年間で約130貫と10倍余に上昇したわけである．このため宝暦2（1752）年から住友が別子銅山と地続きの立川銅山を請け負った折に，幕府への保証金115貫に相当する担保として，同地を家

質に提供しており，このため坪当たりの時価は115匁余と他より低位にある[11]．

また心斉橋は，住友の手代が吹屋に使用した場所を別家が居住し，住友の家質となっていたものを，享保8（1723）年に担保流れで15貫相当で入手した．同地は大阪市場の一中心地であったから，38年間に約9倍の130貫（坪あたりは最高の1貫余）に上昇したといわれる．なお谷町は，享保5（1720）年に年寄の山田平助から320坪を26貫250匁で入手したあと，地続きの201坪余を貸金17貫の家質に取ったが，滞金のために居宅を除いて14.2貫相当で同人から享保13（1728）年に取得している．これらが，33〜41年後に約5倍の189貫（坪あたり362匁余）に上昇したのである．

そして順慶町は，寛保元（1741）年に別家から28貫で入手したが，裏長屋が多く，20年間で2.3倍の64貫（坪あたり320匁）を示している．また富嶋南北浜表は，別家手代への貸金の担保であったものが，宝暦6（1756）年に滞納のために取得し，5年後に2.1倍の82貫（坪あたり200匁，官有借地があるので低いのであろう）に値上がりした．このほか富嶋川沿浜面は，享保8（1723）年に浜地305坪を10貫で入手したあと，享保10（1725）年に屋敷地など395坪を12.5貫，元文5（1740）年に西つづきの186坪余と安治川・古川の合流点など173坪余を29貫で買収した．そしてこれらの5カ所連続で1035坪の浜面などを固めたもので，35〜38年間で1.4倍の69貫（坪あたりは，官有地や浜地が多いために最低の66匁余）を示している．

以上の6例だけでは，住友の抱屋敷の経営全体を知ることはできない．しかし入手代金に対する純益率が，場所によって不定であるとはいえ，大坂での市況や立地条件の相違に応じて地価が上昇していることがわかる．ここからも，不動産経営よりの収益のほか，地価の上昇にともない，住友の家産保全が維持拡大されたことがわかるであろう．

(3) 抱屋敷の管理

さて以上の抱屋敷について，住友ではすでに享保元（1716）年に「借家家

守心得」を定めたほか，寛延3（1750）年の「役割覚」には家賃方・普請方・田地方の名がみえる．家賃方は後に借家方・貸家方と変わったが，表店や裏長屋などにはそれぞれ家守をおき，管理人として家賃や貸料などを徴収させ，町役入用などの経費を支出したほか，抱屋敷内の建物修築の差配も受けもつなど，抱屋敷の業務を統括していた．そして宝暦10（1760）年に制定した「勤方帳」にもとづいて，翌年の「家賃方普請方仕格之覚」で抱屋敷の運営をさらに明細に規定した．同時に先述の「大坂諸所借家画図」という大部の折本式の帳簿を作成し，管理の基本台帳とした．なお同書は補正や加筆などが多いため，寛政9（1797）年には新しい「諸方抱屋舗画図細見帳」（いずれも未公開）に書き改めたという[12]．なお以上にもとづく住友の家賃収入は，判明した宝暦5（1755）年には銀69貫215匁[13]（1両＝銀64匁として1081.5両）の巨額を示している．

このほか，住友の分家である豊後町家（理兵衛友俊家）でも，住居のあった大阪の豊後町（上町）のほか，上町の大沢町に2カ所，淡路町に3カ所，呉服町・高間町・鰻谷1丁目・錦町2丁目・長堀平右衛門町に各1カ所，京都の粟田境内堀池町，伊丹の材木町（味噌醸造所らしい）などに抱屋敷をもっていた[14]という．しかし住友の本家以外の内容については，詳細が不明なこともあり，以下ではすべて省略したい．

3 耕地と新田

(1) 大坂地方

住友では抱屋敷の集中からやや遅れながらも，享保期から田畑の入手が進んでいる．公表された資料から，これを整理すると表8-3のとおりで，河内の菱屋西新田を担保にした貸銀100貫の質物流れで，享保2（1717）年に田畑14町余を取得したのが初見である．ついで享保5～7（1720～22）年にかけて，天王寺領と天王寺村で4件合計して12町8反8畝余を8貫860匁で入手し，享保20（1735）年にも同所で田1.5反余（670匁）を追加している．

付論　住友の不動産経営

表 8-3　住友の耕地異動表（大坂地方，江戸期）

	年　次	場　　　所	田	畑	田畑計	代　金	備　考
			町 セ ブ	町 セ ブ	町 セ ブ	貫　匁	
入手	享保 2（1717）	河内，渋川郡，菱屋西新田			14.87.26	100.000.—	質物流れ
	享保 5（1720）	河内，天王寺，東光院，秋野坊	3.68.23	6.89.28	10.58.21	27.515.75	
	享保 5（1720）	河内，天王寺，明静院			51.19	1.660.—	
	享保 5（1720）	河内，天王寺，久永某			1.26.—	3.700.—	
	享保 7（1722）	河内，天王寺，同人	52.01	—	52.01	3.000.—	
	享保13（1728）	河内，若江郡，山本新田			64.19.13	434.891.41	質物流れ
	享保20（1735）	河内，天王寺，玉屋某	15.13	—	15.13	670.—	
	元文 5（1740）	摂津，西成郡，中在家村（農家5人）	—	81.15	81.15	5.395.—	質物流れ
	元文 5（1740）	摂津，西成郡，中在家村（農家1人）	—	21.28	21.28	1.550.—	質物流れ
	延享 4（1747）	摂津，西成郡，今宮村，泉屋某			2.38.15	23.500.—	
		計			95.53.01	601.882.16	
売却	元文 2（1737）	河内，天王寺領			62.27	1.600.—	
	明和 4（1767）	河内，天王寺領	—	3.—	3.—	180.—	
	嘉永 2（1849）	摂津，今宮村	3.28.19	74.15	4.03.04	55.000.—	
		計			4.69.01	56.780.—	

注：判明分のみ．田畑の空欄は不明．住友修史室『泉尾叢考』15輯30〜36頁より加工作成．なお山本新田の代価は，同書「付録」69頁から利銀などを加え，300貫を434貫891匁4分1厘余に補正．

　次は，有名な山本新田の入手がある．同地は宝永元（1704）年に完成した大和川の付替工事の翌年に，旧川敷を新田開発したもので，起業者の山中善太夫と本山弥右衛門（大坂の加賀屋）の頭文字を地名とした．しかし享保8（1723）年に同地を担保として住友から300貫の融資をうけたが，火災などのために返済不能となった．そこで追加の融資30貫と利銀104貫891匁余を加え（1両＝64匁として合計6795両に相当），耕地64町1反余と新田会所・土蔵・長屋・百姓家44軒など一切を含め，享保13（1728）年に住友の所有に移ったのである．

　さらに元文5（1740）年には，摂津の西成郡中在家村で貸金の担保（計6貫945匁に相当）としていた畑計1町余を，6人の農家から質物流れで入手している．そして延享4（1747）年には，同じ西成郡の今宮村で田畑2.38町

を23貫500匁で取得した．このほか享保11（1726）年には，和泉の大島郡にある遠藤新五が所有した浜寺新田の開発に出資しているが，金額や住友の取得面積などは不明である．

その後の取得状況は判明しないが，住友の耕地所有は18世紀の前半に集中したことになり，合計10件・95.53町余で代価は601貫余（1両＝銀64匁として9404両余）相当の巨額に達する．他方，田畑の売却は18世紀には天王寺領の2件，累計約6.6反で売却代も1貫780匁にすぎなかった．しかし江戸末期の嘉永2（1849）年には，摂津の西成郡今宮村で田畑4町余を処分し，銀55貫を取得している．

住友の田畑所有は抱屋敷の経営にくらべて規模などは小さいが，寛延3（1750）年の「役割覚」の中に家賃方・普請方とともに田地方の名がみえ，山本新田には支配人がおかれた．これらは田地の管理や小作料の徴収，田畑の売買・抵当貸しなどをあつかい，耕地全般の事務を担当していた．また宝暦10（1760）年の「勤方帳」にもとづいて「田畠仕格之事」を定めているが，その中で「天王寺村辺田畑近年不益多」くて勘定が引き合わぬため，改良策を計画中とのべている．なお宝暦5（1755）年の帳簿によると，住友の「田地上荷」（耕地の取得価格）は600貫217匁（約9378両），これから取得する作徳銀（小作料など）は11貫15匁（172両）であり，その収益率は1.8％にすぎないことになる[15]．

このほか，貸金担保による耕地の質入れもみられる．たとえば，享保9（1724）年には和泉国日根郡の山中庄兵衛（山本新田の起業者，前年に同地を担保に住友から300貫を借用）所有の山中新田6町4反5畝21歩と畑6反1畝1歩，下百姓家20軒・新田会所・長屋とも質物にとり，住友は40貫を貸し付けている．また享保15（1730）年にも，摂津西成郡の中在家村で，田畑2カ所・5町4反6畝21歩を担保に銀15貫を貸与した．このほか，住吉郡新大和川口の附洲新田も質物にとったというが，その詳細は不明である[16]．

なお明治期以降にも住友が所有した先述の山本新田は，寛延4（1751）年

に新しい規則を定めて改革にのりだし，まず小作料を反当り2斗ずつ引き上げている．同地は現在の八尾市内の玉串川ぞいの細長い耕地で，開発当初からの綿作地帯として収益も多かったようである．最初は幕府の直轄地であったが，文化10（1813）年からは譜代大名の大久保加賀守（小田原藩主）の領地となった．そして安政6（1859）年には，山本新田地主の住友家の名前で同藩主に銀25貫（10年賦，年利1貫250匁＝5％）の大名貸さえ行ったほどである．なお住友が明治維新後まで保有した大名貸（藩債）は26藩・18万両余の巨額に達したという[17]．

(2) 新居浜地区

元禄4（1691）年の別子銅山の開鉱後も，この地区では大坂地方のように抱屋敷と耕地を取得する動きは強くはなかったようである．そして元禄15（1702）年には，前述のように住友は幕府から1万両の拝借金（無利子，10年賦）と伊豫4郡の幕府領米6000石の安値買請米（当初は10年間，後に江戸末期まで）を受けた．この特典に対し，住友は幕府にそれぞれ家質を提供したが，この「銅山給与米」は当時1石が銀80匁の相場のものを50匁に下げ，幕府への米代金の支払いも10カ月延期された．さらに寛延2（1749）年に，別子銅山に北接する立川銅山の稼行も許可され，美作の幕府領米2300石を加えた8300石が給与され，江戸末期に及んだのである[18]．

この米は，銅山労働者の賃金の一部として現物支給され，「安米売渡の制度」とよばれ，銅山経営で大きな役割をはたしていた．しかし別子銅山などで実際の必要量は1万2000石にも及び，不足分の入手に苦心したという．とくに江戸末期になって政情不安などの事情で米価が上昇しはじめると，住友では経費対策としてしだいに米の自給さえ考えざるをえなくなったのである．

たとえば，嘉永4（1851）年に別子銅山の支配人今沢卯兵衛は，山麓の新居郡中萩村上原（現在は新居浜市中村）に荒地50町余を買入れ，溜地2カ所を設けて開田に着手し，500石をえたという（卯兵衛開<ruby>開<rt>ひらき</rt></ruby>という）．また嘉

永6 (1853) 年には新居浜浦の住友口屋の清水惣 (総) 右衛門 (後に別子銅山支配人) が汐浜に56町を開拓 (惣一総一開という), 4町7反3畝の水田を得たとされる. これらの開拓に住友が出資したかどうかは不明であるが, 判明した資料では嘉永6 (1853) 年7月から住友は上原地区で田畑を購入し, 明治8年末までに累計52町8反4畝 (代金合計2万3778円) を得ている[19].

ところで慶応2 (1866) 年に第2次「長州征伐」がはじまると, 幕府は財政難のために別子への給付米8300石のうち美作の幕府領米約2200石の給付を停止し, 翌年には輸出用銅の買い上げも中絶され, 残りの給付米6000余石も廃止された. このため住友は労働者への「安米売渡」を廃止して米価を引きあげ, これを契機に別子銅山で鉱夫暴動がおこり, ついに3カ月も休山された. 足尾銅山と住友は存亡の危機に立ったが, 強い陳情などの結果, 予讃の幕府領米6000余石のみが復活し, さらに幕府からの給付価格も市価なみに引き上げられた.

さらに大政奉還・王政復古につづき, 明治維新のはじまった慶応4 (1868) 年の1月には, 大坂の鰻谷にあった住友の銅蔵が薩摩藩に押えられ, 2月には別子銅山も土佐藩に占領された. 大番頭の広瀬宰平らの努力で両所は解除されたが, 長崎の銅輸出の廃止で住友は売銅で給付米代金を支払えなくなり, しかもその代金5万7600両余を幕府にかわった新政府に支払わざるをえなくなった. なお同年閏4月に新政府が大坂長堀に貨幣司支署を設けた折には, 住友はその用地2000余坪 (本家の裏町) を献納して工場用地にあてており[20], 年来の不動産が明治以後における住友再生の一助となったことがわかる.

4 林業一銅山備林

住友は第2次大戦前には民間最大といわれた12万余町の林地を経営し, 現在も住友林業会社に発展しているが, その基礎は江戸初期からの銅山備林に始まったものである. そして当時の銅製煉には大量の薪炭が必要であり,

付論　住友の不動産経営

この確保が鉱業盛衰の鍵を握ったとまでいわれた．以下，先学の業績を参考にして，江戸期における住友の林業を不動産経営の立場から概説してみたい[21]．

　元禄4（1691）年に別子銅山が開鉱され，住友は幕府御用の許可をうけて同山の請負稼行に着手した．同時に，製煉用の薪炭を採取するため，別子周辺に1万7752町（明治期の実測では4709町に減少）の銅山付山林（備林）が貸与された．そして薪や坑木・建築用などの雑木・朽木の伐採が認められたが，それによる薪の採取は製煉用の木炭消費量の約1/3に達したという．

　しかし別子銅山の発展につれて，周辺の山林は枯渇しはじめ，険しい山道の多い別子では遠距離の「人背」による運搬が支配的で，これが産銅経費を増加させた．一般に粗銅1トンの産出には薪が約7トン（原木にして約37石），木炭が約3.9トン（約80石），合計約117石の原木が必要といわれた．そして普通の原始林1町あたりの薪炭用雑木の蓄積は約250石前後であったから，住友が当初に幕府から貸与された銅山付山林4709町（実測）では，元禄期13年間の年平均産銅高1012トンに対し，9.9年余で皆伐される計算となる．

　そこでこの対策の1つとして，住友は幕府に新しい山林の貸与を出願した．すでに元禄15（1702）年に，隣接する一柳藩領の山林払い下げを上申し，同地が幕領に公収された後，宝永7（1710）に1591町が貸与された．さらに明和元（1764）年には3240町，天明8（1788）年には1728町が貸与され，銅山備林の累計は2万4311町（明治期の実測では約1/3に減少）に達したのである．

　これらの結果，別子の銅山備林から製造した「自家炭」の割合は，開鉱後20年ごろまでの元禄期は約97％，宝永期は約98％であったが，その後の正徳期（1711～15年）には39.9％，元文・寛保期（1736～43年）には0.5％に急落した．そして新規貸与のあった明和期（1764～71年）には74.8％，天明期（1781～88年）には92.8％に回復したが，以後はふたたび急落したという．

このため別子では，不足する木炭そのものを購入するほか，他領の林木を買い入れて製炭することになった．すでに宝永7 (1710) 年からは土佐藩領からしばしば購入したのをはじめ，寛政期 (1789～1801年) ごろからは今治藩領にも及んだという．これらは山林のうち，薪炭用の雑木だけを4～5年または8年間だけ，伐採するという立木の買いつけ契約であった．そして江戸時代をつうじて，別子銅山における以上の買入炭の割合は全体の57.6%を示し，自家炭が多くて買い入れの少ない初期（元禄・宝永期）の20%を除くと，平均して72%に達したという．
　なお以上の住友の銅山備林そのものは，開鉱から江戸末期までの177年間に，3回の大きな伐採期があったと想定され，ほぼ60年おきに天然更新が行われたと見なされている．これらの経験をへて，すでに江戸時代から住友における林業経営の手法が蓄積されたわけである．

二　明　治　期

　明治以降における日本資本主義の発展とともに，別子銅山を中心にしてきた住友も，これに関連した販売や金融・倉庫，さらに石炭や製鋼・製銅などの関連事業に多角化していった．これと同時に，営業に必要な地所建物の取得もふえたはずであり，また金融を通じた不動産の担保流れ，鉱夫用の安売米確保のための小作農地の確保などから，貸付用の不動産も増大した．
　しかし不動産経営の中心をなしたとみられる江戸期以来の抱屋敷など，市街の貸地と貸家は，住友の本店（明治42年から総本店）の地所建物関係の史料が未公開であるため，明治期の内容について知ることはできない．そこで本章では，判明した資料や公表された業績から，住友の不動産経営の動きを整理してみた．なお別子の鉱山備林の展開についても，不動産経営の一部として概観を加えておいた．

1 住友の再生と不動産

(1) 別子銅山の存亡と多角化

　江戸末期から明治初期の動乱は，長崎輸出銅や銅山給付米の廃止，別子銅山や大阪銅蔵の官軍による差し押さえなどをまねき，住友は存亡の危機をむかえた．大番頭の広瀬宰平などの奔走で新政府の支持をえはじめたが，住友の財政は極度にひっ迫した．河内にある山本新田を抵当に借金しようとしたが，同地は「収支相償はすして年々若干の損失」を出す状態で，融資は不可能であった．さらに明治以後には銅価が下落したため，内部から別子銅山の売却さえ討議されたほどである．これは広瀬らの反対で中止となり，経営緊縮による再建が実施された．その一環として，明治2 (1869) 年には東京の浅草店が廃止され（中橋店はすでに嘉永2 (1849) 年に廃止），延宝6 (1678) 年以来の江戸の根拠地を失うのである．しかし同時に，産銅業以外の新しい多角化の動きも始まった[22]．

　たとえば，明治4年における銅の輸出と国内売買の自由化にともない，住友は同年2月に神戸に銅売捌所（翌5年に神戸支店と改称）を設け，外国商人に別子産銅を売ったほか，同店は樟脳・茶などの輸出も取り扱った．さらに明治11年に韓国の釜山，13年に元山に支店を設け，銅・金巾などの輸出と米・雑穀・砂金・牛皮などの輸入を始めた（しかし収益少なく，16年に両支店を廃止）．また明治6年には外国商人から54トンの蒸気船白水丸を購入し，大阪・神戸・別子との精銅などや一般貨客の輸送も実施した（同船は明治17年に新設の大阪商船会社（初代社長は広瀬宰平）に現物出資）．

　このほか明治5年には，当時は大阪港のあった富島町に3戸前の土蔵を求め，翌6年には鰻谷にあった本店の営業部を移して倉庫業を開始した．さらに明治8年からは，貸倉庫に収納した雑穀を担保とした金融（並合業（なみあい）という）に手を広げ，翌9年には同所を本店に昇格した（鰻谷の住居は家長の本邸に変え，明治11年に西洋式住居を完成)[23]．また，並合業の担保を米穀・

紙類・木蠟・椎茸などにも拡大し，明治16年には中之島に出張所を設け，17年からは有価証券による融資にまで手を染めた．そして明治17～20年には，旧藩の大坂蔵屋敷などを大いに購入または借入し，倉庫と並合業を広げたのである．この結果，その融資残高は明治13年末の4万9075円から翌14年には11万7000円，20年には60万円をこえ，26～27年には80万円に達し，大阪市中の銀行と肩をならべる状態になったという．

(2) 大阪地方の不動産

以上のような明治以後における住友事業の多角化にともない，それに必要な営業用の不動産も増加したはずである．同時に，すでに所有していた貸付用の地所家屋や田畑に対する管理方法にも変化がおきてきた．

すなわち，明治9年から住友は米穀の輸出を行っており，これも契機に同年まず山本新田の小作料と大阪市内の貸家賃の値上げが実施された．前者では，小作人は「久しく住友家の恩恵に馴れ，怠民が多く」小作料もきわめて低廉で，経営維持のために住友から補助したほどであったという[24]．これを改革するため，新田内にあった住友の別荘を除去し，小作料の引き上げを申し入れた．小作人の反対で，堺裁判所に提訴したが，3年後の判決で値上げが決定している．

さらに別子銅山の主食確保も兼ね，大阪北部の新田にも手を広げた．すなわち明治11年5月には，現在の北港地区にある島屋新田のうち41町余と恩貴島新田26町余，計68町3反を3万円（町あたり439円余）で浅田家（島屋，住友の親戚で，この付近の開拓者）から購入した．そして明治17年には，残りの島屋新田60町3反を4万7160円（町あたり782円）で買い増し，以前からの別荘や鴨の猟場を残したほか，新田支配所を設けて小作経営を始めている．

また河内地方では，明治17年に田畑合計25町9反を8971円（町あたり346円余）で買収するなど，その他も含めると大阪地方では住友の所有地は約250町に達したという．他方では不採算地などの整理も行われ，天王寺村

で明治9年に畑4反27歩が161円で，20年には畑1反4畝12歩が172円80銭で処分されている．

　以上のうち島屋新田は大阪湾と新淀川に面した埋立地などのため，波浪を受けて浸水被害が多く，住友では資金を投じて堤防を増築したが，新開地のために収量が不安定であるなど，同地からの収益は多いとはいえなかった．しかし明治29年には同地内に汽車製造会社が設けられ，翌30年に大阪市に編入されると，島屋町周辺には大阪舎密・大阪鉄工所などの工場が急増した．さらに31年には西成鉄道が大阪の梅田から安治川口まで開通するなど，やがて大阪北港地区の大工業地帯を形成していくのである．

　なお明治以降に住友の不動産業務が増大するとともに，明治12年には住友本店に会計方・営繕方と並び，田地方を設けて農地の管理にあたったほか，本店長の下に家賃方があって市街地の地所家屋を統括していた．やがて明治15年1月に「住友家法」が制定されると，本店を商務・会計・庶務の3課に改組し，庶務課の中に書記方のほか，田地方と貸家方を設けたのである．さらに明治24年10月の家法改正によって，これらは宅地係と田地係に改称され，住友の不動産管理の機構がしだいに整備されたことがわかる．

2　新居浜地方の不動産

(1)　田畑の集中

　元禄期以来の足尾銅山に対する幕府からの「安値払下米」は，維新後の明治4 (1871) 年に最終的に廃止された．しかし鉱夫への「安米売渡」は労務対策からも不可欠であり，住友ではみずから米を買いあつめ，中国米や麦をまぜながら「特価配給」を続けた．しかし当時の政情不安などで，米価や取得法が不安定であったため，住友では幕末からの米の自給方針を強め，耕地の買収によって小作米の増量をはかったといえる[25]．

　この結果，住友の新居浜地方における田畑購入は，表8-4のとおり増大した．すでに嘉永6 (1853) 年からの記録を含め，明治8 (1875) 年までに

表 8-4 住友の新居浜分店支配の田畑購入表

年　次	面　積 (A)	代　価 (B)	1町あたり価格 (B/A)
	町反	円	円
嘉永6 (1853) ～ 明治8 (1875) 年	52.8	23,778	450.3
明治 9 年	12.6	7,092	562.9
10	12.9	528	40.9
11	—	—	—
12	75.2	26,300	349.7
13	32.1	10,484	326.6
14	7.9	4,342	549.6
15	1.1	458	416.4
16	23.4	4,014	171.5
17	81.1	27,317	336.8
18	17.5	5,244	299.7
19	—	—	—
20	18.1	7,287	402.6
計	334.7	116,844	349.1

注：嘉永6年は7月から，明治20年は21年1月まで．売却分は不明．反・円未満は4捨5入．畠山秀樹『住友財閥成立史の研究』116頁，『農業経済研究』31巻4号290頁から補正．原資料は住友家蔵『垂裕明鑑』26巻による．

52.8町を入手していたが，12～13年，とくに不況期の16～17年には大量な取得がみられた．そして明治21年1月までに累計334.7町の田畑を購入し，その代価は11万6844円（1町あたり349円）に達している．これらの中には，売却分が含まれておらず，したがって住友の実際の所有田畑を算出することはできないが，急激な耕地集中といえる．これにともない，住友では明治15年に新居浜分店に田地係を設け，24年には地所係と改称し，田畑の売買や小作料の収納・管理などを担当させた．

そして明治27年ごろには，水田だけで約580町，その収穫米は約5000石に達し，別子銅山の鉱夫約3800人に必要な年間食糧の約1/3を自給することができたという．そして判明した耕地の入手価格だけでも20万2975円を数え，やがて住友は新居浜を中心とした愛媛県の東予地域一帯3郡36町村

に約600町の農地を所有し,小作人2900人に達する県第1の大地主に成長したのである.

またこの農地からの小作米などを基礎とした「安米制度」は,その後も継続し,たとえば明治39年の米代は1日1升7銭で市価15銭の「半値」が維持された.そして鉱夫の月手取り収入7〜9円に対し,その約3割が「安米」支出であったという.なおこれらの制度を推進した大番頭の広瀬宰平は,道路や鉄道の開設などを行う場合,土地を所有していると他からの妨害をうけることが少ないとのべ,不動産の多面的な効用を力説している[26].

さらに住友林業会社の「土地建物売渡証」などから集計した『新居浜産業経済史』の表によると(表8-5),明治16年現在の住友の同地方における土地登記面積は,田339町余,畑245町余,宅地24町余(同年の合計面積から逆算),山林7055町余,雑種地と採草地・灌漑用水地・墓地などを累計した「その他」14町,合計7684町を数えている.江戸末期から明治初期にかけて,すでに大規模な土地面積を所有していたことがわかる.

そして明治17年以降の新居浜地方における土地の買収状況をみると,まず田では23年の89町が最大で,35年の69町余がこれにつぎ,大正元年までの29年間合計で208.6町余を取得している.また畑では24年の101町余が最大,31・32年の30町台と35・37年の40町台がつづき,明治期(以下,明治17年から大正元年までの累計)の買収合計は約385町に達する.そして宅地は,21年の2町余,27年の3町余,35年の4町余が突出し,明治期に16.6町余を買収した.このほか,雑種地などの「その他」は,とくに17〜22年に157.6町も集中し,他は27年の12.6町余と35年の1町余が目立ち,明治期に171.7町余を数える.

以上は買収面積だけの数値であり,売却分が不明のため,それぞれの年次の実際の土地所有を知ることはできない.しかし新居浜の惣開新田(嘉永6(1853)年から開発)において,明治16年1月から住友が洋式の巨大な製錬所を建設(明治21年に操業)した前後から,同地と足尾銅山を結ぶ地域ぞいを中心に田畑・宅地などの買収が集中している.さらに明治26年には

表 8-5　住友の新居浜地方における土地買収面積（明治期）

(単位：町・畝)

年　　次	田	畑	宅地	山　林	その他	計
明治16年現在	339.39	245.45	(24.62)	7,055.54	14.—	7,684.—
17	—	.16	—	290.16	39.91	330.23
18	.01	.83	.05	31.97	39.39	72.27
19	—	.97	.15	67.—	63.49	131.63
20	—	1.01	.42	312.55	4.67	318.67
21	.11	7.27	2.28	649.76	.25	659.69
22	.52	2.20	.58	307.81	9.89	321.01
23	89.18	1.85	.26	10.28	—	110.60
24	—	101.63	—	94.98	.01	196.63
25	.12	.24	.11	109.46	—	109.94
26	4.79	2.—	.04	24.90	.11	31.85
27	7.56	14.75	3.09	229.14	12.63	267.19
28	.69	11.66	.36	510.07	—	522.79
29	5.78	3.69	.55	430.29	—	440.32
30	.36	2.48	.06	50.98	—	53.89
31	2.93	38.47	.98	363.31	—	405.70
32	3.93	35.09	.28	351.80	.01	391.13
33	2.84	2.—	.08	2,162.70	—	2,167.63
34	12.78	10.43	.05	245.72	.06	269.26
35	69.87	41.25	4.65	1,787.34	1.02	1,904.14
36	1.75	9.17	.84	304.89	.10	316.69
37	.74	42.24	.07	273.40	—	316.55
38	.06	14.14	.03	12.71	—	26.95
39	.02	4.94	.35	73.06	—	78.38
40	—	2.84	.07	12.79	—	15.72
41	—	2.89	.25	5.89	.13	9.17
42	.17	4.07	.53	63.55	.01	68.35
43	.82	7.44	.26	61.15	—	69.69
44	.23	8.48	.10	71.01	.04	79.88
45	3.37	10.79	.15	40.33	.01	54.67
合　　計 (明治17〜45年)	208.63	384.98	16.64	8,948.—	171.73	9,740.62

注：明治16年現在は住友登久の遺産相続登記にかかわるもの、他は住友林業株式会社「土地建物売渡証」による。「その他」は雑種地・採草地・灌漑用水池・墓地などの小計。新居浜市編『新居浜産業経済史』(1973年) 92〜183頁より引用。売却分は不明，( )内は推定。4捨5入などのために計に誤差が生じたが、原文のままにした。明治45年は大正元年分を含む。

惣開と足尾銅山との間にはじめて専用鉄道が開通したほか，24年ごろから製錬所の煙害問題が激化しはじめ，沿線や鉱害をうけた土地などの買収が進んだ結果とみられる．なお明治20〜29年における農地の買収総数191件のうち，85%の162件は1町未満であり，零細な農家への土地担保（「田地貸」）の流入分も多かったと考えうる[27]．

(2) 別子銅山の備林拡大

明治7（1874）年にフランス人ラロックを招いて別子銅山の近代化に乗りだした住友は，13年にダイナマイトの使用，19年に第一通洞の開通，23年に蒸汽巻揚機の導入などを実施した．これらの採鉱・運搬部門の改革は，産銅量を急増させ，明治6年の482トンから23年以後は2000トンをこえた．この結果，坑道の延長による坑木などの用材と製錬用の製炭材の需要が一挙に拡大した．対策の1つとして，これらの供給源である銅山備林の取得に拍車がかかった[28]．

そして判明した明治9〜16年では（表8-6），13年の2852町余（1町平均で70余銭の低価）を最高に，16年に268町余など，累計3255町余を1万1020円で購入している．これらの買収は，まず別子銅山や製錬所付近の地域から始まり，しだいに隣接の諸村に及んでおり，明治8年からの地租改正で無償で取得したとみられる山林2509町を含め，17年末の所有山林は約6484町（うち購入は3947町）に達したという．

なお1町あたりの平均買収価格は，13年の0.7円や16年の4.8

表8-6 別子銅山の林地購入表
（明治9〜16年）

年　次	面　積 (A)	代　価 (B)	1町あたりの平均 (B/A)
	町	円	円
明治9年	0.5	66.1	132.2
10	22.5	1,053.6	46.8
11	12.8	1,104.0	86.3
12	12.8	521.4	40.7
13	2,852.5	1,878.0	0.7
14	57.1	2,525.1	44.2
15	28.7	2,592.7	90.3
16	268.8	1,279.4	4.8
計	3,255.7	11,020.3	3.4

注：一部に林地以外の面積も含み，代価には面積不明分も加わる．売却は除く．畠山秀樹『住友財閥成立史の研究』483頁より引用．原資料は住友林業株式会社『別子の林業』其の一（1980年）241頁．

円から,9年の132円まで大差がみられ,位置の遠近や立木量の大小などの影響によるほか,売買必要度の強弱にも左右されたのであろう.たとえば明治14～17年に,住友は角野・立川両村の共有山林243町7反9畝余をわずか3940円10銭(1町平均16円16銭)で買収している.これは両村の間で同地の使用と所有をめぐって激しい対立がつづき,ついに大審院に提訴されたものを,住友が仲裁に入って調停を試み,その共用林の売却代価で訴訟費用など一切を償却させた結果とみられる.同時に同地方は別子銅山の隣接地であり,他の鉱業者からの割りこみを防ぐ効用もあったのである[29].

次に別な資料をもとに集計した前述の表8-5から,その後における別子銅山の山林所有の動きをみよう.これによると,明治16年現在の所有登記面積は7055町余となっており,以後も山林の買収が拡大し,翌17年の290町,20～22年の3カ所で1270町余のほか,24～37年には26・30年を除いて毎年100町前後以上の買収をつづけ,とくに33年には2162町,35年には1787町という大面積を取得している.38年以後にはやや速度が落ちたが,17～45年間の累計は実に8948町に達している.このほかに売却した山林もあるはずだが(面積は不明),それらを除いた別子銅山の所有山林は,明治20年の6386町から,30年に7825町,40年に1万3378町[30]に急増している.

さらに住友では,以上の山林所有のほか,国有林の借用や立木払い下げなどによる銅山備林の充実を行っている.まず明治8年に地租改正が実施されると,別子銅山では江戸期から借用していた旧幕領山林について,新政府に改めて拝借願を提出した.そして翌9年に,官有の山林2万3846町(借地料は年240円,1町あたり1銭)と土地40町(借地料は年120円,1町あたり3円)が,25年間にわたり貸与された.しかも明治14年には,山林2万2087町について借用期間の延長と用材林の払い下げを政府に出願した.16年に政府は山林の貸与期間を60年に延長し,檜などの用材6万6522本は銅山の自費植栽分であるとして無料,雑木はまとめて3985円(1町につき18銭)で払い下げた.住友では,これらの長期借用の国有林を「第一備林」と

称したのである[31]．

　このほか住友では，明治9年に別子銅山周辺の国有林の立木払い下げも申請しており，翌10年から払い下げまたはその予約をうけている．住友ではこれらの山林を「第二備林」とよび，19年現在の面積は3万7481町に及んだという．また明治11～30年の累計で立木払い下げは5万7481町を数え，その払い下げ価格は1町あたり平均16銭5厘という安値であった．しかしこの第二備林は，伐採跡地に住友が植林するという契約を十分に履行しなかったなどの理由から，明治30年に政府から解除通告をうけ，払い下げの予約をうけた山林の多くは利用できなかったという．

　さらに別な銅山備林として「宛り林制度」があり，一定期間に山林を他の所有者から借用し，その間は自由に立木を伐採できる立木売買（借地林）契約を実施した．この方法によると，立木の売買よりは高価だが，林地そのものの買収よりは安価という利益があったのである．明治9～14年の契約では平均して23年間の借地，1町あたりの価格は年85銭であり，17年末の面積は7452町を数えていた．

　以上，国有林の借用や立木払い下げ，または宛り林制度などによる別子銅山の備林に加え，住友の所有山林があった．そしてこれらを累計した住友の林業経営面積は，明治19年ごろに7万4000余町に達したといわれている．

(3) 薪炭林から用材林へ

　以上のような住友による所有林や国有林の借地・立木払い下げ，民有林の借地などによる経営林の拡大と同時に，明治10年10月から別子で本格的な植林が開始された．最初は苗木を木曽・尾張・吉野地方などから購入したが，12年2月には土木方に山林係を設け，苗圃を造成したほか，翌13年には山林方を独立させ，林業専門家を招いたほどである．

　これらにともなう植栽数は，10年に2万7567本，11～12年には2万2000～3000本台であったが，松方蔵相の緊急財政による不況とともに大幅に減少した．そして明治10～26年を合計すると，122万7735本（年平均7

万2220本)を数えた.植林にともなう造林面積が明治10～20年の合計で75町余(年平均約7町)であったから,当時の年間伐採面積の推定1469町にくらべると,わずか0.5％以下にすぎなかったのである[32]).

なお別子銅山では,明治13年に山林課を新設し,地理・培植・伐採の3方をおいたが,18年には縮小して同課を土木課に吸収してしまった.その後は新居浜製錬所の創業などによる木炭消費量の増大につれて,銅山周辺の山林はふたたび乱伐と煙害にさらされ,明治27年ごろには銅山備林は「十中八九ハ禿山」(住友林業会社『別子の林業』其の一,1980年,267頁)にひとしかったという.

とくに明治20年代に入ると,精錬用の燃料が薪炭から石炭やコークスに転換しはじめた.別子における使用燃料の重量比率でも,薪炭は10年代の99％から,25年に74％,29年には40％に低落した.そして住友では,明治26年から庄司・忠隈などの筑豊炭田へ進出しはじめ,別子林業も薪炭・雑木林(天然更新)から建築・坑材むけの用材林(人工造林)へという,「近代経営」へ脱皮する必要に迫られたのである.

このため明治31年10月には,土木課の山林諸係を独立させてふたたび山林課を設け,製炭課をも同課へ吸収したのである.これらの結果,別子の植林数は急増しはじめ,明治21～26年の合計28万6670本(年平均4万7778本)から,明治27～37年には実に1555万8325本(同141万4393本),明治38～大正9年には2313万9416本(同144万6214本)に達している[33]).しかしこのような住友における林業経営の近代化にもかかわらず,薪炭林から用材林への転換も自家用の需要を満たすことが前提であり,市場むけの販売を中心にした事業部門には上昇できなかったのである.

3 住友企業の発展と不動産

(1) 本格的な多角化と土地所有

明治27年前後からの日本資本主義の展開は,住友の発展をも促進した.

折しも27年には初代の総理人広瀬宰平が退職し,住友では合議制にもとづく本格的な多角化が実施された.翌28年に住友銀行が資本金100万円で開業し,32年には日本銀行の幹部であった河上謹一・志立鉄次郎らをむかえるなど,業績は好転していった.さらに同32年の商法改正を契機に,銀行から住友倉庫を分離独立させたほか,翌33年には銀行の東京支店を開設し,明治2年の住友江戸店の廃止以来,31年ぶりに東京進出を果たしている.これらの結果,住友銀行の営業成績も向上し,たとえば38年来の預金・貸付金額は三井・第一銀行についで全国3位を占めたほどである[34].

次に,住友は金属工業にも進出した.明治28年から別子銅山の退職者などを中心に操業していた日本製銅株式会社(安治川町)が,日清戦争後の恐慌に苦しんでいたのを,明治30年4月に買収して住友伸銅場と改称し,はじめて別子産銅の加工業を併用したのである.同場は翌31年に大阪・東京砲兵工廠や呉海軍工廠からの受注に成功し,軍需品の製造に展開した.さらに32年には日本最初の近代的な伸銅工場をもつ大阪製銅株式会社(明治14年に中之島の王江町に設立)を買収し,中之島分工場とした.これらの結果,経営は大幅に好転し,住友はたちまち日本の伸銅業界を制覇した.さらに33年には逓信省むけの特殊硅銅線の製作にも成功し(44年に住友電線製造所を分立),これらの官需によって住友の収益は急増していった.

このほか,明治32年に住友と八幡製鉄所の元技師たちが共同で設立した日本鋳鋼所(現在の此花区伝法町)が,翌年の経済恐慌に苦しんだ後,34年6月に住友はこれを買収して住友鋳鋼場とした.同所は民間で最初のジーメンス式平炉をもち,鉄道・鉱山・船舶用品などを生産したが,37年の日露戦争時に海軍からの大量注文によってはじめて経営が安定した.さらに38年には,逓信省の鉄道作業局(後に鉄道省として独立)からも大口注文をうけ,車輛部品メーカーとしての将来を確立したという.

別子銅山のほか,住友銀行や軍・官需を軸にした伸銅場・鋳鋼場の盛況にともない,これらに必要な営業用の地所建物のほか,貸付用あるいは誇示用(本家住宅や別荘など)などの不動産も増加したはずである.しかし住友本

店の史料が未公開などのため,とくに明治以降の動きを整理することは,現在のところ不可能である.以下は,発表された資料や研究などを基礎にして,住友の不動産経営の一部に触れうるにすぎない.

まず明治26年1月に兵庫県の須磨町で海岸ぞいの約1300坪を別荘用に買収,その後も隣接地を入手した結果,農園などを含めて約1万4000坪を取得している.やがて33年7月に須磨別邸の建設に着手し,36年4月に完成しており,建築費18万5000円,内部装飾費3万7000円という巨費を投じた.また33年2月に,住友は大阪府に図書館を寄付し(建築費15万円,図書購入費5万円の予定),9月から工事にかかり,37年2月に開館式を行っている[35].

以上が着工された明治33年には,1月に伊庭貞剛が総理事となり,住友の機構改革などが進行した.そして本店に監査・会計・文書・土木課とともに地所課が新設され,不動産の管理と売買などを担当したのである.また同年6月には別に臨時建築部を設け,大阪府図書館と須磨別邸のほか,営業地のある中之島の整地や住友本店と銀行の新築移転の設計と工事監督などを分担している.

すでに明治28年10月に,住友本店は大阪の中之島5丁目に移転(同所はもと柳川藩の蔵屋敷を買収)し,独立した住友銀行も同所で開業した.さらに本店の新築用地を物色し,33年ごろに今橋4丁目で緒方病院から地所557坪を買収した.しかし住友の諸事業が急展開し,本店の新築を待てないほどとなり,予定地に近い今橋4丁目の煉瓦造り3階建てビル(当時,大阪で最大,日本生命保険会社の所有)を借用し,34年に銀行本店,翌35年に住友本店が移転したのである.

(2) 日露戦争と住友の不動産

明治37~38年の日露戦争を契機に,日本の資本主義はいよいよ拡大し,住友も別子銅山をはじめ,伸銅場や鋳鋼場,銀行や倉庫などは隆盛をきわめた.そして本店や事業所の規模や従業員も急増したため,これまでの本店の

建築予定地では手狭になってしまった.

　折しも,大川町にあった日本銀行の大阪支店が,明治31年から中之島の御堂筋西側の五代友厚邸の跡地に辰野金吾(34年6月に住友本店の建築顧問となり,44年10月まで在職)の設計で起工中であり,36年に新築して移転を終えた.住友では日本銀行の跡地を取得する交渉を行ったが,すでに日本銀行では三菱合資会社へ譲る内約があった.そこで住友は改めて三菱と交渉を重ね,先に住友が緒方病院から入手していた今橋4丁目557坪を代替地として三菱に譲ることで妥協がまとまった.この結果,38年9月に,住友は日本銀行から大川町・横堀1丁目・北浜5丁目の跡地1840坪を取得したのである[36]．

　さらに,同地に隣接した土地965坪も買収し(合計2806坪),北は土佐堀川,南は内北浜通り,西は西横堀,東は魚ノ棚筋に囲まれた絶好の土地を確保した.かくて明治38年末から,取得した地所の南半分1100坪に臨時建築部の監督の下に,住友本店の社屋新築が開始された.そして41年12月には建坪640坪で木造2階建てのルネッサンス風の仮本店が完成し,銀行本店もこれに同居したが,翌42年1月には住友本店は住友総本店と改称したのである.

　他方,日露戦争後には経済不況がおとずれ,産業界は緊縮と再建に追われた.住友でも機構の改革を行い,明治40年に本店は監査・経理・庶務の3課に縮小し(別に臨時建築部),もとの地所課・土木課は地所係・営繕係となり,秘書係・文書係とともに庶務課に所属した.さらに44年7月には,茶臼山に住友家の本邸を新築するために茶臼山建築事務取扱所を設けたが,同年10月には臨時建築部を廃止して営繕課に改め,建築係と庶務課から転入した営繕係に分けた.なお営繕係は,社宅の新設・修繕なども担当したというから,当時すでに住友では社員住宅なども運営していたことがわかる[37]．

　なお明治末期には,住友ではさらに仮本店周辺の地所を買収している.判明分だけでも,大川町の浜側99・100・25番地,横堀1丁目の1・6番地(いずれも面積は不明)などであり,これらを家長の住友吉左衛門の名義に

したのである[38]．

　他方，明治11年から住友が取得した大阪北港ぞいの島屋・恩貴島新田では，29年以後に工場が設置されはじめ，31年に操業した西成鉄道が梅田—安治川口まで開通し，小作地のほか工場の開発も進んできた．とくに37～38年の日露戦争では，大阪港は軍需で活況を示し，38年には西成鉄道が安治川口から天保山駅（43年に桜島駅と改称）まで延長されたほどであった．翌39年には鉄道国有法にもとづいて，西成鉄道は国鉄西成線となり，40年には桜島に東洋木材防腐会社が進出したほか，住友鋳鋼場が伝法町からこの島屋町へ移転してきたのである[39]．

　このように，農地と原野であった北港地域も，しだいに工場が進出しはじめ，これとともに住宅や商店もひろがってきた．このため住友家では，大正初期になるとこの地域を欧米風の新都市に開発する方針さえ決定したのである．当初は別子銅山の安値食糧の供給地として入手したこの地方が，産業の展開につれて工業都市用地に転換しはじめたわけである．

三　大　正　期

　第1次大戦を契機とした日本経済の興隆は，軍需と官需を基礎とした住友企業にも飛躍的な発展をもたらした．すでに大正2年に銅精錬の鉱害対策から出発した住友肥料製造所と製銅などの住友販売店を設立したほか，4年には新しく北海道の鴻之舞金山や両竜・空知炭田に進出した．また明治45年に株式会社化した住友銀行が，大正5年に日本最初の普通銀行海外支店であるサンフランシスコ支店を開設したほか，6年には扶桑海上保険会社（9年には扶桑海上火災保険）に経営参加するなど，金融部門の強化も進んだ．

　さらに規模が拡大した住友鋳鋼場を大正4年に株式会社住友鋳鋼所（9年に住友製鋼所）に独立させ，9年には住友電線製造所を株式会社化したほか，同年に日本電気会社（明治32年創立）に経営参加している．このような住

友企業の充実とともに，大正10年には住友総本社を住友合資会社に改組し，同財閥の総司令部としたのである．

これらの動きにつれて，住友の不動産業も自営用の土地建物の取得や管理などの業務が増大したはずである．とくに別子銅山の廉売飯米用地に確保した大阪の北港地区では，大正はじめから工業開発と築港計画が進み，同5年には住友が主導した正蓮寺川沿地主組合が発足し，8年には大阪北港株式会社に展開，工場敷地や建設家屋の分譲と貸与が始まった．

他方，大正11年には住友合資会社や連系会社の本社を収容する住友ビルディングの1期工事がはじまり，当初はその一部を一般に貸与するなどの必要から，翌12年に株式会社住友ビルディングが設立された．15年にこの工事が竣工し，住友系の会社のみの入居となったが，自社ビルとしての本格的な経営を開始した．また大正11年には大阪電気軌道会社の新線が住友所有の山本新田を通過することになり，13年にその一部を用地として譲渡したほか，14年からは残地を住宅用とする事業さえ進行したのである．

このほか別子銅山の自用備林に加え，大正6年からは住友総本店が直轄する資産保全型の本格的な林業経営を開始した．そして北海道・宮崎県と，当時の新植民地朝鮮の山林経営に進出し，三井や古河などに比肩する財閥林業に力を入れたのである．なお重要な住友の市街地における不動産経営は，住友本社の資料が未公開であるため，大正期についても詳細は不明である．

1 大阪北港地区の土地開発

(1) 北港地区の開発計画と正蓮寺川沿地主組合

住友が明治11年から，別子銅山の鉱夫安売米用として入手した大阪北港ぞいの島屋・恩貴島新田の内外では，先述のように29年から工場が建設されはじめた．とくに日露戦争を契機に，鉄道や桟橋が整備され，住友鋳鋼場をはじめ多くの工場が増設され，住宅や商店も増加してきた．他方，これらの工場から出る煤煙によって農作物の枯死が年々はげしくなり，田地には不

適として原野のまま放置される土地が多くなったという[40]．

このため住友では，大正初期にこの地域を工業地区として開発する方針を定め，当時の欧米都市の方法を参考にし，正蓮寺川以北は住宅地，島屋・恩貴島一帯は工業地，西端の埋立地は倉庫と海浜公園にする構想をまとめた．そしてこの計画を推進したのは，後に住友の理事となった山下芳太郎とみられる．

山下は明治30年にロンドンの日本領事館に勤務中，訪英した住友吉左衛門らの信任をえ，34年に退官して住友に入社し，39年に本店副支配人となった．同年に山下は西園寺公望（住友吉左衛門の次兄）首相の秘書官に推されたあと，41年に住友に復帰し，神戸支店支配人から総本店支配人を勤めた（大正7年に理事，住友鋳鋼所・電線製造所などの重役を兼務，11年に退職，13年に52歳で没）．

やがて大正元年に，山下は大阪市の臨時港湾調査会に住友を代表して議員に選ばれた．同会には，北港地区の大地主である藤田組の池原鹿之助や清海家の中谷徳恭らも議員であり，山下は彼らと相談して大阪市営の築港計画の中に正蓮寺川ぞいの地を加えることを主張した．この大阪築港計画は明治30年から起工されたが，これに北接した正蓮寺川ぞいの地区は少数の地主が所有地と江戸時代からの地先埋立権をもち，港湾事業への参加意欲に乏しかったため，当初は除外されていたのである．しかし山下らの主張の結果，臨時港湾調査会では正蓮寺川ぞい地区を，新しく大阪築港計画に加えることを可決採用した．

その後は住友と山下が中心になって地区の組織を固め，ついに大正5年6月に正蓮寺川沿地主組合が設立された．出資額は300万円（払い込み140万円）であり，所有地の面積や沿岸延長・埋立許可面積に応じて，住友吉左衛門45.88%，臨港土地株式会社（大正2年に島徳蔵の父徳次郎が新設，島屋町地先51町余の埋立開発が目的，資本金50万円，うち払い込み14万円）17.31%，島徳蔵14.45%，合名会社藤田組10.5%，清海復三郎4.47%，片岡孫助3.88%，野村利兵衛3.51%に分与された．そして組合の業務の執行者

には，住友の山下芳太郎と藤田組の安中球一郎が選ばれた．

　他方，市営の大阪築港事業は予算不足と日露戦争・第1次大戦などの影響で，工事の延期または中絶が続いた．そこで住友は倉庫業などの必要から，自力で築港の促成を決意し，同じ大正5年の8月に大阪市と契約，市に代わって岸壁と桟橋の一部の建設を行い，完成後は代償として繋船岸とその背後2万坪を住友倉庫に優先的な借地権を認めさせた．やがて大正7年3月には住友総本店の中に臨時土木課と築港事務所を設け，翌8年12月から工事をはじめ，310万円（予算は260万円）の工費をかけて15年3月に完成させている（工費は20年後に大阪市から返還）．

　以上の事業はすべて住友の技術で実施され，使用権をえて住友桟橋と呼ばれた．そして大正12年に住友銀行から独立して株式会社となった住友倉庫は，同地に築港支店を設け，15年には埠頭事務所を併置し，大阪新港における一大勢力に上昇した．また大阪市も大正7年から他の築港工事を再開しており，昭和4年3月には新港のすべてが完成したのである．

　なお大正3年7月の第1次大戦以後は，大阪の北港地区は工業地としていよいよ発展してきた．たとえば翌4年には酉島町に大阪亜鉛工業と春日出町に新高製糖の工場が進出したほか，5年には日本染料製造の春日出工場（後に住友化学工業の大阪製造所となる）と住友電線製造所（明治44年8月に住友伸銅場から独立）の新工場が恩貴島南之郷に建設された．

　同時に交通機関も，それまでの国鉄西成線に加え，大正5年に大阪市営の電車（大正元年からの臨時港湾調査会で，住友の山下芳太郎が設置を主張）が船津橋から兼平町に通じ，さらに延長されて11年には北港地区の島屋町の三本松に達した（13年には地区中央の桜島まで）．また大正13年には，阪神電車の支線の伝法線が新淀川をまたいで四貫島の千鳥橋まで伸び，尼崎の大物を結ぶなど，北港地区の開発に拍車をかけたのである．

(2)　大阪北港株式会社への発展

　大正5年6月に住友の主導で発足した正蓮寺川沿地主組合は，大阪府と大

阪市に北港修築工事を出願したが，多くの修正要求などで難航した．このため翌6年5月には山下芳太郎が内務局土木局長に事情を訴え，その意見をきいたほどであり，ようやく8年4月に設計の改訂案がまとまった．

しかし巨額な工事負担のために組合の結束が乱れがちとなり，強力な組織に変更することが必要になった．このため大正8年12月には大阪北港株式会社に改組され，「大阪市ノ西北部ヲ貫流スル正蓮寺川ヲ大阪築港ニ連絡シ大阪港ニ出入スル船舶ノ往来ヲ自由ナラシメ沿岸一帯ノ土地ヲ開発スルコト」になった．そして事業目的に，不動産の取得と処分・賃貸借・その他の利用，水面埋立と土地開発，土地と水面の利用を増進する設備，以上の付帯事業の4点をあげ，土地開発と不動産経営を目指したのである[41]．

そして資本金3500万円（払い込み875万円，70万株）のうち，住友は家長と幹部を含め41万390株で全体の約59%を占め，社長は鈴木馬左也（住友総理事），常務は山下芳太郎などが勤め，はじめから住友の支配会社として運営された．また大阪北港会社の社屋は，大阪市東区北浜5丁目の住友総本店別館（明治43年に建設された川上音二郎の帝国座を大正7年に買収）[42]に同居し，従業員も住友総本店の監査役付の職員数名が大阪北港会社の兼任となり，専任者は10名内外であったという．

このほか大阪北港会社は，島徳蔵が大正6年に設立した大阪島船土地株式会社を，8年に土地・埋立権ともに吸収買収した．また住友総本店が，大正6年に経営権をえた前述の臨港土地株式会社（大正2年に島徳治郎が設立，51町余の埋立権）と，7年に埋立権約2万3600坪（約7.87町）を59万円余で買収して翌8年に埋立を完了した桜島土地株式会社（大正5年に資本金100万円，払い込み30万円で設立）を，ともに9年6月に大阪北港会社に譲渡したのである．かくて以上の3会社とともに，大阪北港会社の前身である正蓮寺川沿地主組合も，成立して4年後の9月6月に解散したのである．

なお大阪北港会社が，大正10年1月までに譲りうけた土地と埋立権は，合計で117万8200坪（392.7町余）であるが，これらの元の所有者は次のとおり．土地では，住友吉左衛門54万3000坪（181町），合資会社藤田組14

万 4870 坪（48.29 町），清海復三郎（政岡土地合資会社を含む）8 万 20 坪（26.67 町余），野村利兵衛・長谷泰三の共有 6 万 3390 坪（21.13 町），片岡孫助 2 万 700 坪（6.9 町），大阪島舟土地会社 7040 坪（2.34 町余）の累計 85 万 9020 坪（286.34 町）である．また埋立権では，臨海土地会社 15 万 3760 坪（51.25 町余），大阪島船土地会社 14 万 1630 坪（47.21 町），桜島土地会社 2 万 3790 坪（7.93 町）の累計 31 万 9180 坪（106.39 町）であった．

(3) 大阪北港会社による開発と貸家

　大阪北港会社が発足した直後の大正 9 年 2 月に，同社は経営地の開発計画を定め，沿岸の整地や運河・道路の開設，商業・工場・倉庫地域などの区画や鉄道・電車の延長などをはかった．そして同 9 月末には，東京大学工学部助教授の内田祥三にその地区計画の研究を依頼した．同時に，大阪市営電車の延長用地として，約 2 万 14 坪を寄付したほか，大正 6 年から開設していた運河（住友入堀という）の拡大や橋梁の建設，埋立地の施行や低湿地の盛土工事などを実施した[43]．

　折しも第 1 次大戦にともなう産業発展で，大阪市内外の人口は急膨張し，深刻な住宅不足と家賃の高騰をまねき，大きな社会問題となっていた．大阪市では大正 8 年にはじめて市営住宅を建設したが，さらに政府の低利資金を土地会社に転貸し，中流むけの貸家に助成することになった．大阪北港会社もそれに選ばれ，「住宅の経営」はもともと本業ではなかったが，地区繁栄の一助として，諸工場の中級従業員用に貸家建設を行うことになった．

　大阪北港会社では急いで計画をたて，大正 9 年 5 月に市へ住宅建設の低利資金 100 万円の借用願を提出，翌 10 年 3 月に許可をうけた．そこで同年 11 月から翌 11 年 6 月にかけて，酉島町に 2 階建貸家 248 戸，春日出町に貸家 182 戸と商店むけ 15 戸を建設した．このほか，低利資金によらない住友の自己資金で，酉島町に商店 20 戸と浴場・理髪店，春日出町に浴場（いずれもコンクリート 2 階建）を新築した．

　これらの貸家は，社会事業の 1 つとして営利を目的にせず，家賃もできる

だけ安くしたために希望者が殺到したといわれ，会社では購買組合を設立させて日用品購入の便宜などを図っている．なおこれらの貸家建設のため，大阪北港会社が大阪市から借用した低利資金は，大正10年54万円，11年41万円の計95万円である．さらに会社では大正12年に年賦支払いの売家住宅さえ計画し，酉島住宅地の隣地に10戸を完成，翌13年に10戸を分譲し，これらの建設と管理にあたるために出張所を設けている．

(4) 大阪北港会社の経営

ところで大阪北港会社の操業後，資本金の3500万円は正蓮寺川沿地主組合をはじめとする土地と埋立権の買収にはほとんど充当し，運営資金は当初から住友総本店と住友銀行に頼らざるをえなかった．このため収入は前地主から引きついだ貸地（住友の鋳鋼場や電線製造所を含む）からの地代以外には収入源は少なく，出費が多くて欠損つづきであった．このため大正9年3月の臨時株主総会で2500万円の増資を決議したが，第1次大戦後の経済恐慌が長びき，その計画も挫折してしまった[44]．

しかし地区内の整地とともに工場などの借地もふえ，とくに大正10年末

表8-7 大阪北港会社の収支表（大正期）

	年 次	大正9	10	11	12	13	14	15
収入	地 代	38,500	69,050	97,960	111,510	140,250	166,770	215,960
	家 賃	—	2,450	107,740	144,980	147,610	148,230	148,440
	固定資産売却差益	—	—	—	990	17,290	21,730	85,100
	そ の 他	22,480	1,158,150	27,410	12,120	12,640	50,370	24,140
	計	60,980	1,229,650	233,110	269,600	317,790	387,100	473,640
支出	諸 経 費	44,100	697,490	76,330	90,440	127,570	118,710	119,480
	利 息	61,510	75,650	151,180	150,890	147,700	168,350	129,350
	諸 税	177,290	5,410	7,850	8,590	9,010	10,070	15,660
	償 却	—	264,170	34,000	36,000	37,000	43,960	57,430
	計	282,900	1,042,720	269,360	285,920	321,280	341,090	321,920
	差引純損益	△221,920	186,930	△36,250	△16,320	△3,490	46,010	151,720

注：大正15年には昭和元年を含む．上・下期の年計．10円未満は4捨5入．固定財産売却益金益金．△は損失．太田久治郎『大阪北港二十年史』142頁付表から作成．

からは貸家経営も軌道にのりはじめたので，地代と家賃の収入が安定してきた．さらに13年からは土地の売却も増加し，たとえば大正14年6月には安治川にあった住友伸銅所（2年に伸銅場を改称，15年に住友伸銅鋼管株式会社に発展）の新工場用地3万524坪を111万円で住友合資会社（10年2月に総本店を改組）に売却することになった．さらに翌15年9月には，明治44年から住友電線製造所へ賃貸中であった工場敷地と拡張隣接地の合計3万196坪をも，181万円で譲渡したのである．

そして大阪北港会社では，貸地約17万坪（大正14年末）と貸家469戸（11年）を数え，15年の収入は地代21.5万円余，家賃14.8万円余を示し，14年には4.6万円の純益をあげ，15年には累積赤字も解消するようになった．こういった事業経営の安定化とともに，これまで北浜5丁目の旧帝国座にあった大阪北港会社の本社を，14年11月には地区内の恩貴島南之町の自社建物内に移転したのである．

なお同社の収支表から，大正期の経営内容を概観してみよう（表8-7）．まず収入では，地代が大正11年以後に10万円前後をこえ，7年間の累計84万円で合計の28％余を占める．また家賃も11年から10万円台に達し，合計で70万円弱（合計の約24％）を数える．土地売却代が中心である固定資産売却益金は12年から現れ，合計で12万余円（4％）を示し，10年に115万余円（大阪市からの貸家低利資金などであろうか）の巨額に及ぶ「その他」が，合計で130万余円（44％）に達するのである．

他方，支出は大正10年に約70万円を数える諸経費が累計127万余円で合計の44％余，住友の総本店と銀行などからの借入金に対する利子が合計実に31％弱を示す88万余円でつづいている．このほか諸税が23万余円（合計の8％余），土地建物などの償却分に47万余円（16％余）を計上した．そして大正期の7年間に，資本金3500万円に対する利益率は低いとはいえ，創業時にもかかわらず10万余円の純益を

（単位：円）

合計	（％）
840,000	(28.3)
699,450	(23.5)
125,110	(4.2)
1,307,310	(44.0)
2,971,870	(100)
1,274,120	(44.5)
884,630	(30.9)
233,880	(8.1)
472,560	(16.5)
2,865,190	(100)
106,680	

は主に土地売却の利

あげたのである．

2 住友の不動産と本社ビルディング

(1) 管理部門と不動産

　住友総本店では大正2年4月に家法を改正し，支配人の下に監査・経理・庶務・営繕の4課を設け，庶務課の中に秘書・文書係とともに地所係をおき，不動産関係の管理にあたった．そして同年7月には，明治33年5月に進出した住友銀行の東京支店の改築を開始し，これが6年9月に竣工して住友の東京地方における基礎を固めたのである[45]．

　その他の動きについては，住友本社の不動産関係の資料が未公開のために詳細は不明である．公表されたものに限ると，大正4年に大阪市の港区市岡に住友私立職工養成所（後に住友工業学校，昭和31年に尼崎市に移管されて尼崎産業高校）を設け，土地6000坪と資金200万円を寄付した．同校は熟練工養成のために労働者教育を実施したもので，三菱の職工学校とともに優秀な技術者を育成したという[46]．

　同じ大正4年に住友家は本邸を大阪の鰻谷から天王寺の茶臼山に移したが，同地は大阪夏の陣（1615年）の古戦場であり，明治以後は陸軍省の所轄地であった．そして明治29年に三菱社長の岩崎久弥が東京の牛込若松町の土地と同地を交換したが，35年に住友が三菱から譲りうけたものである．しかし本邸移転後わずか6年の大正10年12月には，同地の宅地1万2967坪と山林1町5反1畝27歩（時価で合計400万円以上といわれた）を大阪市の公園および美術館の建設用地として寄付し，14年に引き渡しを完了したのである（現在の天王寺公園など）[47]．

　また明治32年7月に住友銀行から分離した住友倉庫は，支店を大阪の川口・中之島・道頓堀・築港のほか，神戸・東京に設け，東神（三井系）・三菱とならぶ日本の3大倉庫業に発展していた．そして東京支店では，大正10年12月に隅田川口近くの越前堀2丁目に，鉄筋コンクリート5階建ての

倉庫（27間×30間，延べ3835坪，昭和10年に2階建て延べ1466坪を増築）を完成した．同地は新川地区といわれ，当時は三菱の根拠地の1つに隣接し，現在は超高層のインテリジェントビル地帯に発展している[48]．

他方，大正10年2月にはこれまで個人経営であった住友総本店を改組し，資本金1億5000万円の住友合資会社が発足した．これは第1次大戦前後からの住友事業の拡大と直系企業の法人化にともない，本部機構の強化と近代化をはかったものである．すでに明治26年には三菱合資会社，42年に三井合名会社，44年に古河合名会社，45年に合名会社安田保善社などの財閥本社が成立していた．しかし住友は，三井・三菱より規模が小さくて事業の統制がより容易であり，住友一家の単独出資で閉鎖的・保守的な性格がより強かった事情などが，持株会社化を遅らせたという[49]．

これと同時に，住友合資会社の本部機構も改組され，大正2年以来の4課8係制が5部13課制に拡大した．新設の人事部（人事と労務の管理）のほか，総務・経理・工作（もとの営繕課）・監査部にかえた．そして総務部の庶務課に属した地所係が，都市地域における不動産の管理にあたった．また経理部の第2課は林業・農業担当であり，山本新田などの農耕地や別子林業などの会計的な総括を行ったのである．

(2) 住友ビルディング

明治41年11月に，大阪の西横堀川ぞい（北浜5丁目）に完成した住友総本店の社屋は，あくまで仮屋であり，その後に本格的な建築が予定されていた．とくに大正初期になると，東京や大阪で近代的なビルが計画されており，住友でも本拠にふさわしい大ビルを建設し，本社や連系会社を収容するほか，一部を賃貸する方針を固めた．そして住友本店と銀行本店が共同で計画と出資にあたることになり，大正5年9月には「新築等調査委員」を任命して仮本屋の北側空地の地質調査などに着手し，8年にはビル建築調査のために技師長を欧米に派遣した[50]．

大正9年の戦後恐慌にともない，住友の全事業が緊縮体制に変わったため，

新本館の建築計画も2期にわけ，第1期は中之島ぞいの北半分，第2期は仮本屋のある南半分とした．新ビルの建設は，住友総本店の営繕課が担当したが，大正10年2月の住友合資会社への改組後は，同課を拡充した工作部にかわり，住友の直営事業として実施された．そして第1期工事は，いよいよ11年12月に予算約460万円で開始されたのである．

新ビル建設の進行とともに，翌大正12年8月には株式会社住友ビルディングが設立され，ビル完成と入居する連系会社や貸事務所の管理運営にあたることになった．同社の資本金は650万円（当初の払い込み162.5万円，その後に毎年追加して大正15年に全額）で，合計13万株のうち住友銀行6万4400株，住友合資6万4200株，住友合資幹部14名の各100株（計1400株，名義貸しとみられる）で，全株が住友関係者で占められ，合資と銀行がほぼ折半したのである．

しかし設立直後に関東大震災がおこったため，さらに安全第1のビル建設に計画を変更し，7階建を5階にしたほか，外部への賃貸は中止して住友系会社だけが使用するなどとした．やがて大正15年4月には，ルネッサンス式鉄筋コンクリート造りの耐震耐火の近代的な大ビルが完成した（総工費は467万円，第2期は昭和2年9月に着工，5年7月に竣成）．

新築の住友ビルは，大正15年5月から開館されたが，地階と屋上などを含め総計5850坪で，うち有効面積は約63％の3676坪（うち賃貸2930坪）という一般のビルよりは余裕のある建物であった（表8-8）．また住友系のいわゆる自社ビルであるから，住友ビル会社の純益を僅少に止める方針をとり，借入金の金利負担や空室率も少ないため，建築費の高い割には賃貸料率を低く抑えることができたという．とくに会社の配当率を年5％ほどの純益をあげる程度に賃貸料をきめ，1カ月坪あたりで最高の30円余（1階）から最低4円（付属家）に分け，年間の合計で69万余円（うち賃貸は約59万円）を予定した．

そして入居者は，住友銀行本店が営業部を含んで1～2階全部1423坪（年賃貸料36万余円）を占めて最大，直営部門を含む住友合資関係が3階全部

付論　住友の不動産経営

表 8-8　住友ビルディングの賃貸状況（大正 15 年）

階別	総坪数(坪)	有効坪数(坪)	賃貸料 1ヵ月坪当り	賃貸料 年間総額
地　階	955	601	円 10.49	円 73,702
1　階	955	655	30.62	240,849
2　階	789	539	14.27	92,326
3　階	789	491	15.08	88,909
4　階	845	587	12.19	85,926
5　階	845	586	12.72	89,482
屋　上	342	116	7.59	13,357
付属家	265	100	4.00	4,824
計	5,850	3,676		691,377
うち賃貸分		2,930		589,889

注：「大正15・昭和元年度実際報告抜萃」（経理部第4課）ビルディングの項より作成．麻島昭一『戦間期住友財閥経営史』334 頁より引用．

表 8-9　住友ビル入居状況（昭和元年）

入居者	賃貸面積(坪)	賃貸料（年）(円)	入居状況
住友合資会社	1,034	165,129	3 階全部, 4 階一部
住友合資自動車庫	87	4,220	
住友合資診察所	36	4,356	
住友合資林業所	73	11,262	5 階一部
住友合資製銅販売店	53	7,121	5 階一部
小　計	1,286	192,088	
住友銀行本店	976	221,435	2 階全部
住友銀行本店営業部	447	141,441	1 階全部
小　計	1,423	362,876	
住友生命保険	134	19,664	4 階一部
住友肥料製造所	85	13,095	5 階一部
合　計	2,930	587,723	

注：『住友商事株式会社史』142・144～145 頁より計算のうえ作成．麻島，前書 334 頁より引用．

と4・5階の1部1286坪（同19万余円）を借用した（表8-9）．残りの4階の一部は住友生命保険（明治40年設立の日之出生命保険会社を住友が大正14年に買収，翌年に改称）が134坪（同約2万円），5階の一部は住友肥料製造所（大正2年に別子鉱業所から独立）が85坪（同1.3万円）をそれぞれ借用したのである．この結果，住友ビルディング会社は大正15年にはじめて賃貸料収入38.9万円をあげており，諸経費の累計9.2万円を除き，創業後4年目ではじめて29.6万円の純益をえることができた．

なお判明した住友合資会社の「実際報告書」によると，連系会社などからの配当金や有価証券・固定資産の諸益などの収益合計に占める不動産収益は，大正13年の442.5万円中18万円（4.1%），14年の469.5万円中23万円（4.9%），15年の426.9万円中18.3万円（4.3%）を示している．また本社部門の固定財産も，土地が大正12年838万円，13年830.6万円，14年882.5万円，建物がそれぞれ55.9万円，52.6万円，49.4万円を示しており，すべてが貸付用の不動産とはいえないが，その動きの一端を知りうるであろう[51]．

(3) 山本新田の宅地化と新居浜地区

大阪市の東部にある八尾地区の山本新田は，江戸時代に河内木棉の産地として綿作が普及していたが，明治以後は外国綿の輸入に押され，しだいに蔬菜地へ転換し，大阪府下で有数の栽培地に発展していた．

しかし第1次大戦前後からの大阪地方における産業発展と人口急増のため，この地方も住宅地として開発されはじめた．とくに大正11年に大阪電気軌道（近畿日本鉄道の前身）が信貴線の新線を計画し，これが山本新田を通過するため，住友合資会社がこの計画に協力することになった．そして13年末には，大阪電気軌道が実施しようとした宅地分譲の用地約3万坪と停車場用地450坪を，住友の所有耕地の中から譲渡したのである[52]．

さらに大正14年6月には，住友合資では総務部の庶務課に属していた地所係を地所課に昇格させ，山本新田の残った農地の耕作権の買収と宅地造成をも計画した．しかし江戸時代から継続した小作人たちの強い耕作権を買収

付論　住友の不動産経営

表 8-10　住友の新居浜地方の土地買収面積（大正期）

(単位：町・畝)

年 次	田	畑	宅地	山林	その他	計
大正 2 年	10.44	9.35	.44	31.60	—	51.85
3	.82	19.16	.04	131.30	.18	151.52
4	5.60	23.08	.47	141.16	.02	170.34
5	11.21	42.08	.58	98.15	.97	153.01
6	5.15	2.22	.44	60.92	.11	68.86
7	23.34	5.67	1.43	78.27	.77	109.50
8	.58	1.14	—	13.98	.07	15.79
9	1.27	1.12	.04	6.45	.34	9.23
10	.64	.31	.14	3.80	—	4.91
11	2.21	.70	.07	21.14	—	24.14
12	.70	16.89	.22	24.56	.41	42.80
13	.59	5.95	.07	21.86	1.15	29.63
14	—	.05	.06	8.98	.19	9.30
15	.04	—	.09	2.17	—	2.30
昭和 2 年	3.15	2.27	.09	.02	.02	5.56
計	65.74	129.99	5.18	644.36	5.23	848.74

注：住友林業株式会社「土地建物売渡証」による．「その他」は雑種地・採草地・灌漑用水地・墓地などの合計．新居浜市『新居浜産業経済史』(1973 年) 92 頁より集計．売却分は不明．4 捨 5 入などのために計に誤差が生じたが，原文のままとした．大正 15 年には昭和元年を含む．

することはきわめて困難であった．このため住友がすでに土地の一部を大阪電気軌道に売却した折にも，農民たちの動揺や疑念は大きかったという．その後，住友は農民の説得に努力し，とくに宅地造成の開始までは耕作を続けられることが農民に理解されたなどの結果，ようやく買収も順調に進み，昭和 2 年には完了したという（昭和 3 年から耕地整理）．かくて享保 13（1728）年以来，200 年間も住友が所有してきた山本新田も，ついに昭和期に入って宅地化されてしまうのである．

次に別子銅山のある愛媛県の新居浜地方では，大正期の土地買収面積が判明している（表 8-10）．全般に明治期よりはその面積も減少しているが，田では大正 7 年に 23 町余，2・5 年に 10 町台を購入し，大正 2 年から昭和 2 年までの 15 年間に 65 町余を数える．また畑も，大正 5 年の 42 町を最高に，

4年に23町, 3・12年には10町台で, 累計約130町を示す. また宅地と「その他」も累計して5町台であり, とくに山林は大正2～7年に実に541町余も集中し, 11～13年には各年20町台, 累計で実に644町余に達している.

これらは買収分のみで売却分を含まないため, 現在面積を推定できないが, 鉱夫安売米や銅山備林用のほか, 新居浜地区における住友企業の展開につれて, 工業用地などの取得もあったのであろう. なお大正7年には, 鹿森社宅300戸[53]が完成したとの記録もあるが内容は不明であり, 足尾銅山か新居浜地区の社宅建設を行ったのかも知れない.

そして大正13年6月に調査した農商務省農務局の「五十町歩以上ノ大地主」(名簿) によると, 住友合資会社は田446.4町・畑151.1町, 計597.5町 (うち自作地9.8町) の耕地を所有し, その主な所在地は愛媛県の宇麻郡12町村・新居郡18町村・周桑郡11町村・越智郡1町を数え, その小作人数は3048戸に達していた. 大阪府の山本新田を含むかは不明であるが, 少なくとも愛媛県では最大の寄生地主であったわけである[54].

3 本格的林業への進出

(1) 本社直営林業の発足

明治期から始まった別子銅山を中心とする住友の植林事業は, 坑木や建築資材などの自給と治山治水を目的とする鉱山備林的な性格が主力であり, 外部への販売は副次的にすぎなかった. しかし第1次大戦中に林業経営の方針は大きく変わり, 3代総理事の鈴木馬左也は従来の方向を大転換し, 林業を住友の多角的な事業部門の1つに位置づけたのである.

そして鈴木は, 住友の林業は「決して国家・公益が第一の目的ではなく, どこまでも採算を土台にした営業」であり, 「他事業が万一衰退した場合」にも「山林を住友の最後の城郭」とするという, 資産保全型の本部直轄 (以下本社直営という) 林業を目指したのである[55]. かくて大正6年6月に, 鈴木と親しかった村田重治 (農商務省の山林局技師から朝鮮の鴨緑江採木公

司理事長などを勤めた）を住友総本店の嘱託に招き，ただちに北海道と朝鮮の経営調査を開始した．そして林業をこれまでの別子銅山の付帯事業から，住友の本格的な多角化部門へと推進したのである．

やがて大正8年3月には，住友総本店の中に林業課を新設し，直轄の林業経営を拡大しようとした．そして村田重治の後輩にあたる東京大学の農学部林学科を出身した官吏を多く住友に引き抜き，国有林の払い下げなどを活用しながら，北海道・宮崎県と朝鮮に経営地を拡大していった．なお大正10年2月に総本店が住友合資会社に改組されると，同年5月には林業課を住友林業所に昇格させ，その独立性を強めながら事業の推進をはかったのである．

(2) 林業地の拡大

まず北海道では，住友は大正5年に北見の鴻之舞金山を90万円の巨額で買収し，当時は最有望の産金業に乗り出したが，これとともに鉱山備林の整備を兼ねた山林経営に着手したのである．そして村田重治が住友の嘱託となった翌大正6年の12月に，農商務省の山林局が管理していた国有林のうち，「不要存林野」945町の払い下げ処分（代価24.5万余円）をうけたのである．そしてその後も，「国有未開地」の払い下げや隣接林の買収などをつづけた[56]．

まず住友の北海道における大正期の山林取得面積をみると（表8-11），大正11年の3405町を最高に，9・15年に1800町前後など，6～15年の10年間に合計して実に1万1377町を集中している．買収価格は林地の豊度や位置・作業度などに応じて大差がみられ，合計で50万4280円を支払っており，1町あたりの平均単価も6年の最高259円（誤植かも知れないという）から，7年の3.6円まで開き，大正期の平均で44.3円を示す．

またこれらに対する住友の総投資額は大正12年末で54万6000円であったから，山林購入代金を除いた実際の林業投資額は推算して9万8471円ほどになるわけである．長い期間の育成や管理を必要とする林業では，創業当初は林地の取得費や経営失費が嵩むものである．このため住友でも立木処分

表 8-11 住友の北海道の山林取得面積（大正期）

年次	取得面積(A)	購入代金(B)	1町あたり代金(B/A)
	町	円	円
大正6年	945	245,400	259.7
7	662	2,373	3.6
8	567	35,000	61.7
9	1,776	48,629	27.4
10	214	2,910	13.6
11	3,405	102,620	30.1
12	773	10,597	13.7
13	215	3,975	18.5
14	994	29,826	30.0
15	1,826	22,950	12.6
計	11,377	504,280	44.3

注：大正6年は不要林処分で、代金は高値すぎるので誤植の可能性もあるという。他は未開地処分が大部分。畠山秀樹『住友財閥成立史の研究』504頁から作成。原資料は住友林業会社『北海道の林業』20～22頁。

による収入があるとはいえ、収支差し引きで収益をあげはじめたのは昭和10年代を待たねばならなかった。

次に住友は、宮崎県での林業経営に着手している。同県の耳川上流は険しい山間地に位置し、輸送手段も未発達であったため、県庁では地元の小資本による開発は困難と考えていた。しかし同地方は住友総理事の鈴木馬左也の出身地であったから、大正7年に宮崎県は村田重治を通じて住友に協力を要請してきた。住友で調査し結果、有望なことが判明したので、翌8年春から耳川上流の椎葉村（平家伝説で有名）に伐採と造林を開始し、分収林契約で約1万町の契約面積を入手したといわれる[57]。

しかし実際には、対象地の部落有林を公有林野に統一し、住友がその地上権者になって成育した立木を取得する分収林を意図したものであった。他方、地元の住民たちの間では、共有林に対する入会利用の慣行が強かったため、それが不能となる住友の分収林経営に強い抵抗を示した。このため住友では、方針をかえて林野買収による直営を基本とせざるをえなくなり、その経営面積は昭和4年現在で買収地6600町、部分林（分収）契約2800町の合計約9400町であったという。

なお山林の買収費や、その後の住友の造林・伐採費などを含めた総投資額は、大正12年末までに12万8000円を数えている。また住友では、椎葉村へ進出する条件として耳川の水利権を獲得しており、後にこれをもって九州送電株式会社の設立に参加したのである。

(3) 朝鮮への進出

　明治43 (1910) 年に日本が朝鮮を併合したあと，住友も新しい植民地への進出策を検討した．朝鮮では翌44年に森林法が施行され，総督府が地元の山林を没収した国有林を日本の業者に貸し付け，造林や保育に成功した場合には，その林野を無料で譲与することになった（譲与までの借地料は1町あたり年25～40銭ほど）．これによる朝鮮の国有林処分は，約10年前後で成功付与される例が多く，実質的にかなり安価な払い下げであったため，日本の企業や大地主などが殺到したほどである．

　住友でも朝鮮併合後に鈴木総理事が中国・朝鮮を視察し，その途中で新義州において旧知の鴨緑江採木公司理事長の村田重治（大正6年から住友の山林顧問）から進言を受けた．そして新定された国有林受貸付令にもとづいて，朝鮮の国有不要存林野の造林・育林業を行うことは，日本の国益と同時に住友の利益にもなることを勧奨されたのである．さらに朝鮮総督の寺内正毅（武断統治で有名）からも，住友が朝鮮経営に参加することを要請された[58]．

　このためもあって，鈴木総理事は朝鮮の林業開発を決意し，大正6～7年には同地の山林調査を実施し，7年から貸付を出願した．そしてその借用面積の累計は7年の2.3万町から年々ふえ，11年に5万町，12年に6万町をこえ，15年には6万8571町に達した（表8-12）．やがて開始して6年後の大正13年には，造林や育林が成功したとしてはじめて229町の付与をうけ，さらに15年にはその所有山林は6010町（残りは国有林を借用中）を数えたのである．

　そしてこれらの経営地のうち，育成の進んだ山林では伐採・製炭・製材などの事業を営み，しだいに収益が増大していった．しかし朝鮮でも，創業当初では造林などの起業出費

表 8-12　住友の朝鮮山林経営現在面積（大正期）
（単位：町）

年　次	経営面積	うち所有地
大正7年	23,008	
8	34,690	
9	39,640	
10	49,069	
11	56,223	
12	62,025	
13	66,862	229
14	67,026	229
15	68,571	6,010

注：住友林業会社の内部資料による．畠山秀樹の前掲書503頁から引用．

がかさみ，収支差し引きで純益をあげえたのは昭和10年代以後のことである．とくに住友の経営林はもともと朝鮮の農林家の所有地を強制的に没収した日本の国有林の貸与地であったから，これらに反対した朝鮮住民から根強い抵抗を受けるなど，住友も長期間におよぶ強力な植民地反対運動に苦しめられたという．

(4) 別子林業と本社林業

住友では，以上の大正6年から開始された北海道・宮崎県・朝鮮の本社直営林業のほか，元禄時代からの伝統をもつ別子銅山の鉱山備林も存続した．そして新居浜地方における山林買収も，先述のとおり大正2～15年の14年間に累計644町余の巨量を示した（表8-10）．そしてこれから売却分を除いた住友所有の別子山林面積は，大正6年に1万1140町，11年に1万1994町を数えたのである[59]．

しかしこの別子林業が基本的には鉱山備林という性格を持続したのに対し，本社の新しい直営林業は最初から有利な資産保全を目的とした多角化事業の一部門に位置づけられていた．したがって本社林業では，あくまで採算と資金回収を重視しており，創業当初には出費が多いとはいえ，やがて伐木・製材などによって昭和10年代には純益をあげるという，長期的な採算方針に依拠していたのである．

そして住友では第2次大戦後の財閥解体まで，これらの林業経営を本社の直轄事業として堅持した．さらに昭和2年に，別子銅山が住友別子鉱山会社として独立したときにも，別子の山林は新居浜地区の農地とともに本社に所属がえされたのである．住友本社傘下の連系会社の盛衰にもかかわらず，山林所有はあくまで住友本社の直轄に残しつづけるという，強烈な資産保全への意欲を知ることができるであろう．

注
1) 以下を含め，川崎英太郎「近世に於ける住友の不動産業―序論」（住友修史室

『泉屋叢考』15輯, 1973年7月）1〜3頁, 住友商事株式会社社史編纂室編『住友商事株式会社史』（同社, 1972年）6〜26頁, 作道洋太郎編『住友財閥』（日本経済新聞社『日本財閥経営史』1982年）9〜11頁などを参照.
2) 以下を含め, 前出「近世に於ける住友の不動産業」16〜30頁を参照.
3) 前書3頁, 住友商事株式会社広報室編『住友の風土』（同社, 1985年）60〜62頁を参照.
4) 「近世住友の不動産関係資料」（前出『泉屋叢考』15輯, 付録）43頁, 同『住友商事株式会社史』12〜13頁などを参照.
5) 前出『住友財閥』9・73〜77頁, 同『住友の風土』62頁（同書では中橋店の閉店を浅草店と同じ明治2 (1869) 年としている）, 同「近世に於ける住友の不動産業」6・13頁などを参照.
6) 前出「近世に於ける住友の不動産業」26〜30頁, 宮本又次「山本新田と住友家」（『住友修史室報』15号, 1986年2月）5〜7頁を参照.
7) 以下を含め, 畠山秀樹『住友財閥成立史の研究』（同文館出版, 1988年）24〜25頁を参照.
8) 前出「近世に於ける住友の不動産業」4〜13頁から算出.
9) 以下を含め, 前出「近世住友の不動産関係資料」28〜43頁の表口・裏行間数から面積を推計した.
10) 以下を含め, 前書44〜54頁から算出.
11) 以下を含め, 同書2〜25頁を参照.
12) 同書1頁以下, 前出「近世に於ける住友の不動産業」4〜8頁, 前出『住友商事株式会社史』30頁を参照.
13) 前出『住友財閥成立史の研究』24頁.
14) 前出「近世に於ける住友の不動産業」15頁.
15) 前出『住友商事株式会社史』30頁, 同「近世住友の不動産関係資料」64頁, 同『住友財閥成立史の研究』25頁などを参照.
16) 前出「近世に於ける住友の不動産業」35頁, 同「山本新田と住友家」4頁.
17) 前出「近世住友の不動産関係資料」70〜74頁, 前出「山本新田と住友家」2〜8頁, 平凡社『大百科事典』8 (1985年) 174頁などを参照.
18) 以下を含め, 前出「近世に於ける住友の不動産業」16〜36頁, 同『住友商事株式会社史』15〜27頁, 同『住友財閥』79〜84頁, 岩谷三四郎「住友家土地所有の生成過程」（『農業経済研究』31巻4号, 1960年12月）48〜50頁などを参照.
19) 前出『住友財閥成立史の研究』116頁, 同「住友家土地所有の生成過程」50頁, 平塚正俊編『別子開坑二百五十年史話』（住友本社, 1941年）289頁を参照.
20) 前出『住友財閥』79〜84頁, 同『住友商事株式会社史』15〜16頁などを参照.
21) 前出『住友財閥成立史の研究』473〜478頁などを参照.
22) 以下を含め, 前出『住友財閥』86〜105頁, 同『住友商事株式会社史』16頁,

同「近世に於ける住友の不動産業」14・34頁、森川英正『財閥の経営史的研究』(東洋経済新報社、1980年) 100～106頁、麻島昭一『戦間期住友財閥経営史』(東京大学出版会、1983年) 287頁などを参照.
23) 小西隆夫「住友の建築―臨時建築部から日建設計まで」(住友資料館『住友資料館報』2号、1993年) 109頁. なお日建設計編『北浜五丁目十三番地まで―日建設計の系譜』(同社、1991年) も参照.
24) 以下を含め、前出「山本新田と住友家」8～9頁、西野喜与作『住友コンツェルン読本』(春秋社『日本コンツェルン読本』4、1937年) 260～263頁、前出『住友財閥成立史の研究』116頁、同『住友商事株式会社史』27～28・59～60頁などを参照.
25) 以下を含め、前出「住友家土地所有の生成過程」48～52頁、同『住友財閥成立史の研究』116頁、同『住友財閥』108・116頁、藤本鐵雄『明治期の別子そして住友』(御茶の水書房、1993年) 264頁以下などを参照.
26) 広瀬宰平『半生物語』(1895年) 143～5頁などを参照.
27) 以上、新居浜市編『新居浜産業経済史』(1973年) 108～115頁、前出『住友財閥』129～152頁などを参照.
28) 以下を含め、前出『新居浜産業経済史』96～100頁、同『明治期の別子　そして住友』267頁以下、同『住友財閥成立史の研究』483～488頁を参照.
29) 白柳秀湖『住友物語』(千倉書房、1931年) 119～120・212頁を参照.
30) 住友林業株式会社『別子の林業』其の3-2、233頁.
31) 以下を含め、前出『住友財閥成立史の研究』482～483・511頁参照.
32) 以下を含め、前書184～228・484～495・512頁、前出『住友財閥』134～136頁などを参照.
33) 前出『別子の林業』其の一、323・327頁、同『住友財閥』134頁より.
34) 以下を含め、前出『住友財閥』138～147頁、同『財閥の経営史的研究』104～107頁を参照.
35) 以下を含め、前出『住友資料館報』24号112～127頁、同『住友財閥』162頁、同『住友商事株式会社史』30～32頁、川崎英太郎「大阪と住友」(住友商事株式会社編『新住友ビルディング竣工記念』1962年所収) 41～43頁などを参照.
36) 以下を含め、前出『住友資料館報』24号126～129頁.
37) 前出『住友商事株式会社史』31～32頁.
38) 宮本又次「新住友ビル界隈、今は昔」(前出『新住友ビルディング竣工記念』所収) 62頁を参照.
39) 以下を含め、前出『住友商事株式会社史』32・59～60頁を参照.
40) 以下を含め、前書32～72頁、正蓮寺川沿地主組合『記念写真帖』(1923年)「緒言」1～3頁、前出『住友コンツェルン読本』229～230頁、同『住友財閥』192頁、同『戦間期住友財閥経営史』303～309頁、同『住友財閥成立史の研究』262頁などを参照.

41) 以下を含め，前出『住友商事株式会社史』47～54 頁，同『戦間期住友財閥経営史』303～309 頁などを参照．
42) 前出『住友資料館報』24 号 140 頁，同『新住友ビルディング竣工記念』75 頁．
43) 以下を含め，前出『住友商事株式会社史』61～68 頁，同『戦間期住友財閥経営史』308～310 頁，太田久次郎『大阪北港二十年史』(1941 年) 125～126 頁を参照．
44) 以下を含め，前出『住友商事株式会社史』68～72 頁，同『戦間期住友財閥経営史』308～313 頁を参照．
45) 以下を含め，前出『住友財閥』142～145・163 頁，同『住友資料館報』24 号 132 頁，同『明治期の別子　そして住友』296 頁以下を参照．
46) 前出『住友コンツェルン読本』21～22 頁，同『住友の風土』44～45 頁．
47) 中外産業調査会編『財閥住友の新研究』(1937 年) 292～293 頁などを参照．
48) 前出『住友コンツェルン読本』217～221 頁，旗手勲「三菱の不動産経営―明治期」(愛知大学経済学会『経済論集』134 号) 61 頁を参照．
49) 以下を含め，前出『住友財閥』209～214 頁，同『戦間期住友財閥経営史』67～68 頁などを参照．
50) 以下を含め，前出『戦間期住友財閥経営史』330～334 頁，同『住友史料館報』24 号 130～134 頁，同『住友コンツェルン読本』225 頁を参照．
51) 以上は，前出『戦間期住友財閥経営史』333～339・437・440 頁を参照．
52) 以下を含め，前出『住友修史室報』15 号 10 頁を参照．
53) 前出『明治期の別子　そして住友』304 頁．
54) 農業発達史調査会編『日本農業発達史』7 巻（中央公論社，1955 年）758 頁．
55) 伝記編纂会編『鈴木馬左也』(同会，1961 年) 184～193 頁．以下を含め，前出『住友財閥成立史の研究』260～261・501～508 頁，同『住友財閥』189～190 頁を参照．
56) 以下を含め，前書『住友財閥成立史の研究』503～505 頁，同『住友財閥』171・190 頁を参照．
57) 前出『鈴木馬左也』188 頁．以下を含め，同『住友財閥成立史の研究』505 頁，同『住友財閥』190 頁を参照．
58) 前出『鈴木馬左也』186 頁．以下を含め，同『住友財閥成立史の研究』503～504 頁，同『住友財閥』190 頁を参照．
59) 前出『別子の林業』其の 3-2，233～234 頁．以下を含め，同『住友財閥』506～507 頁，同『住友財閥成立史の研究』190 頁を参照．

あとがき

　本書の初源は，1957年の岩手県小岩井農場と翌58年の北海道蜂須賀農場の調査から始まった．当時は未公開であった原資料を，両農場をはじめ，その後は三菱本社社誌編纂委員会・三菱経済研究所など，多数の関係機関から借覧を許していただき，以後の研究を進めることができた．

　とくにこれらの機会を与えて下さった，恩師の古島敏雄先生と近藤康男・東畑精一両先生をはじめ，東京大学農学部農業経済教室の諸先生，諸先輩・諸学友の方がたに，心からお礼を申しあげる．同時に，在学した北海道大学農学部農業経済教室の矢島武・渡辺侃両先生をはじめとする多くの方がたや，私が勤務した国立国会図書館調査立法考査局と愛知大学法経学部（後に経済学部に分立）などから，多大な御指導と御援助を頂いている．

　このほか，住友資料館や住友成泉株式会社をはじめ，いろいろな研究機関や図書館，とくに調査に協力された多数の方がたや，支援をいただいた多くの方がたに，改めて心からの謝意を申しあげます．

　そして，本書のような堅い研究書の出版を推進された日本経済評論社の栗原哲也社長をはじめ，適切な編集を行われた清達二氏と社員の皆さん，また印書・印刷・製本などに従事された方がたに，衷心から感謝致します．

　最後に，永年にわたって筆者を保育された家族などをはじめ，50年間も私を支えてくれ，2002年9月に永眠した妻みどりにも，本書を捧げたいと思います．

2005年5月22日

　　　　　　　　　　　　　　　　　　　　　　　　　　旗　手　　勲

[著者紹介]

旗手 勲 (はたて いさお)

1925年北海道生まれ．1949年北海道大学農学部卒業．北海道大学・東京大学大学院，国立国会図書館調査立法考査局，愛知大学経済学部を経て，同大学名誉教授．
主著『日本における大農場の生成と展開』（御茶の水書房），『風土　大地と人間の歴史』（共著，平凡社），『米の語る日本の歴史』（そしえて），『土地改良百年史』（共著，平凡社），『日本の財閥と三菱』（楽游書房），『日本社会経済論』（楽游書房），『水利の日本史』（農林統計協会），『水利の社会構造』（共著，国際連合大学・東京大学出版会），『水資源の世界誌』（日本経済評論社），『土地投資と不動産・水資源』（日本経済評論社）．

三菱財閥の不動産経営

2005年6月25日　第1刷発行

定価（本体6000円＋税）

著　者　　旗　手　　　勲

発行者　　栗　原　哲　也

発行所　　株式会社 日本経済評論社

〒101-0051　東京都千代田区神田神保町 3-2
　　　　　電話 03-3230-1661　FAX 03-3265-2993
　　　　　　　　振替 00130-3-157198

装丁＊渡辺美知子　　　　シナノ印刷・協栄製本

落丁本・乱丁本はお取替えいたします　Printed in Japan
© HATATE Isao 2005
ISBN4-8188-1775-9

[R]〈日本複写権センター委託出版物〉
本書の全部または一部を無断で複写複製（コピー）することは，著作権法上での例外を除き，禁じられています．本書からの複写を希望される場合は，日本複写権センター(03-3401-2382)にご連絡ください．